浙江省一流本科专业（金融学）建设成果

金融学案例

李玉双　戴夏晶　张学峰　编

Finance Case

中国财经出版传媒集团

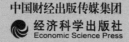

经济科学出版社
Economic Science Press

图书在版编目（CIP）数据

金融学案例/李玉双，戴夏晶，张学峰编．－－北京：
经济科学出版社，2022.9（2024.1 重印）
ISBN 978 - 7 - 5218 - 4068 - 1

Ⅰ.①金…　Ⅱ.①李…②戴…③张…　Ⅲ.①金融学
－案例－高等学校－教材　Ⅳ.①F830

中国版本图书馆 CIP 数据核字（2022）第 182306 号

责任编辑：于　源　侯雅琦
责任校对：隗立娜
责任印制：范　艳

金融学案例

李玉双　戴夏晶　张学峰　编
经济科学出版社出版、发行　新华书店经销
社址：北京市海淀区阜成路甲 28 号　邮编：100142
总编部电话：010 - 88191217　发行部电话：010 - 88191522
网址：www. esp. com. cn
电子邮箱：esp@ esp. com. cn
天猫网店：经济科学出版社旗舰店
网址：http://jjkxcbs. tmall. com
北京密兴印刷有限公司印装
710×1000　16 开　16 印张　271000 字
2022 年 9 月第 1 版　2024 年 1 月第 2 次印刷
ISBN 978 - 7 - 5218 - 4068 - 1　定价：56.00 元
（图书出现印装问题，本社负责调换。电话：010 - 88191510）
（版权所有　侵权必究　打击盗版　举报热线：010 - 88191661
QQ：2242791300　营销中心电话：010 - 88191537
电子邮箱：dbts@ esp. com. cn）

目　　录

案例 1

宏观审慎政策：国际金融危机的反思

一、案例介绍

（一）引言

2009 年初，国际清算银行提出运用宏观审慎政策来解决国际金融危机所暴露的一系列问题，如监管不足、顺周期性、标准不高与"大而不倒"等。随后，宏观审慎政策逐步被二十国集团（Group of 20，G20）等国家所接受与采用。2009 年 9 月，在 G20 匹兹堡峰会上，各成员国正式使用"宏观审慎政策"这一概念；2010 年 11 月，在 G20 首尔峰会上，宏观审慎政策的基本框架初步形成，且要求各成员国认真落实（周小川，2011）。

2009 年，人民银行在第三季度的《中国货币政策执行报告》中提出"逐步建立起宏观审慎管理的制度并纳入宏观调控政策框架，发挥其跨周期的逆风向调节功能，保持金融体系稳健，增强金融持续支持经济发展的能力"。2011 年 3 月，《中华人民共和国国民经济和社会发展第十二个五年规划纲要》提出"构建逆周期的金融宏观审慎管理制度框架，建立健全系统性金融风险防范预警体系、评估体系和处置机制"。2016 年 3 月，《中华人民共和国国民经济和社会发展第十三个五年规划纲要》提出"加强金融宏观审慎管理制度建设，加强统筹协调，改革并完善适应现代金融市场发展的金融监管框架，明确监管职责和风险防范处置责任，构建货币政策与审慎管理相协调的金融管理体制"。2017 年 10 月，党的十九大报告提出"健全货币政策和宏观审慎政策的双支柱调控框架"。2021 年 3 月，《中华人民共和国国民经济和社会发展第十四个五年规划和 2035 年远景目标纲要》提出"完善宏观审慎管理体系，保持宏观杠杆率以稳为主、稳中有降"。2021 年 12 月，中国人民银行发布《宏观审慎政策指引（试行）》，就宏观审慎政策的相关概念、宏观审慎政策框架的具体内容、宏观审慎政策实施所需的支持保障等问题进行了详细说明。① 可以发现，国际金融危机后，我国非常重视宏观审慎政策的实施；同时，宏观审慎政策现已成为我国宏观调控体系的重要组成部分，它与货币政策一起形成了我国宏观调控的双支柱。

（二）宏观审慎政策提出的背景

在 20 世纪 30 年代的经济大萧条之前，主流经济学家都支持古典学派的"货币中性"论，认为货币供给数量增加只会带来同比例的物价上涨，对实际产出水平不会产生影响，并强调市场会自发进行调整达到均衡，反对国家对经济进行干预。此时，西方国家的政府也基本遵循古典学派的理论观点，尽量不干预经济。但是，20 世纪 30 年代爆发的经济大萧条让人们开始怀疑古典学派的经济理论，例如，英国经济学家凯恩斯就对古典学派理论进行了批判，并提出有效需求不足理论，用于解释经济大萧条爆发的原因。在当时，凯恩斯的理论得到了学术界与政策制定者的广泛认同，并形成了凯恩斯主义理论。凯恩斯主义理论认为，当经济下滑时，政府应该采用扩张性的宏观调控政策，即通过增加有效需求来刺激经济。凯恩斯主义理论还认为：失业率与通货膨胀率之间存在一种交替关系。当失业率较高时，政府可以通过扩张性的货币政策来刺激经济，降低失业率，但此时的通货膨胀率会增加；当通货膨胀率较高时，政府可以通过紧缩性的货币政策来抑制经济过热，最终导致失业率上升与通货膨胀率下降。在当时，西方国家的政府也基本按照凯恩斯主义理论的观点，依据"逆周期调节"原则，利用货币政策来调控宏观经济。货币政策的主要目标是维持价格稳定与产出稳定，不需要去关注资产价格，当经济萧条时，采用扩张性的货币政策；当经济过热时，采用紧缩性的货币政策。

然而，到了 20 世纪 70 年代，西方国家出现了严重的经济滞胀：高失业率与高通货膨胀率同时出现，传统的凯恩斯主义理论则无法解释这一经济现象。因此，学术界开始寻找新的理论来解释经济滞胀现象，政策制定者也需要新的政策方案来调控经济。其中，基德兰德和普雷斯科特（Kydland & Pre-

———————————

① 《宏观审慎政策指引（试行）》的具体内容见本章附录。

scott，1977）认为，经济滞涨存在的主要原因是货币政策存在着动态不一致性。简言之，中央银行为了实现短期利益最大化，在制定与实施政策的过程中会采用"欺骗"策略，即在 t 期为 $t+i$ 期制定政策方案，但是到了 $t+i$ 期，为了获得短期利益最大化又实施新的政策方案。市场参与者往往具有理性预期，会预期到中央银行的"欺骗"性政策行为，所以中央银行的这种"欺骗"策略会使得其制定的货币政策失去可信性，从而最终导致货币政策无效。而解决这一问题的办法就是：事先制定货币规则，防止中央银行"欺骗"行为的发生，消除动态不一致性，增强货币政策的可信性。随后，西方国家逐渐转向规则性货币政策，以用于调控宏观经济，其中，泰勒规则就是一种著名的规则性货币政策，它为中央银行盯住通货膨胀预期目标提供了基础性指导方案。此外，20 世纪 90 年代兴起的通货膨胀目标制也是一种规则性货币政策。西方国家出现经济滞涨后，虽然货币政策体系发生了变化，转向规则性货币政策框架，但是它的目标仍是维持价格稳定与产出稳定，或是只维持价格稳定，依然不考虑资产价格稳定的问题。

2007 年美国出现次贷危机，随后迅速演变成全球性的国际金融危机，给全球经济造成沉重打击。根据世界银行的统计，2009 年全球 GDP 下降了 1.67%，其中，高收入国家 GDP 更是下降了 3.31%，全球进口贸易量下降了 11.38%，全球出口贸易量下降了 10.10%，全球股票交易总价值下降了 20.63%。[①] 2008 年的国际金融危机不仅对金融市场和实体经济产生了很大的负向冲击，还对当时政府实施的宏观调控框架与金融监管提出了质疑。价格稳定并不意味着金融系统稳定与经济运行稳定，在价格稳定的情况下，金融市场仍有可能不稳定，甚至出现金融危机，从而对实体经济产生负向冲击（马骏和何晓贝，2019）。据世界银行统计，从 20 世纪 70 年代末至 21 世纪初，有 46 个经济体前后出现过 51 次局部性金融危机，有 93 个经济体前后出现过 112 次系统性金融危机，而在这些金融危机中，大多数都是在物价运行较为平稳的情况下发生的（马勇，2019）。例如，2007 年美国次贷危机爆发时，其通货膨胀率仅为 2.70%[②]，物价处于平稳运行状态。

由于金融市场规模的不断扩大、市场监管的不足以及金融系统的顺周期

---

①② 原始数据来源于世界银行（https：//data. worldbank. org/）。

性①与跨部门传染性，导致同时实现经济稳定与金融稳定仅仅依靠货币政策是不够的，还需要其他政策加以配合。此时，宏观审慎政策就应运而生，其地位也被逐渐提高。目前，学术界与政策制定者也基本达成共识：若要同时保证经济稳定与金融稳定，在现有的宏观调控框架下，还须设置一个宏观审慎政策，形成货币政策与宏观审慎政策共同作用的调控体系，其中，货币政策侧重于保障经济稳定与物价稳定，宏观审慎政策专职负责金融稳定，从而实现对经济周期与金融周期的双调控。

（三）宏观审慎政策的目标与工具

依据国际货币基金组织、金融稳定理事会和国际清算银行联合发布的《有效宏观审慎政策要素：国际经验与教训》报告，宏观审慎政策的目标有三个：一是通过建立并适时释放缓冲，提高金融体系应对冲击的能力；二是减缓资产价格和信贷间的顺周期性反馈，控制杠杆率、债务和不稳定融资的过度增长，防止系统性风险的不断累积；三是降低金融体系内部关联性可能带来的结构脆弱性，防范关键市场中重要金融机构的"大而不能倒"风险。②在《宏观审慎政策指引（试行）》中，人民银行将宏观审慎政策的目标设定为：防范系统性金融风险，尤其是防止系统性金融风险顺周期累积以及跨机构、跨行业、跨市场和跨境传染，提高金融体系韧性和稳健性，降低金融危机发生的可能性和破坏性，促进金融体系的整体健康与稳定。可以发现，虽然国际货币基金组织、金融稳定理事会和国际清算银行给出的目标较为具体，人民银行给出的目标较为抽象，但其基本含义是一致的：宏观审慎政策的根本目标是防范系统性金融风险的发生，维持金融体系的稳定。

《有效宏观审慎政策要素：国际经验与教训》报告指出：宏观审慎政策是指运用审慎性工具防范系统性金融风险的做法。而系统性金融风险是指，由于金融体系的部分或全部功能受到破坏所引发的大规模金融服务中断，以及由此对实体经济造成的严重负面冲击。具体来说，系统性金融风险主要来自跨时间和跨结构两个维度，因此，宏观审慎政策工具可按照时间维度和结

---

① 金融系统的顺周期性是指金融周期会随着经济周期同方向变动。例如，当经济处于繁荣时期，经济主体会对未来充满信心，金融机构的评级也都比较高，因此各类资产价格也会随之上涨。

② 中国人民银行金融稳定分析小组．中国金融稳定报告（2017）［M］．北京：中国金融出版社，2017.

构维度两种属性进行划分。时间维度的工具用于逆周期调节，平滑金融体系的顺周期波动；结构维度的工具通过提高对金融体系关键节点的监管要求，防范系统性金融风险跨机构、跨市场、跨部门和跨境传染。时间维度的工具主要包括资本管理工具、流动性管理工具、资产负债管理工具、金融市场交易行为工具、跨境资本流动管理工具；结构维度的工具主要包括特定机构附加监管规定、金融基础设施管理工具、跨市场金融产品管理工具、风险处置等阻断风险传染的管理工具。[1]

需要说明的是，宏观审慎政策工具并非是一种特殊的、独立的政策工具，而是服务于防范系统性金融风险目标，为实施宏观审慎政策对已有宏观调控工具、微观监管工具、财税会计工具的功能进行叠加、调整或组合。因此，宏观审慎工具并非由某一机构单独掌握和运用，而是由中央银行、金融监管机构、财税部门等不同部门分别掌握和实施（中国人民银行金融稳定分析小组，2010）。

（四）我国宏观审慎政策的实践

我国一直认真落实 G20 首尔峰会上关于宏观审慎政策所达成的共识。从2009 年开始，人民银行就根据中央有关部署，会同其他相关部门，积极开展宏观审慎政策的实践与探索。宏观审慎政策框架不是静态的，它会跟着宏观经济波动与金融市场风险变动而不断进行调整与完善。因此，从 2010 年开始，人民银行每年发布的《中国金融稳定报告》都会对宏观审慎政策的相关内容进行详细报道，其主要包括国际组织加强宏观审慎管理的进展、主要国家和地区加强宏观审慎管理的进展、我国宏观审慎管理的实践。2019 年 2月，人民银行专门设立了宏观审慎管理局，以加强宏观审慎政策的实施。宏观审慎管理局的主要职能包括牵头建立宏观审慎政策框架和基本制度，以及系统重要性金融机构评估、识别和处置机制；牵头金融控股公司等金融集团和系统重要性金融机构基本规则拟订、监测分析、并表监管；牵头外汇市场宏观审慎管理，研究、评估人民币汇率政策；拟订并实施跨境人民币业务制度，推动人民币跨境及国际使用，实施跨境资金逆周期调节；协调在、离岸人民币市场发展；推动央行间货币合作，牵头提出人民币资本项目可兑换政

---

[1]　关于宏观审慎政策工具的详细介绍，见本章附录。

策建议。① 目前，我国在宏观审慎评估体系（Macro Prudential Assessment，MPA）、外汇流动性与跨境资本流动宏观审慎管理、住房金融宏观审慎政策等方面的实践颇为引人注目。②

1. 宏观审慎评估体系

2011 年，人民银行正式引入差别准备金动态调整制度，将货币信贷和流动性管理的总量调节与宏观审慎理念有机结合，将信贷投放与宏观审慎所要求的资本水平相联系，考虑各金融机构的系统重要性和稳健性状况，以及所处经济周期的景气程度，引导和激励金融机构自我保持稳健和逆周期调节信贷投放。差别准备金动态调整措施与利率、公开市场操作、存款准备金率等传统货币政策工具相配合，取得了明显的实施效果，有力地促进了货币信贷平稳增，引导货币信贷及时回归常态，同时提升了金融机构的稳健性，银行资本充足率整体保持在较高水平（中国人民银行金融稳定分析小组，2012）。

为进一步完善宏观审慎政策框架，自 2016 年起，人民银行将差别准备金动态调整机制"升级"为 MPA，从资本和杠杆、资产负债、流动性、定价行为、资产质量、跨境业务风险、信贷政策执行情况七个方面引导银行业金融机构加强自我约束和自律管理（中国人民银行金融稳定分析小组，2017）。从 MPA 的实施情况看，货币信贷基本保持平稳增长态势，银行业金融机构总体上经营稳健，符合宏观审慎要求。为了继续完善宏观审慎评估（MPA），2017 年第一季度将表外理财纳入"广义信贷"指标范围，第三季度将绿色金融纳入"信贷政策执行情况"进行评估；2018 年第一季度将同业存单纳入"同业负债占比"指标。

2019 年，人民银行进一步发挥 MPA 在优化信贷结构和促进金融供给侧结构性改革中的作用。为加大对小微、民营企业等领域的信贷支持，在 MPA 考核中增设民营企业融资、小微企业融资、制造业融资等专项指标；为引导

① 中国人民银行宏观审慎管理局官方网站（http：//www. pbc. gov. cn/huobizhengceersi/214481/214483/826675/index. html）。

② 除了宏观审慎评估体系、跨境资本流动宏观审慎管理、住房金融宏观审慎政策，我国宏观审慎政策实践还包括系统性风险监测评估、金融控股公司监管、系统重要性金融机构监管、金融基础设施统筹监管、逆周期资本缓冲机制设置等。具体相关内容可参考历年《中国金融稳定报告》与中国人民银行宏观审慎管理局官方网站。此处关于宏观审慎评估体系、跨境资本流动宏观审慎管理、住房金融宏观审慎政策的介绍，也主要来源于历年《中国金融稳定报告》与中国人民银行宏观审慎管理局官方网站。

金融机构将定向降准资金全部用于发放小微、民营企业贷款，降低小微、民营企业贷款利率，将相关情况纳入 MPA 考核；为推动银行更多运用贷款市场报价利率（Loan Prime Rate，LPR）、降低实体经济融资成本，将 LPR 运用情况及贷款利率竞争行为纳入 MPA 的定价行为项目考核。2020 年，进一步提高了小微、民营企业融资和制造业融资在 MPA 考核中的权重。在 MPA 考核中增设再贷款运用考核指标，引导中小银行更好运用新增再贷款再贴现额度。将股份制银行定向降准资金使用情况纳入 MPA 考核，要求股份制银行进一步增加对普惠金融领域的贷款投放（中国人民银行金融稳定分析小组，2020）。

2. 外汇流动性与跨境资本流动宏观审慎管理

国际资本的跨境流动日益成为影响全球经济的新的不稳定因素。资本流动的顺周期性和杠杆放大作用增加了新兴市场经济体宏观经济风险管理的复杂性，并在宏观层面对汇率体系和金融稳定性产生了重要影响，因此，对跨境资本流动进行宏观审慎管理逐渐成为国际社会的共识（李波，2018）。2015 年，人民银行将外汇流动性和跨境资金流动纳入宏观审慎管理范畴，进一步完善了宏观审慎政策框架。《中国金融稳定报告（2016）》指出外汇流动性和跨境资金流动宏观审慎政策框架主要包括以下三部分内容：

一是通过引入远期售汇风险准备金、提高个别银行人民币购售平盘交易手续费率等方式对外汇流动性进行逆周期动态调节。相关措施实施后取得了较好的政策效果，有效打击了短期套利活动，优化了远期售汇期限结构，抑制了跨境远期套利行为，人民币购售规模也已回归正常。

二是以上海自贸区模式为基础构建本外币一体化管理的全口径跨境融资宏观审慎管理框架，面向在上海、广东、天津、福建 4 个自贸区和相关地区注册的企业以及 27 家银行类金融机构实施本外币一体化的全口径跨境融资宏观审慎管理政策，将市场主体借债空间与其资本实力和偿债能力挂钩，通过调节宏观审慎参数使跨境融资水平与宏观经济热度、整体偿债能力和国际收支状况相适应，以控制杠杆率和货币错配风险。

三是 2016 年 1 月 25 日起对境外金融机构在境内金融机构存放执行正常存款准备金率，建立了对跨境人民币资金流动进行逆周期调节的长效机制，抑制跨境人民币资金流动的顺周期行为，引导境外金融机构加强人民币流动性管理，促进境外金融机构稳健经营。

3. 住房金融宏观审慎政策

1998 年，我国开始对住房体制进行改革，结束了福利分房制度，从此住房市场化的序幕正式拉开。为了防范房价快速攀升所导致的金融风险，2003年人民银行开始实施住房金融宏观审慎政策。2003年6月，人民银行发布《中国人民银行关于进一步加强房地产信贷业务管理的通知》，正式开始了房地产金融的调控，初步建立了差别化住房信贷政策。该通知规定：对借款人申请个人住房贷款购买第一套自住住房的，首付比例仍执行20%的规定；"对购买第二套以上（含第二套）住房的，应适当提高首付款比例"；"个人商业用房贷款的抵借比不得超过60%，贷款期限最长不得超过10年，并且所购商业用房为竣工验收的房屋"。随后，人民银行逐步建立起差别化住房信贷政策体系：一是住房贷款的最低首付比例和贷款利率与住房数量有关，首套房最低首付比例和贷款利率都相对较低，二套及其以上要求较高；二是区分自住房和非自住房、普通住房和非普通住房，对自住房和普通住房的贷款条件要求相对宽松（李波，2018）。

由于在房价上涨过程中，不同类别城市表现出了不同特征，人民银行又开始不断探索因城施策的差别化住房信贷政策。2016年2月，人民银行和银监会联合发布《关于调整个人住房贷款政策有关问题的通知》，在不实施"限购"的城市，下调个人住房贷款最低首付比例，对实施"限购"的城市，个人住房贷款政策维持不变。目前，调控城市的一套房贷款最低首付比例为30%以上，二套房基本在50%以上，个别城市达到70%或80%。

为了进一步强化房地产市场的逆周期调节，人民银行还督促商业银行调整优化信贷结构，加强审贷管理，将"首付贷"等房地产场外配资行为纳入互联网金融风险专项整治；同时，要求商业银行严格执行差别化住房信贷政策，杜绝价格恶性竞争和"首付贷"等违规行为。此外，人民银行还加强了房地产领域流入资金的管控和清理整治。对信托、理财、债券、资管计划、保险资金等投向房地产领域资金予以清理规范，严控各类资金过度流入，打击资金违规流入，引导资金更多流向实体经济（中国人民银行金融稳定分析小组，2017）。

为了完善住房金融宏观审慎政策，促进房地产和金融市场平稳健康发展，2020年12月，中国人民银行、中国银行保险监督管理委员会发布《关于建立银行业金融机构房地产贷款集中度管理制度的通知》，建立了银行业金融机构房地产贷款集中度管理制度。该通知指出：房地产贷款集中度管理制度主要是综合考虑银行业金融机构的资产规模、机构类型等因素，分档设置房地产贷款余额占比和个人住房贷款余额占比两个上限，对超过上限的机构设置过渡期，并建立区域差别化调节机制……建立房地产贷款集中度管理制度，是健全我国宏观审慎管理制度和完善房地产金融管理长效机制的重要举措，有助于提高金融体系韧性和稳健性，有助于银行业金融机构优化信贷结构，有助于房地产市场的平稳健康发展，有助于推动金融、房地产同实体经济均衡发展。

（五）总结

2008年的国际金融危机不仅对经济与金融产生了很大的负向影响，还对当时的宏观调控政策框架与金融监管提出了质疑与反思。价格稳定并不能保证金融系统稳定与经济运行稳定，在价格稳定的情况下，金融市场仍有可能出现严重的资产泡沫，甚至出现金融危机。由于金融市场规模不断扩大、市场监管不足以及金融系统的顺周期性与跨部门传染性，这使得若同时实现经济稳定与金融稳定，仅仅依靠货币政策是不够的，还需要其他政策加以配合。此时，宏观审慎政策就应运而生，其地位也被逐渐提高。

宏观审慎政策是指运用审慎性工具防范系统性金融风险的做法。宏观审慎政策的目标是防范系统性金融风险，尤其是防止系统性金融风险顺周期累积以及跨机构、跨行业、跨市场和跨境传染，提高金融体系韧性和稳健性，降低金融危机发生的可能性和破坏性，促进金融体系的整体健康与稳定。宏观审慎政策框架不是静态的，它是跟着宏观经济波动与金融市场风险变动而不断进行调整与完善的一个过程。目前，我国在宏观审慎评估体系、跨境资本流动宏观审慎管理、住房金融宏观审慎政策等方面的实践备受瞩目。

思考题

1. 2008年国际金融危机爆发的原因是什么？
2. 什么是宏观审慎政策？它的目标是什么？
3. 简述宏观审慎政策提出的背景。
4. 简述我国宏观审慎政策的实践。
5. 2008年国际金融危机给我们提供了哪些经验教训？

二、涉及知识点

本案例涉及的知识点主要包括丁伯根法则（Tinbergen's Rule）、金融加速器理论、差别准备金动态调整制度、宏观审慎评估体系。

丁伯根法则是由首届诺贝尔经济学奖得主荷兰经济学家丁伯根提出的，是描述政策工具数量与政策目标数量之间关系的法则。丁伯根法则的主要内容是：要实现各种政策目标，则所需要的政策工具数量要大于或等于政策目标的数量，而且这些政策工具之间是线性无关的。根据丁伯根法则，要同时实现价格稳定与金融稳定，仅仅依靠货币政策是不行的，还需要其他政策工具进行搭配。因此，丁伯根法则为货币政策和宏观审慎政策双支柱调控框架建设提供了理论支撑。

金融加速器理论①主要由美国经济学家伯南克提出。金融加速器依赖于企业资产净值与外部融资溢价之间的相互关系，这种相互关系是由于借款方与贷款方之间的信息不对称而产生的。② 信贷市场上的信息不对称使得外部融资成本会比内部融资的机会成本要大，而企业资产净值与外部融资溢价之间又存在一种负相关关系，即企业资产净值越大，外部融资溢价就越小。在信贷市场存在信息不对称时，银行部门通常不太了解企业借款人所投资项目的收益情况，此时银行部门则通常以企业资产净值为衡量标准给予信贷额度与确定贷款利率水平，因此，企业资产净值越大，外部融资成本越小，外部融资溢价也就越小。

根据金融加速器理论，首先，实际经济的变化会引起企业资产净值的变化，而且它们之间是一种正向影响关系，例如，市场上需求增加或是技术进步等因素会导致企业资产净值增加。其次，由于信贷市场的信息不对称，企业资产净值与外部融资溢价存在着一种负向影响关系，企业资产净值越大，外部融资溢价就越小，即外部融资的成本就越小。再次，外部融资溢价的变化对投资支出和生产的变化存在负向影响，外部融资溢价越大，外部融资的成本就越大，从而会阻碍投资支出和生产。最后，投资支出和生产的减少会进一步阻碍经济增长。因此，金融加速器的作用会导致经济冲击的影响效果被扩大，产生一种"小冲击、大波动"的宏观经济运行规律。

2008 年国际金融危机冲击的严重后果使许多经济学家开始注意到：金融市场上日益恶化的信贷市场状况、不断增长的债务环境、资产价格的持续下跌，这些不仅是经济下滑的外在表现，也是导致经济下滑的主要原因。因此，

---

① 关于金融加速器理论的介绍主要来源于刘辉煌等主编的《西方经济学》。
② 外部融资溢价为外部融资成本与内部融资的机会成本之间的差价。

政府必须加强对金融市场的监管，宏观审慎政策应运而生。

　　差别准备金动态调整制度由传统的准备金制度演变而来。为保证客户提取存款和资金清算需要，中央银行会要求金融机构将部分存款存放至中央银行，该部分存款称作存款准备金，其中，存款准备金占其存款总额的比例又被称为存款准备金率。为了防止金融宏观调控中出现"一刀切"现象，并且充分发挥准备金制度的宏观调控作用，中国人民银行于 2004 年开始对金融机构实行差别存款准备金率制度，并在 2011 年又将差别存款准备金率制度升级到差别准备金动态调整制度。差别准备金率制度是指金融机构适用的存款准备金率与其资本充足率、资产质量状况等指标挂钩。金融机构资本充足率越低、不良贷款比率越高，适用的存款准备金率就越高；反之，金融机构资本充足率越高、不良贷款比率越低，适用的存款准备金率就越低。而差别准备金动态调整制度则是在既有的差别准备金制度中引入宏观审慎要求并加以规范化、透明化，主要基于社会融资总量、银行信贷投放与社会经济主要发展目标的偏离程度及具体金融机构对整个偏离的影响，并考虑了金融机构的系统重要性、稳健状况及执行国家信贷政策情况等。

　　宏观审慎评估体系是我国宏观审慎政策框架的重要组成部分之一。宏观审慎评估体系的主要内容包括资本和杠杆、资产负债、流动性、定价行为、资产质量、跨境融资风险以及信贷政策执行七个方面的指标，通过这些指标引导金融机构加强自我约束和自律管理。宏观审慎评估体系的指标与权重如表 1 - 1 所示。宏观审慎评估体系的指标与权重并不是静态的，中央银行会根据防范系统性金融风险的需要进行相应的调整。宏观审慎评估体系的监管对象主要有 3 类：全国性系统重要性机构、区域性系统重要性机构、普通的商业银行金融机构。宏观审慎评估体系的评估结果分为 A、B、C 三档。七大类得分均在 90 分以上，则为 A 档；资本和杠杆、定价行为中任意一类得分低于 60 分，或资产负债、流动性、资产质量、跨境融资风险、信贷政策执行中任意两大类及以上得分均低于 60 分，则为 C 档；其他情况，则为 B 档。人民银行将金融机构的宏观审慎评估情况与法定存款准备金利率水平相挂钩：对 A 档机构，法定存款准备金利率视情况上浮 10% ~30%；对 C 档机构，法定存款准备金利率视情况下浮 10% ~30%；对 B 档机构，保持法定存款准备金利率。

表 1-1　　　　　　　　我国宏观审慎评估体系的指标与权重

七大类	总分	指标与权重
资本和杠杆	100	资本充足率指标（80）、杠杆率（20）
资产负债	100	广义信贷（60）、委托贷款（15）、同业负债（25）
流动性	100	流动性覆盖率（40）、净稳定资金比例（40）、遵守制度（20）
定价行为	100	利率定价（100）
资产质量	100	不良贷款率（50）、拨备覆盖率（50）
跨境业务风险	100	跨境融资风险加权余额（60）、跨境融资币种结构（20）、跨境融资期限结构（20）
信贷政策执行	100	信贷政策评估结果（40）、信贷政策执行情况（30）、央行资金运用（30）

三、要点分析

（一）国际金融危机的反思

经济金融全球化不断加深，金融体系与实体经济的联系和相互依赖更加密切，金融产品复杂程度大幅度提高，大型金融机构迅速扩张并对金融体系产生系统性影响，金融市场参与者的关联性更加紧密，金融行为的集体性和同步性不断增强，金融体系日益复杂。但是，当时的金融监管并没有及时跟上金融市场的变化，在防范系统性金融风险方面存在严重不足。从监管目标看，金融监管主要侧重于微观审慎监管，以防范单个金融机构风险、维护单个金融机构和市场的稳定为目标；从监管范围看，金融监管不仅缺乏对宏观经济与金融体系关联性的监测、评估和管理，也缺乏对系统重要性金融机构、市场和工具的有效监管；从监管措施看，金融监管的一些政策和工具可能加剧金融体系的顺周期效应，催生甚至放大金融风险[1]（中国人民银行金融稳定分析小组，2010）。

在理论研究方面，经济学家格特勒认为宏观经济学理论中有一个重要假设：金融市场是完美的，不存在摩擦，以致在分析问题时可以直接将金融市

---

①　例如，在金融体系陷入困境时，单个金融机构为满足监管要求同时紧缩信贷、停止拆借，这虽然对单个金融机构而言是审慎理性的决策，但会形成或加剧系统性金融风险。

场的影响忽略。这一假设也符合莫迪尼亚尼—米勒定理的结论。莫迪尼亚尼—米勒定理认为，在不考虑税收、破产成本、信息不对称的有效市场中，资本结构对实际经济产出是没有影响的，即货币和证券是"中性"的。因此，在实际经济周期理论与传统凯恩斯主义周期理论中，均没有看到金融市场的影子。20世纪80~90年代，虽然伯南克等经济学家提出的金融加速器理论指出了金融市场摩擦对宏观经济影响的重要性，但以新凯恩斯主义理论为代表的主流宏观经济理论并没有足够地重视金融市场稳定在宏观经济中的地位，它们依旧将研究的重点停留在如何利用货币政策来维持物价稳定或经济稳定。

（二）国际金融危机的启示

国际金融危机暴露出当时金融监管体系的缺陷——宏观审慎政策的缺失。因此，国际金融危机带来的第一个启示就是通过改革相应的监管组织框架和监管制度来强化宏观审慎管理，建立健全货币政策和宏观审慎政策双支柱调控框架。例如，加强金融管理部门之间的协调和配合、加强系统性金融风险监测预警体系建设、建立健全危机管理和系统性金融风险处置框架、建立健全逆周期宏观调控机制、强化对系统重要性金融机构的监管、建立健全宏观审慎评估、加强跨境资本流动宏观审慎管理、统筹监管金融基础设施、加强影子银行体系监管等。

国际金融危机也暴露出当时主流宏观经济理论的不足——忽视金融市场因素（金融冲击、金融摩擦、金融中介）对实体经济的影响。国际金融危机后，经济学家们也认识到当时主流宏观经济理论的缺陷，逐渐将金融市场因素（金融冲击、金融摩擦、金融中介）嵌入新凯恩斯主义周期理论框架，系统地研究金融周期与实体经济周期之间相互影响、相互联系的内生机制。这些问题的研究已经形成了宏观经济周期理论的一个新领域——金融经济周期（Financial Business Cycle，FBC）理论，这也是继实际经济周期理论之后宏观经济理论中最引人注目的新发展（周炎、陈昆亭，2014）。金融经济周期理论将金融市场摩擦引入现代宏观经济理论，使得现代宏观经济理论与实际经济运行情况更加接近。另外，金融经济周期理论为理解金融市场因素在经济周期中的作用提供了一个很好的视角，它能够对宏观经济运行规律以及金融危机中的许多经济现象给予更具说服力的解释。

四、案例教学使用说明

（一）教学目的与用途

本案例教学适用于"中央银行学""货币金融学""国际金融学"等课程。如将本案例用于其他相关课程，本案例说明可做相关调整。

本案例以国际金融危机为例，向学生展示当时宏观调控体系的缺陷，以及国际金融危机后宏观调控体系的变化。通过此案例引导学生了解宏观审慎政策的由来与发展，以及我国宏观审慎政策的实践；同时，在分析案例的过程中，培养学生利用相关理论知识分析我国金融市场实际问题的能力。

（二）课程安排

本案例可以作为专门的案例讨论课来进行。课堂安排大致如下：

（1）整个案例的课堂时间控制在80分钟左右。

（2）课前计划：布置思考题，要求学生在课前完成相关材料的阅读。

（3）课中计划：

①案例回顾（10分钟）；

②分组讨论（20分钟）；

③小组发言（每组5分钟左右，控制在30分钟）；

④集体讨论、归纳总结（20分钟左右）。

（4）课后计划：请学生以小组为单位搜索该案例的相关资料，撰写案例分析报告。

参考文献

[1] 李波. 构建货币政策个宏观审慎政策双支柱调控框架 [M]. 北京：中国金融出版社，2018.

[2] 刘辉煌，罗丽英，刘志忠. 西方经济学 [M]. 北京：中国人民大学出版社，2014.

[3] 马骏，何晓贝. 货币政策与宏观审慎政策的协调 [J]. 金融研究，2019（12）：58 – 69.

[4] 马新彬. 宏观审慎政策治理架构的逻辑 [M]. 北京：中国金融出版社，2021.

［5］马勇．"双支柱"调控框架的理论与经验基础［J］．金融研究，2019（12）：18－37.

［6］苏嘉胜，王曦．宏观审慎管理的有效性及其与货币政策的协调［J］．财贸经济，2019，40（9）：65－83.

［7］中国人民银行金融稳定分析小组．中国金融稳定报告（2010）［M］．北京：中国金融出版社，2010.

［8］中国人民银行金融稳定分析小组．中国金融稳定报告（2011）［M］．北京：中国金融出版社，2011.

［9］中国人民银行金融稳定分析小组．中国金融稳定报告（2012）［M］．北京：中国金融出版社，2012.

［10］中国人民银行金融稳定分析小组．中国金融稳定报告（2013）［M］．北京：中国金融出版社，2013.

［11］中国人民银行金融稳定分析小组．中国金融稳定报告（2014）［M］．北京：中国金融出版社，2014.

［12］中国人民银行金融稳定分析小组．中国金融稳定报告（2015）［M］．北京：中国金融出版社，2015.

［13］中国人民银行金融稳定分析小组．中国金融稳定报告（2016）［M］．北京：中国金融出版社，2016.

［14］中国人民银行金融稳定分析小组．中国金融稳定报告（2017）［M］．北京：中国金融出版社，2017.

［15］中国人民银行金融稳定分析小组．中国金融稳定报告（2018）［M］．北京：中国金融出版社，2018.

［16］中国人民银行金融稳定分析小组．中国金融稳定报告（2019）［M］．北京：中国金融出版社，2019.

［17］中国人民银行金融稳定分析小组．中国金融稳定报告（2020）［M］．北京：中国金融出版社，2020.

［18］周小川．金融政策对金融危机的响应——宏观审慎政策框架的形成背景、内在逻辑和主要内容［J］．金融研究，2011（1）：1－14.

［19］周炎，陈昆亭．金融经济周期理论研究动态［J］．经济学动态，2014（7）：128－138.

［20］Kydland F E，Prescott E C. Rules Rather than Discretion：The Inconsistency of Optimal Plans［J］. *Journal of Political Economy*，1977，85（3）：473－492.

附录

宏观审慎政策指引

（试行）

第一章　总　　则

第一条　为健全宏观审慎政策框架，提高防范和化解系统性金融风险的能力，增强宏观审慎政策透明度，制定本指引。

第二条　宏观审慎政策框架包括宏观审慎政策目标、风险评估、政策工具、传导机制与治理机制等，是确保宏观审慎政策有效实施的重要机制。宏观审慎管理部门将在实践探索中不断丰富和完善宏观审慎政策框架。

第三条　在金融委的统筹指导下，中国人民银行作为宏观审慎管理牵头部门，会同相关部门履行宏观审慎管理职责，牵头建立健全宏观审慎政策框架，监测、识别、评估、防范和化解系统性金融风险，畅通宏观审慎政策传导机制，组织运用好宏观审慎政策工具。

第四条　宏观审慎政策适用于依法设立的、经国务院金融管理部门批准从事金融业务或提供金融服务的机构，以及可能积聚和传染系统性金融风险的金融活动、金融市场、金融基础设施等。

第二章　宏观审慎政策框架

第五条　宏观审慎政策的目标是防范系统性金融风险，尤其是防止系统性金融风险顺周期累积以及跨机构、跨行业、跨市场和跨境传染，提高金融体系韧性和稳健性，降低金融危机发生的可能性和破坏性，促进金融体系的整体健康与稳定。

第六条　系统性金融风险评估是指综合运用风险评估工具和监管判断，识别金融体系中系统性金融风险的来源和表现，衡量系统性金融风险的整体态势、发生可能性和潜在危害程度。及时、准确识别系统性金融风险是实施宏观审慎政策的基础。

第七条　根据系统性金融风险的特征，结合我国实际并借鉴国际经验，开发和储备适用于我国国情的一系列政策工具，建立健全宏观审慎政策工具箱。针对评估识别出的系统性金融风险，使用适当的宏观审慎政策工具，以实现宏观审慎政策目标。不断丰富和完善的宏观审慎政策工具，是提升宏观审慎政策执行效果的必要手段。

第八条　宏观审慎政策传导机制是指通过运用宏观审慎政策工具，对金融机构、金融基础设施施加影响，从而抑制可能出现的系统性金融风险顺周期累积或传染，最终实现宏观审慎政策目标的过程。顺畅的传导机制是提高宏观审慎政策有效性的重要保障。

第九条　宏观审慎政策的治理机制是指为监测识别系统性金融风险、协调和执行宏观审慎政策以及评估政策实施效果等，所进行的组织架构设计和工作程序安排。良好的治理机制可以为健全宏观审慎政策框架和实施宏观审慎政策提供制度保障。

第三章　系统性金融风险的监测、识别和评估

第十条　系统性金融风险是指可能对正常开展金融服务产生重大影响，进而对实体经济造成巨大负面冲击的金融风险。系统性金融风险主要来源于时间和结构两个维度：

（一）从时间维度看，系统性金融风险一般由金融活动的一致行为引发并随时间累积，主要表现为金融杠杆的过度扩张或收缩，由此导致的风险顺周期的自我强化、自我放大。

（二）从结构维度看，系统性金融风险一般由特定机构或市场的不稳定引发，通过金融机构、金融市场、金融基础设施间的相互关联等途径扩散，表现为风险跨机构、跨部门、跨市场、跨境传染。

第十一条　系统性金融风险的监测重点包括宏观杠杆率，政府、企业和家庭部门的债务水平和偿还能力，具有系统重要性影响和较强风险外溢性的金融机构、金融市场、金融产品和金融基础设施等。

第十二条　宏观审慎管理牵头部门建立健全系统性金融风险监测和评估机制，会同相关部门开展监测和评估，定期或不定期公开发布评估结果。针

对特定领域系统性金融风险，宏观审慎管理牵头部门组织开展专项评估。

第十三条 宏观审慎管理牵头部门根据系统性金融风险的特征，建立健全系统性金融风险监测和评估框架。完善系统性金融风险监测评估指标体系并设定阈值，适时动态调整以反映风险的发展变化。丰富风险监测方法和技术，采取热力图、系统性金融风险指数、金融压力指数、金融条件指数、宏观审慎压力测试、专项调查等多种方法和工具进行监测和评估，积极探索运用大数据技术。

第四章 宏观审慎政策工具

第十四条 宏观审慎政策工具主要用于防范金融体系的整体风险，具有"宏观、逆周期、防传染"的基本属性，这是其有别于主要针对个体机构稳健、合规运行的微观审慎监管的重要特征。宏观审慎政策会运用一些与微观审慎监管类似的工具，如对资本、流动性、杠杆等提出要求，但两类工具的视角、针对的问题和采取的调控方式不同，可以相互补充，而不是替代。宏观审慎政策工具用于防范系统性金融风险，主要是在既有微观审慎监管要求之上提出附加要求，以提高金融体系应对顺周期波动和防范风险传染的能力。宏观审慎管理往往具有"时变"特征，即根据系统性金融风险状况动态调整，以起到逆周期调节的作用。

第十五条 针对不同类型的系统性金融风险，宏观审慎政策工具可按照时间维度和结构维度两种属性划分，也有部分工具兼具两种属性。时间维度的工具用于逆周期调节，平滑金融体系的顺周期波动；结构维度的工具，通过提高对金融体系关键节点的监管要求，防范系统性金融风险跨机构、跨市场、跨部门和跨境传染。

（一）时间维度的工具主要包括：

1. 资本管理工具，主要通过调整对金融机构资本水平施的额外监管要求、特定部门资产风险权重等，抑制由资产过度扩张或收缩、资产结构过于集中等导致的顺周期金融风险累积。

2. 流动性管理工具，主要通过调整对金融机构和金融产品的流动性水平、资产可变现性和负债来源等施加的额外监管要求，约束过度依赖批发性融资以及货币、期限严重错配等，增强金融体系应对流动性冲击的韧性和稳健性。

3. 资产负债管理工具，主要通过对金融机构的资产负债构成和增速进行调节，对市场主体的债务水平和结构施加影响，防范金融体系资产过度扩张或收缩、风险敞口集中暴露，以及市场主体债务偏离合理水平等引发的系统性金融风险。

4. 金融市场交易行为工具，主要通过调整对金融机构和金融产品交易活动中的保证金比率、融资杠杆水平等施加的额外监管要求，防范金融市场价格大幅波动等可能引发的系统性金融风险。

5. 跨境资本流动管理工具，主要通过对影响跨境资本流动顺周期波动的因素施加约束，防范跨境资本"大进大出"可能引发的系统性金融风险。

（二）结构维度的工具主要包括：

1. 特定机构附加监管规定，通过对系统重要性金融机构提出附加资本和杠杆率、流动性等要求，对金融控股公司提出并表、资本、集中度、关联交易等要求，增强相关机构的稳健性，减轻其发生风险后引发的传染效应。

2. 金融基础设施管理工具，主要通过强化有关运营及监管要求，增强金融基础设施稳健性。

3. 跨市场金融产品管理工具，主要通过加强对跨市场金融产品的监督和管理，防范系统性金融风险跨机构、跨市场、跨部门和跨境传染。

4. 风险处置等阻断风险传染的管理工具，例如恢复与处置计划，主要通过强化金融机构及金融基础设施风险处置安排，要求相关机构预先制定方案，当发生重大风险时根据预案恢复持续经营能力或实现有序处置，保障关键业务和服务不中断，避免引发系统性金融风险或降低风险发生后的影响。

第十六条　按照对政策实施对象约束力大小，宏观审慎政策工具可分为强约束力工具和引导类工具。强约束力工具是指政策实施对象根据法律法规要求必须执行的工具；引导类工具是指宏观审慎管理牵头部门通过研究报告、信息发布、评级公告、风险提示等方式，提出对系统性金融风险状况的看法和风险防范的建议。

第十七条　根据系统性金融风险的来源和表现，由宏观审慎管理牵头部门会同相关部门开发新的宏观审慎政策工具。

第十八条　压力测试可以为开展宏观审慎管理提供重要参考和支撑。宏观审慎管理牵头部门通过测试极端情况下金融体系对冲击的承受能力，识别和评估系统性金融风险，启用和校准宏观审慎政策工具等。宏观审慎压力测试包括宏观层面压力测试，还包括系统重要性金融机构压力测试、金融控股公司压力测试、金融行业压力测试等针对特定机构和行业的压力测试。

第五章　宏观审慎政策工具的使用

第十九条　使用宏观审慎政策工具一般包括启用、校准和调整三个环节，相关流程由宏观审慎管理牵头部门会同相关部门制定。

第二十条　当潜在的系统性金融风险已触及启用宏观审慎政策工具阈值时，宏观审慎管理牵头部门会同相关部门结合监管判断，适时启用应对系统性金融风险的宏观审慎政策工具。在风险未触及启用宏观审慎政策工具阈值时，宏观审慎管理牵头部门会同相关部门通过综合分析评估，认为可能出现系统性金融风险时，也可基于监管判断启用宏观审慎政策工具。

第二十一条　宏观审慎政策工具启用后，宏观审慎管理牵头部门会同相关部门开展动态评估，综合判断宏观审慎政策工具是否达到预期、是否存在监管套利和未预期后果等。根据评估结果对宏观审慎政策工具进行校准，包括工具适用范围、指标设计和政策要求等。

第二十二条　宏观审慎管理牵头部门会同相关部门，动态评估系统性金融风险态势，根据评估结果并结合监管判断，适时调整宏观审慎政策工具的具体值。

第六章　宏观审慎政策治理机制

第二十三条　宏观审慎管理牵头部门会同相关部门推动形成适合我国国情的宏观审慎政策治理机制，并根据具体实践不断完善。

第二十四条　宏观审慎管理牵头部门可推动建立矩阵式管理的宏观审慎政策架构，针对特定系统性金融风险，通过组建由宏观审慎管理牵头部门和相关部门组成的跨部门专项工作组等方式，跟踪监测、评估系统性金融风险，并对宏观审慎政策工具的使用提出建议。

第二十五条　根据系统性金融风险涉及的领域，宏观审慎管理牵头部门会同相关部门讨论和制定宏观审慎政策工具的启用、校准和调整。

第二十六条　宏观审慎管理牵头部门会同相关部门根据职责分工，组织实施所辖领域的宏观审慎管理工作，并对宏观审慎政策执行情况进行监督和管理。

第二十七条　宏观审慎管理牵头部门会同相关部门，及时跟踪评估宏观审慎政策工具实施效果，将评估结果以适当形式向社会披露。

第二十八条　在金融委指导下，建立健全宏观审慎政策监督机制，加强对宏观审慎管理牵头部门及相关部门履行宏观审慎管理职责情况的监督，确保宏观审慎管理牵头部门及相关部门有效履职。

第二十九条　宏观审慎管理牵头部门建立健全宏观审慎政策沟通机制，做好预期引导，定期或不定期以公告、报告、新闻发布会等方式与市场进行沟通。沟通内容包括宏观审慎政策框架、政策立场、系统性金融风险评估、宏观审慎政策工具使用，以及未来可能采取的政策行动等，增强宏观审慎政策的透明度及可预期性。

第七章　支持与保障

第三十条　在金融业综合统计工作机制下，宏观审慎管理牵头部门推动开展宏观审慎政策相关统计数据的采集与共享。相关统计数据的采集、使用与对外披露须严格遵守有关保密规定。

第三十一条　宏观审慎管理牵头部门根据防范系统性金融风险的需要，建立、维护和管理宏观审慎相关信息采集和监管系统，实现数据共享。

第三十二条　宏观审慎管理牵头部门会同相关部门制定和完善宏观审慎管理相关制度规定。

第三十三条　宏观审慎管理牵头部门会同相关部门建立突发性系统性金融风险应急机制，及时有效防控突发性系统性金融风险，降低次生风险。

第八章　政策协调

第三十四条　宏观审慎管理牵头部门组织会同相关部门建立宏观审慎工作协调机制。宏观审慎政策执行中如遇重大问题，提交金融委研究决定。跨部门协调议定的事项可通过会议纪要、备忘录等形式予以明确，涉及宏观审慎政策框架的，可在本指引的后续修订中体现。

第三十五条　健全货币政策和宏观审慎政策双支柱调控框架，强化宏观审慎政策与货币政策的协调配合，促进实现价格稳定与金融稳定"双目标"。宏观审慎政策可通过约束金融机构加杠杆以及货币、期限错配等行为，抑制金融体系的顺周期波动，通过限制金融机构间关联程度和金融业务的复杂程度，抑制风险传染，促进金融机构、金融基础设施稳健运行，从而有利于货币政策的实施和传导，增强货币政策执行效果。货币政策环境及其变化也对金融稳定构成重要影响，是制定宏观审慎政策需要考虑的重要因素。加强宏观审慎政策和货币政策协调配合，包括加强经济形势分析、金融风险监测方面的信息沟通与交流；在宏观审慎政策制定过程中考虑货币政策取向，充分征求货币政策制定部门的意见，评估政策出台可能的溢出效应和叠加效应，把握政策出台的次序和节奏；在政策执行过程中，会同货币政策制定部门定期评估政策执行效果，适时校准和调整宏观审慎政策。

第三十六条　强化宏观审慎政策与微观审慎监管的协调配合，充分发挥宏观审慎政策关注金融体系整体、微观审慎监管强化个体机构稳健性的优势，形成政策合力，共同维护金融稳定。宏观审慎政策从宏观视角出发，可对金融机构的一致性预期及其行为开展逆周期调节，提高对金融体系关键节点以及可能引发风险跨市场传染的金融产品、金融活动的管理要求，从而与微观审慎监管形成互补。微观监管部门较为全面的监管数据有助于提高系统性金融风险评估的准确性，有效的微观审慎监管措施有助于提高宏观审慎政策执行效果。加强宏观审慎政策和微观审慎监管协调配合，包括加强金融风险监测方面的信息沟通与交流；在宏观审慎政策制定过程中综合考虑微观审慎监管环境，充分征求微观监管部门意见，评估政策出台可能的溢出效应和叠加效应，涉及微观监管部门所辖领域时，会同微观监管部门共同制定宏观审慎管理要求；在政策执行过程中，会同微观监管部门定期评估政策执行效果，适时校准和调整宏观审慎政策。

第三十七条　加强宏观审慎政策与国家发展规划、财政政策、产业政策、信贷政策等的协调配合，提高金融服务实体经济能力。宏观审慎政策通过影响金融机构行为可能会对实体经济产生溢出效应，制定和执行宏观审慎政策时，需要做好与其他宏观调控政策制定部门的信息沟通，促进形成政策合力。

第九章　附　　则

第三十八条　本指引由中国人民银行负责解释，后续将根据宏观审慎政策的具体实践，适时予以修订。

案例 2

政银合作赋能浙江中小企业融资新模式

一、案例背景

浙江省是中国经济发展最活跃的省份之一，也是中小企业基数最庞大的省份之一。中小企业的发展，不仅是一个国家和地区经济发展的重要成长源，也是其未来发展的希望所在。自从改革开放以来，浙江省兴起了民众创业的热潮，民营中小企业蓬勃发展，使得浙江经济高速增长。"十一五"规划期间，随着改革和发展的不断推进，全省中小企业经济总量大幅增长，经济实力明显增强，中小企业已成为浙江省经济发展的一大特色和优势，在全省经济社会发展中起着举足轻重的作用。因此，中小企业对浙江经济的腾飞发挥着不可替代的作用，"浙江制造"也早已享誉国内外，这一片繁荣的景象使浙江人民感到欣慰和自豪。

近年来，浙江省电子商务继续保持着良好的发展态势，产业规模不断扩大。截至 2020 年底，浙江省实现网络零售额 22608 亿元，较 2019 年增加 2835 亿元，同比增长 14.34%。① 从规模来看，2015 ~ 2020 年，浙江省网络零售和居民网络消费规模逐年稳步扩大；截至 2020 年底，浙江省内居民网络消费 11072 亿元，较 2019 年增加 1087 亿元，同比增长 10.89%。② 近年来，随着电商行业的高速发展，企业发展步入成熟阶段，对电商人才的需求大幅提高，人才问题已经成为电商企业面临的主要挑战。截至 2020 年底，浙江省电子商务直接带动就业约 186.8 万个，较 2019 年减少 38.3 万个；间接带动

---

① ② 2020 年浙江省电子商务行业发展概况、发展问题及发展前景分析 ［EB/OL］. (2021 – 10 – 02). http://www.chyxx.com/industry/202110/977262.html.

就业 491.3 万个，较 2019 年减少 100.7 万个。①

受宏观环境的影响，银行等金融机构对中小企业的贷款申请进行了更加严格的考量。近年来，中小企业融资问题饱受各界关注，各级政府及有关部门也不断出台各种政策，用以破解中小企业融资难的困局。遗憾的是，浙江省中小企业依然要面对融资渠道过窄、直接融资要求过严等问题，从而在很大程度上束缚了中小企业的发展潜力。

（一）基本情况

2021 年 3 月 15 日，嘉兴市洪合镇洪创工业社区"数字经济企业积分银行"在浙江省嘉兴市秀洲区洪合镇成立，成为浙江省乃至全国第一家数字经济企业积分银行。

数字经济的发展是世界化趋势，是"万物互联"时代的机遇，也是我国数字化改革的重要支柱。浙江省是全国最早试水电商行业的地区，基于优越的交通条件和环境优势，移动电子商务迅猛发展，与此同时，随着市场日益成熟，电商平台内部的资源分配也日趋稳定。根据《智研咨询》发布的报告显示，2020 年，浙江省在重点监测第三方电子商务平台上活跃网络零售网店超过 66.0 万家，较 2019 年减少 15.5 万家，同比下降 19.02%，解决带动就业岗位 678.1 万个；其中，企业店 9.4 万家，同比增加 1000 家；个人店 56.6 万家，同比减少 15.6 万家。② 在未来几年，浙江省中小电商企业将实现从商品交易、资金传输、商务活动、供应链建设的形式，进一步发展成为行业产业链、产业集群形成的深度模式。

值得关注的是，浙江省中小企业在电子商务领域内的探索和发展却一直处于一个尴尬的局面。以嘉兴市为例，嘉兴市数字贸易基础扎实，2021 年初，洪合镇仅毛衫电商销售额就已达到 6 亿元，其中，跨境电商贸易交易额达 510 万元。整个秀洲区总电商零售总额总体呈增长趋势，2019 年突破 329 亿元，且 2016～2020 年以来，除了新冠肺炎疫情的影响，增长速度也逐年提升（见图 2 - 1）。③

---

① 2020 年浙江省电子商务行业发展概况、发展问题及发展前景分析 [EB/OL]. (2021 - 10 - 02). http://www.chyxx.com/industry/202110/977262.html.

② 2020 年浙江省电子商务行业发展概况、发展问题及发展前景分析 [N]. 智研咨询，2021 - 10 - 02.

③ 洪合镇"企业积分银行"赋能数字经济发展 [N]. 嘉兴日报，2021 - 03 - 16.

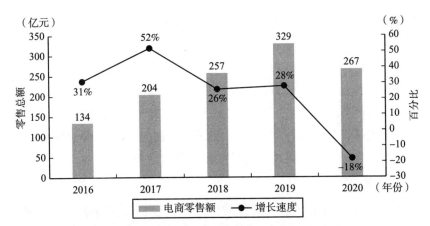

图 2-1　嘉兴市秀洲区电商零售总额及增长速度

资料来源：https://www.sohu.com/a/444889720_578930。

然而，嘉兴市政府通过调研发现仍有不少数字经济企业尤其是小微企业，因面临融资难题和银行放贷需抵押物的"门槛"而遭遇发展瓶颈。对此，洪合镇政府与禾城农商银行通过多次洽谈，最终成立"数字经济企业积分银行"，并制定了《"数字经济企业积分银行"规则》。①

数字积分银行，即政银合作，建立信用积分体系，通过积分兑换融资额。此项目不仅改变了传统银行的融资方式，有效解决了中小电商企业缺乏贷款抵押物的难题，还能够通过政府建立积分评价体系，引导企业诚信经营并参与数字化经济建设，深化数字经济改革。②

本案例的研究与分析基于上述背景，将以缓解中小企业融资困境的政银合作新模式——数字经济企业积分银行为研究切入点，通过理论联系案例的分析，验证该模式的可行性、有效性和科学性，最后对该创新模式提出建议，为缓解浙江省中小电商企业融资难问题提供一些理论和实践方面的参考。

（二）本案例分析的意义

中小企业是企业体系中的主力军，尤其是近年来随着数字经济的崛起，电商企业和个体工商户的数量迅猛增长。而中小企业融资难问题，已成为我国乃至全世界都普遍存在的问题。然而，单一的资本流通渠道以及银行传统

① 全省首家数字经济企业积分银行在秀洲洪合成立［N］. 嘉兴日报，2021-03-17.
② 洪合镇"开"出全省首家"党建引领数字经济企业积分银行"［N］. 嘉兴日报，2021-03-15.

的融资贷款方式已不能适应现代企业发展的需要。

2021 年 2 月，浙江省政府出台的《浙江省国民经济和社会发展第十四个五年规划和二〇三五年远景目标纲要》提到，"政府应完善政银企合作机制，充分发挥商业银行、政策性开发性金融机构、保险金的作用……进一步拓展重大项目境内外融资渠道"，这为我国中小企业解决融资难问题，提供了强有力的政策支持，也使本课题的研究能够建立在一定的理论和现实基础上。基于此，本案例分析的研究也必将具有很强的理论和实践意义。

1. 理论意义

有关政银合作和企业融资问题的理论研究已经较为丰富，但"积分银行"的概念在全国范围内是第一次提出，所以此理论存在很大的发展空间。本案例将以积分银行为基石，探讨政银合作和银行融资新模式，并完善相关理论，二者的有机结合也是创新点所在。本案例分析报告通过对具体实务的研究和分析，对于拓宽研究视角和丰富理论内涵具有重要意义。

2. 实践意义

（1）嘉兴市洪合镇通过"积分银行"的形式，实现了金融赋能数字经济的跨越，缓解了电商企业融资困难问题，同时提高了村镇电商企业的活力。

（2）"数字经济企业积分银行"的加入能够进一步推进浙江省经济数字化改革，为中小电商企业融资注入新的活力，带来了融资模式的创新和平台规模效应，有利于拓宽和加深政银结合融资方式的触及范围。

（3）洪合镇特色企业、个体商户可以享有更具针对性的融资服务，电商平台也能进一步完善平台网络构建，履行应尽的社会责任。

（4）本案例分析对今后同类型金融服务的开展有着创新意义和参考意义，基于政银合作的"积分银行"融资模式不仅为洪合镇各中小企业带来了益处，也为推动地方数字经济发展提供了强大动力。

二、案例介绍

（一）洪合镇产业背景——两园一谷

洪合镇依托特色产业，推进传统产业转型升级，同时优化产业结构，大力发展航空物流产业和光电产业，逐步建设一个经济强镇。在"十三五"规划期间，洪合镇地区生产总值达到 59.7 亿元，年平均增长率为 11.1%，政府财政预算收入从 2.65 亿元增长至 3.14 亿元，年平均增长 4.3%。由于洪合镇不断扩大"两园一谷"产业规模，因此资金需求较大。

1. 毛衫创业园

位于嘉兴市秀洲区的洪合镇是全国知名的毛衫生产基地，"洪合毛衫"品牌知名度响亮。自 20 世纪 70 年代起，洪合毛衫市场逐步形成，到 1994 年洪合镇已有四千余家毛衫店铺，是当时国内最大的毛衫批发市场之一。2005 年，洪合镇成立了"毛衫业科技创业园"，带领毛衫产业创新发展；2007 年，洪合毛衫商会成立，集中产业力量抱团参与广交会，同年洪合镇首届"洪合国际毛衫博览会"顺利开展，打响品牌知名度，拓展国际市场；2013 年，首届洪合毛针织纺品交易会开幕，最终达成超亿元的交易金额；2017 年，嘉兴毛衫城电商众创基地建设完成，"毛衫汇"平台上线，依托电商平台，开辟新销售渠道。

洪合镇 2019 年纺织服装工业总产值达 29 亿元，毛衫市场的成交额突破 113 亿元，同比 2018 年增长了 10.78%，依托电商平台的毛衫交易额约 105 亿。即使受新冠肺炎疫情影响，2020 年洪合毛衫在网上出口交易会期间也达成了 200 万美元的出口订单。根据洪合镇党委书记阮春锋的介绍，截至 2021 年 9 月，洪合镇已有八大毛衫产业市场，创造生产总值达到 400 亿元，共有 16000 个创业电商主体。① 未来，洪合镇将进一步推动毛衫印染企业的上市，极大发挥特色产业的优势。

2. 航空产业园

嘉兴军民合用机场落地洪合镇为当地区域发展带来了众多机遇。良好的基础设施和产业基础可以吸引大批的投资项目落地，助力区域数字化产业和产业数字化的发展。目前中通总投资 1.28 亿美元的智能电商加工分拣项目已落地园区，圆通东方天地港项目和嘉兴全球航空物流枢纽项目先后落户，进一步扩建航空产业园，争取将其纳入嘉兴综合保税区和自贸试验区嘉兴联动创新区，建设"枢纽嘉兴"，扩大区域对外开放。

3. 秀水光谷

洪合镇的光电产业有蓝特光学和嘉福玻璃两大龙头企业，多年来聚焦产

---

① 洪合.谱写"中国毛衫名镇"富民强镇新篇章［N］.嘉兴日报，2021－06－25.

品科研，其产品远销海外。2020 年，两家企业的生产总值约 12 亿元，企业规模迅速扩张。以此为基础，洪合镇于 2020 年正式启动了"秀水光谷"项目，进一步发挥产业集聚效益，大力研发高附加值的光学产品，促进光电产业转型升级，助推区域经济发展。

（二）政银合作模式

1. 政银合作的种类及定义

政银合作的种类分为两种：第一，银行介入信贷和负债业务。在政府推出的政策规划下，银行与政府合作，为规划中的优质项目提供资金支持，是政府"搭台"、银行"唱戏"的合作模式。第二，银行拓展中间业务为政府提供服务，为政府提供资讯、资产管理、结算等多样服务。

本案例分析报告中提的政银合作是以政府领头、银行支持共同构建、以企业和居民为服务核心的三元共赢的合作模式（见图 2 - 2）。政银之间以企业和居民为纽带，通过政银合作使企业发展带动区域经济的发展，加强区域金融发展。

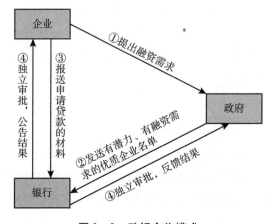

图 2 - 2　政银合作模式

2. "政银担"模式

"政银担"模式是以中小型企业为主要服务对象，以政府、银行、担保机构三方共同分摊担保风险，为中小型企业解决融资难题。其中，以安徽省推出的"4321"政银担融资担保模式最为典型。"4321"是在融资担保业务发生代偿情况时，代偿款由承办业务的融资担保机构承担 40%，担保集团承担 30%，放贷银行承担 20%，当地政府承担 10%（田建东，2020）。

目前，我国的"政银担"合作模式正由商业性融资担保体系向政策性融资担保体系转型（田建东，2020）。

3. 政银合作的收益

对于银行而言，政银合作降低了信息不对称带来的风险和成本，拓展了优质的中小型企业客户群，优化授信资产结构，加快资金流转（王媛媛，2018）；加强了与当地政府的联系合作，提升了综合收益水平。

对于中小型企业而言，政银合作简化了融资手续，降低了贷款融资的成本，填补了企业创业期和发展期的资金空缺，有利于帮助企业发展，完善公司的财务会计制度和管理体系；企业与政府的联系更加密切，企业能够获得更全面的政府政策支持以拓展公司业务。

对于政府而言，通过政银合作为中小企业提供资金和政策支持，扶持中小微企业的发展，有利于提高资金的周转和使用效率，促进区域经济和金融的发展；通过企业规模的扩大，有利于增加就业机会，增加政府的财政收入。

（三）"积分银行"概况

2021 年 3 月 15 日，"数字经济企业积分银行"在嘉兴市秀洲区洪合镇正式启动。这个项目由秀洲区洪合镇政府与禾城农商银行牵头，联手中国电信，三方共同打造数字赋能金融服务产品，将互联网资源转化为企业资源，帮助企业享受更多数字化红利，真正地实现帮企、助企、扶企、稳企。

积分制并不是一个新鲜的词汇，多年以来被应用在户籍积分制、企业积分绩效、基层文明建设积分等多个领域。基层政府通过积分制调动人民群众的积极性，银行通过积分兑换物资的方式吸引客户，但这却是政银合作首次将信贷与数字积分结合起来。

政府积极响应浙江省数字化改革的号召，通过"积分银行"大力推进区域数字产业化和产业数字化，促进区域经济发展。银行通过政府提供的软数据，更好地建立信贷评估系统，以企业的数字经营评估企业的经营状况，进一步建立企业的信用体系，为不同企业提供个性化的金融服务产品。企业在"积分银行"模式下，通过自我督促和管理为消费者提供更好的服务和产品，同时换取更便捷和优惠的金融产品，进一步扩大企业生产规模并促进企业发展。"数字经济企业积分银行"是政银企合作、多方共赢的新金融服务产品。

1. "积分银行"的特色

（1）突破了传统信贷模式信用歧视和信用体系不健全的阻碍，减少了信息不对称带来的风险。政银合作创新的"数字经济企业积分银行"改变了信贷的方式，以数字化金融为切入点，引入信用积分体系，以积分兑换额度，降低银行授信成本和企业融资成本。

（2）创新政银合作新模式。由政府主导搭建平台、银行注入资本、企业活跃参与的政银企合作，深挖数据的价值，以数字化、信用共同助推企业的发展，鼓励企业发展电商，促进产业数字化发展。

（3）特殊的诚信积分体系。"积分银行"将企业的成长发展、创新能力、诚信经营、社会贡献、自主提升等正向元素列入了积分评定的规则中，并对企业经营过程可能存在的虚假营销、质量问题等负面风险进行扣分。通过积分评定，能够真实地反映出企业的经营状况、企业标签。

（4）把党建引入积分评定规则中。"积分银行"对企业生产经营活动中党组织发挥的作用提出新要求，坚持在党和政府的引领下促进企业发展，推动区域经济数字化。

2. "积分银行"的目的

（1）降低中小微企业融资门槛和融资成本。以政府引导、银行注资、企业参与的形式，帮助中小型企业和工商个体解决融资困境，为企业提供便捷可行的融资途径，减少企业融资过程的时间成本和融资成本，助力企业发展，真正实现扶企、助企、帮企、稳企。

（2）助力企业更好地适应数字化的线上销售模式，鼓励企业依托互联网发展线上销售、跨境电商，推动产业数字化和数字化产业的发展。

（3）引导企业诚信经营，自我督促和提升，重视产品质量和产品创新。帮助企业完善自身的财务制度和管理体系，这既促进了企业的可持续发展，也保障了消费者的权益不受侵犯。

（4）帮助银行降低信息不对称带来的投资风险和银行授信成本，完善银行的信贷评估体系，将银行资本更便捷地注入可靠的企业，提高资本周转，拓宽银行的客户群体，促进银行的数字化改革。

（5）政府顺应数字化改革的大政方针，创新金融服务模式，通过数字积分银行扶助微小企业和工商个体户的发展，稳定区域经济发展，促进区域的产业数字化和数字化产业的发展，优化企业营商环境，增加政府的税收收入。

三、洪合镇"积分银行"发展模式

（一）"积分银行"模式合作

1. 政府层面

（1）政策指引。

2021年以来秀洲区政府积极响应浙江省委市政府《推进数字经济一号工程2.0版》工作部署，以及全省数字化改革的号召，创新三个数字经济改革"发力点"。其中，发力点之一为统一思想聚共识。抓好数字经济是抓好数字化改革的有力抓手，《推进数字经济一号工程2.0版》旗帜鲜明地指出，秀洲区无论大中小企业、居民、政府等各类经济个体均要上下一条心，凝聚共识，共同助力市镇数字产业化、产业数字化发展，明确政治导向，提升全民思想重视；同时，立足洪合镇工业社区，坚持党建引领，聚焦企业迭代升级，统一思想、凝聚共识，发挥洪创产业工业社区中小企业中党员的先锋模范带头作用，积极引导企业数字化改革，按照"规定动作接得住、自选动作有创新"的要求，努力在改革初上奋勇争先、走在前列；为"积分银行"的创建提供政治导向，秀洲区政府、市场监管局牵头组织嘉禾农商银行、中国电信"政银企"三方开创合作新模式，强效有力推动"数字经济企业积分银行"的构建。

（2）立法保障。

嘉兴市秀洲区人民政府与禾城农商银行展开了多轮洽谈与充分的市场调研，通过立法形式，出台《"数字经济企业积分银行"规则》，明确数字积分转化授信内容，积分累计规则如下：分为先锋积分、线上销售积分、线上运营积分、微创积分、活动积分、质量积分、荣誉积分7个大类。积分的有效累计期限为一年，年度积分累计上限为500。参与积分银行的洪合镇企业可以用积分换取融资额度、利率优惠、欠薪保证、电信宽带共计4项优惠福利。《"数字经济企业积分银行"规则》为"积分银行"的运作提供了立法保障，有利于避免因积分规则不明确、信息不对称问题导致运转混乱的问题。

（3）平台搭建，数据监控。

秀洲区政府市场监管局、人民政府等各部门协商决定以嘉兴"洪创工业社区"为载体，为"数字经济企业积分银行"的落地搭建平台；通过政府相关职能部门或洪合镇党委政府对企业的检查监管，完善企业多方面的数据；利用"洪创工业社区"现有法律、金融、数据库等现有基础设施，对企业实施数据监控、数据运营，为搭建企业数据库提供重要依据。

2. 银行注资，创新金融赋能

（1）提供资金，注入活力。

由于洪合镇毛衫产业规模庞大，入驻企业众多，"数字经济企业积分银行"的成立势必需要巨额的贷款资金来源。以禾城农商银行为代表的地方性商业银行须充分发挥资金优势与地区资金流通迅速的优势，为"积分银行"提供及时、便捷的资金支持。经"积分银行"积分数据核实，银行为中小企业提供积分兑换，出具授信贷款服务。

（2）提供数据反馈。

通过银行对中小企业基础业务开展情况的分析，收集的用户信用数据能够及时向"积分银行"提供数据反馈，为"积分银行"对入驻企业积分判定情况提供参考信息支持，促进区域征信数字平台的发展完善。

（3）企业参与。

企业作为国民经济的基本单位与最重要的市场主体，同样也是构成"积分银行"模式的主体部分，以及最活跃的因素。参与企业主要有两大类，一类是以中国电信为代表的要素供给方企业，另一类是以毛衫产业链相关企业为代表的资金需求方企业。

要素供给企业能够为"积分银行"的运转，数据平台的搭建，经济主体的信用、荣誉、违规等数据进行计算、传输、维护、运营，提供大数据、云计算等技术支持。例如，"小微云"平台为"积分银行"提供企业融资信息监管服务。另外，要素供给企业也会提供网络宽带基础设施、配套服务的支持。例如，中国电信为"积分银行"提供积分兑换电信直播宽带、网络工程师维修、路由器、5G＋天翼云服务等，完善了网络基础设施和配套服务设施建设，为"积分银行"运行奠定了基础。

资金需求企业作为"积分银行"的核心，其数量是巨大的。"积分银行"的成立主要就是为了缓解洪合镇中小企业发展过程中缺乏抵质押物导致融资困难而阻碍产业发展、区域发展的问题。因洪合镇以"毛衫"产业闻名遐迩，洪合镇着力发展数字经济尤其是数字贸易，2021 年初以来，已完成毛衫电商销售额 6 亿元，跨境电商贸易交易额 510 万元，[①] 成为新冠肺炎疫情时期洪合镇经济恢复与发展的重要力量。以毛衫企业为代表的洪合镇众多中小企业，或是因为优良产业基础吸引而来的创业者缺乏抵质押品，或是因为经济复苏带来产品需求量上升导致扩产、备货资金不足的原因，或是受全球疫情冲击、海外市场影响使得毛衫滞销从而产生巨大的库存以及备货损失等原因，导致洪合镇众多中小企业资金缺乏，融资困难，为"积分银行"的产生埋下了生长的种子。

（二）"积分银行"运作流程

"积分银行"运作流程介绍以中小企业申请融资额为例，积分兑换网络安全产品、欠息保证金等同样适用（见图 2-3）。

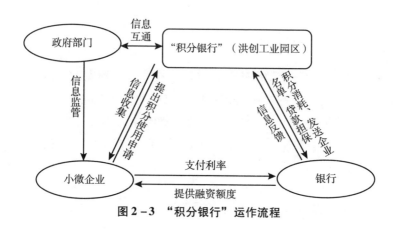

图 2-3　"积分银行"运作流程

1. 信息审核阶段

该阶段包括：

（1）中小企业向"积分银行"提起积分兑换融资额的申请。

（2）以洪创工业社区为载体的"积分银行"根据合作银行（禾城农商银行、嘉兴银行等）、秀洲区政府相关职能部门（秀洲区市场监督管理局、发

---

① 数字化搭桥　畅通嘉兴美丽城镇"五美"路［EB/OL］.（2022-01-11）. https：//cs. zjol. com. cn/gfkxc/202201/t20220111_23627382. shtml.

展和改革局、经济信息商务局、政务服务和数据资源管理办公室等）或洪合镇党委政府收集提供的有关该企业上一年度电商平台的销售总额、平台运营数量、党建工作完成情况、市场质检情况、年度内获得荣誉情况等，反映企业运营状况、社会贡献度、信用水平等重要信息，利用"小微云"等数据平台，汇总、储存目标企业的积分累积情况。

（3）"积分银行"根据目标企业的积分持有状况，审核积分兑换申请。

2. 贷款发放阶段

（1）申请审核通过后，"积分银行"利用数据平台发送给合作银行贷款申请企业名单、积分兑换贷款额度以及利率优惠程度等信息。

（2）合作银行接收信息，核对贷款目标、兑换数额、利率优惠程度，发放授信额度。同时，将其反馈于"积分银行"信息系统，实时扣除兑换积分。

（3）后续合作银行根据企业利率支付情况，反馈给"积分银行"信息系统，以完善该企业的数据信息。

（三）合作各方收益与风险分析

上述"积分银行"新型政银合作融资模式在一定程度上可以缓解洪合镇毛衫企业、光伏企业的融资压力，发挥区域产业特色优势，带动区域增长。该模式由于形成时间较晚，体系尚未完善，参与主体不足，授信资金量较少，尚未经历比较完整的周期，因此本模式是否具有可推广性与可持续性还需要进行深入的调查。

四、案例分析和探讨

（一）创新特征——新型抵押品

传统的银行需要固定资产或者其他实物进行抵押，如房产、汽车或者"强制储蓄"等，抵押品能够降低银行的风险，减少损失。秀洲区人民政府通过调研发现，洪合镇电子商务产业的发展在不断壮大，但实物抵押的贷款门槛也为它们带来了融资难题，影响其发展；为解决这一问题，洪合镇政府提出以积分作为新型抵押替代品，凭借销售额获取一积分一万元的贷款，最高额度可达 100 万元，这一举措有效缓解了电商企业融资困难的问题。[①]

对于银行等金融机构和政府而言，企业经营存在的众多风险不能忽略，但通过云计算和模型建立，可以有效且快速地以积分的形式对电商企业的收益情况进行估算，评估适合其的贷款额。若电商企业出现违法经营或者违约借款的情况，政府将强制对企业法人进行处罚，企业法人的终生信用也将受到影响。

（二）风险控制和完善信用评价体系

"积分银行"以中小企业的电子销售数据作为信用依据，建立"信用积分"制度，以销售额来衡量贷款融资额。此模式有中小企业信息公开透明、销售记录有痕迹的优势。"积分银行"作为融资平台，也在一定程度上解决了融资信息不对称、手续复杂、时间跨度长等问题；虽然在试点阶段，但也在流程上实现了全面数字化、网络化，有助于"积分银行"控制中小企业网络交易信息和数据的互通，更准确地评估风险。[②]

"积分银行"正处于成立之初，其风险监管程序与机构还不够成熟，信息监管不足，对于复杂的金融环境风险和企业经营状况存在网络信贷的风险。政府和银行在有关成立"积分银行"的记者招待会上也提出：有必要创建积分信用数据库，对企业的积分信用情况进行实时跟踪，从而降低网络借贷风险，形成良性借贷环境。

（三）"积分银行"模式作用分析

1. 政银企层面——高效合作解决融资难题

（1）简化手续，降低融资成本。洪合镇中小企业直接向"积分银行"提交积分兑换融资申请，此后"积分银行"在审核阶段通过在"小微云"数据平台提前汇总来自各方有关该企业的经营状况、奖惩情况、社会责任等综合数据，并以此为依据评估企业可获得的融资额度。这一过程简化了融资流程，促进了信息的对称性和更新速度。

---

① 2020 年浙江省电子商务行业发展概况、发展问题及发展前景分析［N］. 智研咨询，2021 - 10 - 02.

② 吴俊英. 中小微企业网络融资模式实验——以"阿里小贷"为例［J］. 经济问题，2014（1）：6.

（2）创新式地把企业经营状况、社会责任等综合指标量化，折合成积分数值，从而转换成融资额、网络安全产品等资源，发挥数据资源的价值，区别于传统两部门融资模式，需要中小企业准备足额抵质押物和固定资产。这一模式降低了融资门槛，缓解了融资压力。

（3）加强政企银联系，促进企业长远综合发展。"积分银行"模式，通过云数据平台构建区域企业数据库，数据实时传输、反馈、区域互通，加强了中小企业与政府、银行的联系。洪合镇中小企业根据反馈信息，掌握当下的产业数字化、数字产业化的相关政策导向、数字金融化等信息，及时寻找问题、调整策略，明确发展方向，促进企业的长远发展。以积分兑换融资额等产品的规则激励了中小企业不仅要考虑销售额，还要关注社会责任和党务建设，赋予企业实现经济效益与社会效益的职责，促进中小企业多方面、综合性的发展。同时，模式中的"洪创工业园区"能够为中小企业提供专业的金融、法律、网络技术等基础设施援助以及其他援助，有利于小微、初创企业的发展壮大（见图2-4）。

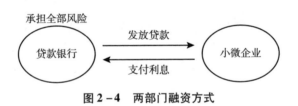

图2-4 两部门融资方式

（4）优化社会形象。通过积极参与政府合作，主动担当社会责任，服务于区域内符合要求的中小企业，响应洪合镇"数字经济企业积分银行"模式的构建，助力数字经济赋能洪合镇特色毛衫产业、光电产业的发展，为区域实体经济发展提供服务，推进区域"数字产业化，产业数字化"的进程。打造了勇担社会责任、提供普惠金融服务的良好品牌形象，加强了银行的宣传氛围。

（5）促进银行数字化改革。"积分银行"模式的出现为银行数字化改革提供了思路，结合对"积分银行"数据平台企业信息的分析，推动银行客户信息库的完善，促进银行推出新型数字化金融产品，推动银行融资方式数字化、金融监管数字化的进程。

2. 社会层面——金融产业链的构筑

（1）促进资金的有效配置。根据"积分银行"数据库筛选，利用企业上一年度电商平台的年销售额累计积分兑换贷款，回归金融资金融通的本质，同时筛选出切实需要资金支持且具有还款能力的最优贷款对象，公平合理配置有限的资金，发挥资金支持的最大优势，提升资金配置效率。通过先富带后富，推进区域融资难、融资慢、融资贵等问题的解决，逐渐营造良好优秀金融环境，促进地方经济稳定。

（2）助力区域特色产业发展。洪合镇以"两园一谷"为产业特色，其中，毛衫产业的产业优势最为明显。由于"毛衫"产业发展属于上升期，同时赶上直播经济、数字经济盛行的时代，外加新冠肺炎疫情对国内外经济环境的冲击与人们生活方式的转变，洪合镇毛衫产业转型跨境电商、直播经济比例增加，"积分银行"为"毛衫企业"提供了最高 500 万的融资额。例如，"积分银行"还可以为毛衫中小企业的线上销售与直播经济转型提供网络设备、网络安全产品以及网络技术支持，以助力毛衫产业数字化转型，发挥区域毛衫产业经济优势，将"积分银行"推广应用到航空产业、光电产业，利用优势产业的辐射带动作用推进区域经济增长。

（3）政银企三方主体的合作，有助于构筑嘉兴市级地区金融产业链，完善金融产业链的上下游产业，对于当地金融市场有着重要作用，构筑金融产业体系是"积分银行"之后所需要考虑的问题。完善自身资金供应链并与有关的金融企业达成协议，可以将自身的债权与金融企业进行交易，获取资金，再让相关金融企业进行包装，做成金融理财产品，寻找相关中介机构进行增信服务，将其出售给民间有意向的投资者，从而实现资金的流转融通。这样一来，小微企业得到了借款，积分银行得到了融资，金融企业实现了产品创新，民间投资者也得到了利益；新的投资理财产品增多，这一过程也降低和转移了风险，完善了金融产业链。

通过之前的数字化金融服务信息对信用进行担保，加强了"积分银行"的信用，也构建了新的金融信用体系，活跃了市场经济，创造出了新的价值。应利用"积分银行"的数字化系统作为洪合镇大数据产业发展的基点，实现大数据产业从萌芽阶段到发展与成熟阶段，并且必须要走在前列；同时，通过提升影响力，发挥出先锋模范作用，对周围地区形成辐射作用，从而带动区域化发展，形成规模经济，完成完整的数字化经济产业生态链（见图 2-5）。

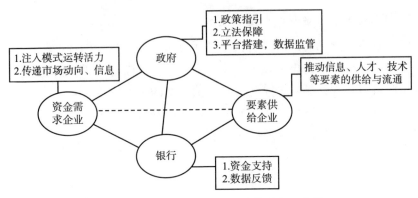

图 2-5　积分银行模式多元主体的相互作用

五、总结

（一）案例总结

秀洲区洪合镇政府与禾城农商银行合作创新的政银合作模式——"数字经济企业积分银行"，借助数字金融为中小微企业提供更便捷、更优惠的融资途径，帮助企业度过创业初期和发展瓶颈期，降低企业融资成本和融资门槛；帮助银行将资本投向更优质、低风险的中小微企业，巩固客户基础。本案例分析报告进一步分析了"积分银行"在党建引领、政策支持多方合作下的未来发展模式和发展过程中存在的风险问题、推进问题、人力资源问题以及资源问题等，并对积分银行的发展前景做出推测。

在新的政银合作模式应用中，不可避免地存在许多问题，信用体系的不完善和信息不对称使积分银行模式无法全面应用，银行和平台面临信贷风险。部分中小微企业对"数字经济企业积分银行"的模式处于观望态度，甚至存在贷款恐惧症，这使得积分银行的作用无法完全体现。

（二）相关建议

1. 加快信用体系建设，完善信息披露机制

"数字化"在现代社会中，好似一个新兴生产要素，开始渗透生活各个领域；而数字化经济也成为发展社会生产力、提升综合国力的重要经济形式。嘉兴市洪合镇数字经济发达，为"积分银行"的建立夯实了基础。为了优化

"积分银行"的内部环境,政府应聚焦银行和洪合镇中小企业的主体地位,构建公共信用指标体系、信用综合监管责任体系、公共信用评价与信用联合奖惩体系,完善积分信用信息平台,推进信用体系在"积分银行"下的积分借贷制度的创新应用。

在信用积分制度的基础上,通过以数字化金融服务为切口,纵向贯通省、市多平台数据库,并横向协同 13 个涉企部门、金融机构及主管单位,加强信贷监管,对存在信用风险及违法违约的企业在相关网络平台予以披露;同时,在积分银行为中小企业提供融资服务时,应提供相应的财政信用担保,降低银行和平台的运作风险。

2. 开展规范化的数据交易,推进信息公开与共享

针对洪合镇中小企业群存在的信息分散化、碎片化和独立化现象,政府应和多方金融机构合作,成立以"政银企"三方为主导的互动机制,引导企业实现对融资信息及部分经营情况的公开化和共享化,对相关数据和信息进行规范化监督,对"积分银行"的模式实施起到带头引导作用。同时,在小微企业园区、专业市场等小微主体集聚区设立小微专营机构,加大"信用积分"的推广、运用力度,力争实现积分助审、积分换贷,探索实现"一站式、全链条、全周期"的小微主体线上融资服务新路径,促进"积分银行"的可持续发展,提高此项目的使用价值和社会价值。

3. 抓住融资机遇,适应自身发展

对于洪合镇中小企业而言,"积分银行"通过进一步推广"信用积分"模式,扩大信用贷款的规模,持续增加首贷户,便利小微(个体)企业获得贷款,使资金更多地流向微观主体。因此,洪合镇中小企业应结合自身发展的需要,抓住融资机遇,突破发展中的融资瓶颈,利用好各项政策。此外,中小企业要真实、精准地向"积分银行"融资平台提供销售情况的相关信息,维护好自身的信用,提高借款的成功率,降低融资价格,为自身创造价值。

思考题

1. 数字经济的内涵是什么?浙江省数字经济发展呈现出什么样的特征?

2. "数字经济企业积分银行"的内涵是什么?

3. "数字经济企业积分银行"运行中各经济主体之间的相互关系如何?

4. 嘉兴市秀洲区洪合镇嘉兴银行、嘉兴农商银行发展"数字经济企业积

分银行"能够给其他银行带来什么启示?

5. 在我国大力推进数字经济发展的背景下,本案例对其他地区有什么借鉴意义?

六、涉及知识点

本案例涉及的知识点主要包括本科和硕士课程中的有关银行创新、金融机构以及商业银行流程再造、风险管理等知识点。

七、要点分析

教师可以根据自己的教学目标(目的)来灵活使用本案例。下面提出本案例的分析思路,仅供参考。

(一)中小企业的概念和界定标准、作用、主要特点与发展策略

1. 中小企业的概念和界定标准

近年来,中小企业在世界各国迅猛地发展起来,越来越表现出惊人的活力和强大的生命力,在世界各国的经济发展中发挥着重要的作用,并得到各国政府的广泛关注。那么,什么是真正意义上的中小企业呢?理论上讲,中小企业是指劳动力、劳动手段或劳动对象在企业中的集中程度较低,或者生产和交易数量规模较小的企业。无论是发达国家还是发展中国家,都存在大、中、小三种企业类型的划分,但在确定大、中、小的标准上,应当使用一个相对性原则,即企业所处的地域、行业和时间的不同,划分的标准就不同。美国和英国在定义中小企业时,既有定性标准又有定量标准;有些国家则直接采用定量标准来定义中小企业,如日本、德国、意大利等。

2011 年 6 月 18 日,工业和信息化部、国家统计局、国家发展和改革委员会、财政部联合发布了《关于印发中小企业划型标准规定的通知》,规定了各行业划型标准(见表 2-1)。

| 表 2 – 1 | 我国中小微企业的界定 |

行业	划型标准
农、林、牧、渔业	营业收入 20000 万元以下的为中小微型企业。其中，营业收入 500 万元及以上的为中型企业，营业收入 50 万元及以上的为小型企业，营业收入 50 万元以下的为微型企业
工业	从业人员 1000 人以下或营业收入 40000 万元以下的为中小微型企业。其中，从业人员 300 人及以上，且营业收入 2000 万元及以上的为中型企业；从业人员 20 人及以上，且营业收入 300 万元及以上的为小型企业；从业人员 20 人以下或营业收入 300 万元以下的为微型企业
建筑业	营业收入 80000 万元以下或资产总额 80000 万元以下的为中小微型企业。其中，营业收入 6000 万元及以上，且资产总额 5000 万元及以上的为中型企业；营业收入 300 万元及以上，且资产总额 300 万元及以上的为小型企业；营业收入 300 万元以下或资产总额 300 万元以下的为微型企业
批发业	从业人员 200 人以下或营业收入 40000 万元以下的为中小微型企业。其中，从业人员 20 人及以上，且营业收入 5000 万元及以上的为中型企业；从业人员 5 人及以上，且营业收入 1000 万元及以上的为小型企业；从业人员 5 人以下或营业收入 1000 万元以下的为微型企业
住宿业	从业人员 300 人以下或营业收入 10000 万元以下的为中小微型企业。其中，从业人员 100 人及以上，且营业收入 2000 万元及以上的为中型企业；从业人员 10 人及以上，且营业收入 100 万元及以上的为小型企业；从业人员 10 人以下或营业收入 100 万元以下的为微型企业
餐饮业	从业人员 300 人以下或营业收入 10000 万元以下的为中小微型企业。其中，从业人员 100 人及以上，且营业收入 2000 万元及以上的为中型企业；从业人员 10 人及以上，且营业收入 100 万元及以上的为小型企业；从业人员 10 人以下或营业收入 100 万元以下的为微型企业
交通运输业	从业人员 1000 人以下或营业收入 30000 万元以下的为中小微型企业。其中，从业人员 300 人及以上，且营业收入 3000 万元及以上的为中型企业；从业人员 20 人及以上，且营业收入 200 万元及以上的为小型企业；从业人员 20 人以下或营业收入 200 万元以下的为微型企业
零售业	从业人员 300 人以下或营业收入 20000 万元以下的为中小微型企业。其中，从业人员 50 人及以上，且营业收入 500 万元及以上的为中型企业；从业人员 10 人及以上，且营业收入 100 万元及以上的为小型企业；从业人员 10 人以下或营业收入 100 万元以下的为微型企业
信息传输业	从业人员 2000 人以下或营业收入 100000 万元以下的为中小微型企业
软件和信息技术服务业	从业人员 300 人以下或营业收入 10000 万元以下的为中小微型企业。其中，从业人员 100 人及以上，且营业收入 1000 万元及以上的为中型企业；从业人员 10 人及以上，且营业收入 50 万元及以上的为小型企业；从业人员 10 人以下或营业收入 50 万元以下的为微型企业

续表

行业	划型标准
仓储业	从业人员 200 人以下或营业收入 30000 万元以下的为中小微型企业
房地产开发经营	营业收入 200000 万元以下或资产总额 10000 万元以下的为中小微型企业。其中，营业收入 1000 万元及以上，且资产总额 5000 万元及以上的为中型企业；营业收入 100 万元及以上，且资产总额 2000 万元及以上的为小型企业；营业收入 100 万元以下或资产总额 2000 万元以下的为微型企业
物业管理	从业人员 1000 人以下或营业收入 5000 万元以下的为中小微型企业。其中，从业人员 300 人及以上，且营业收入 1000 万元及以上的为中型企业；从业人员 100 人及以上，且营业收入 500 万元及以上的为小型企业；从业人员 100 人以下或营业收入 500 万元以下的为微型企业
租赁和商务服务业	从业人员 300 人以下或资产总额 120000 万元以下的为中小微型企业。其中，从业人员 100 人及以上，且资产总额 8000 万元及以上的为中型企业；从业人员 10 人及以上，且资产总额 100 万元及以上的为小型企业；从业人员 10 人以下或资产总额 100 万元以下的为微型企业
其他未列明行业	从业人员 300 人以下的为中小微型企业。其中，从业人员 100 人及以上的为中型企业；从业人员 10 人及以上的为小型企业；从业人员 10 人以下的为微型企业

资料来源：http://www.gov.cn/zwgk/2011-07/04/content_1898747.htm。

2. 中小企业的作用

中小企业由于其自身特点，在扩大就业、活跃城乡经济、满足人民多样化和个性化需求、进行科技创新、优化产业结构、增加财政收入等方面发挥着不可替代的促进作用，除此之外，还要特别强调以下几点：

（1）中小企业的发展有助于建立和完善充满竞争活力的市场经济体制。市场经济的根本属性是竞争，而竞争又是保持经济活力的关键。中小企业通过反对垄断和垄断带来的高额利润，形成了保持竞争的压力。只有保持竞争才能避免过分集中，为经济繁荣不断注入新的活力。中小企业是促进竞争与防止垄断的推动者，也是与垄断竞争的强有力对手。

（2）中小企业的发展能够增加就业机会，稳定社会秩序。企业规模越大，资本集中程度和有机构成越高，吸纳每一个劳动力就业所需的资本也就越多。与大企业相比，中小企业同等数量的投资可以吸纳更多的从业人员。中小企业组织成本低、经营灵活性大、适应外部环境变化能力较强也是保持中小企业较高就业机会的重要因素。一般来说，经济出现萧条时，大企业为转嫁因萧条而造成的损失，都采取裁员的做法，而中小企业在这方面的震荡要少一些。在经济繁荣时期，大量中小企业的存在和发展带来了大量的就业。中小企业快速发展，形成了巨大劳动力需求，吸纳了绝大部分劳动力的增量和存量转移，缓解了就业压力。据 2006 年的统计资料，2006 年个体私营等非公有制企业新增 900 多万个工作岗位，占新增就业岗位的 3/4 以上；第二、第三产业的就业人数增长到 4.3 亿人；城镇非公有制经济的就业人数增长到 2.6 亿人。①

（3）中小企业的存在和发展有助于依靠技术创新，推动社会技术进步。中小企业进行技术创新大都是市场拉动型的。它们熟悉市场环境，了解客户关心的问题，技术创新一开始就瞄准了特定市场，这样不仅成功率高，而且在引导消费者对新产品的认同方面还可以节省大量开支。而中小企业由于市场竞争的压力和追求竞争优势的动力，较大企业更具紧迫感，因而在开发利用高新技术成果方面表现得更为积极主动。

中小企业在技术进步中的一个突出作用是技术的推广和扩散，在与科研机构联合协作方面与大企业相比具有更大的灵活性，而且能够迅速把科研成果推向市场。中小企业成为促进经济发展的一支重要力量，这是由其自身的产权结构所决定的。中小企业的组织规模小，对个人主动性和创造力的约束小，是科研人员的试验场所，对生产造成的损失也小；中小企业在面对竞争生存的压力时，更具技术革新的动力，在面对市场和技术变化的不确定性时，也具有革新意识。这种内在的本质原动力引导着中小企业在技术创新尤其是高新技术行业中发挥着重要作用。

（4）中小企业的存在和发展能够促进出口创汇，发展对外贸易。有关资料统计，截至 2006 年 10 月，中小企业的出口额已占到全部商品出口额的 68%，出口总额增长 49%。② 在广东、浙江等一些沿海省份，中小企业已成为境外投资的重要力量。目前，一批有实力的中小企业和非公有制企业已走出国门，成为实施"走出去"战略的新生力量。实践证明，中小企业在国际贸易和世界市场中的地位和作用随着商品、货币、技术、贸易、管理等国际流动性的扩大而与日俱增。

---

① 国家发展和改革委中小企业司.2006 年中小企业发展情况和 2007 年工作要点 [J].中小企业管理与科技，2007（3）：7.

② https://www.docin.com/p-1996149689.html.

（5）中小企业的发展对构建社会主义新农村的作用。首先，发展中小企业转移农村富余劳动力，可以增加留在农村从事农业生产人员的土地使用面积，有利于农业规模化生产，使传统农业向现代农业转变。其次，大力发展农村中小企业，可以推进农村城镇化建设。有利于基础设施的改善，促进农村人口向城镇集中，带动服务业和商业的繁荣，从而加快农村城镇化建设的步伐。最后，大力发展农村中小企业，可以解决农村社会保障问题。建立农村社会保障体系的根本出路在于大力发展中小企业，在企业就业的农民可以纳入城市保障体系，获得医疗保险和养老保险。同时，企业的发展有利于促进地方财政税收的增加，从而有更多的公共支出可以用于农村社会保障体系的建立。

3. 中小企业的主要特点与发展策略

中小企业具有一些共同的特点：一是规模小，投资少，投资与见效的周期相对较短，使用劳动力较多；二是对市场反应灵敏，具有以新取胜的内在动力和保持市场活力的能力；三是环境适应能力强，对资源获取的要求不高，能广泛地分布于各种环境条件中；四是在获取资本、信息、技术等服务方面处于劣势，管理水平较低，死亡率较高。

（1）投资主体和所有制结构多元，非国有企业为主体，决定了当前中小企业工作要以发展为重点。中小企业特别是非国有企业在自身快速发展的同时，还积极投身于国有企业的改革和调整，使改革前的单一所有制结构状况有了根本性改变。2022 年 6 月 14 日，工业和信息化部副部长徐晓兰介绍，截至 2021 年末，全国企业的数量达到 4842 万户，增长 1.7 倍，其中 99% 以上都是中小企业，中小企业的从业人数占全部企业从业人数的比例达到 80%；2021 年我国私营个体就业总数达到 4 亿人，较 2012 年增加了 2 亿多人。以中小微为主的民营企业是我国第一大的外贸经营主体，2021 年对外贸增长的贡献度超过了 58.2%。① 应当说，中小企业的改革与发展同样重要；但改革对象主要是国有中小企业，而发展则要涵盖城乡各类所有制中小企业。因此，无论从中小企业的主体构成还是改革进程而言，大力扶持中小企业发展应是当前中小企业工作的重点。

（2）劳动密集度高，两极分化突出，决定了当前中小企业发展重在"二

---

① https：//t. ynet. cn/baijia/32913492. html.

次创业"。中小企业生存并发展于劳动密集型企业，就业容量和就业投资弹性均明显高于大企业。据统计，2021 年中国大、中、小企业的资金有机构成之比分别为 1.83∶1.23∶1，资金就业率之比为 0.48∶0.66∶1，[①] 即中小企业比大企业单位资金安置劳动人数要高，有的高出了 1 倍，正因如此，在前 10 年中国的工业化进程中没有出现严重的社会就业问题，中小企业功不可没。但是，如今的市场背景变了，"卖方"市场变成了"买方"市场，总量需求不足与结构性供应不足共生，使中小企业遇到了前所未有的困境，即由劳动密集型带来的就业优势将变为竞争劣势。企业两极分化，中小企业将首当其冲。因此，提高中小企业的有机构成和科技含量，实现"二次创业"是当前中小企业发展的重中之重。

（3）发展不平衡，优势地区集中，这决定了当前中小企业的推进要区分地区特点，先易后难，以点带面。中国幅员辽阔，各地区中小企业分布与发展水平极不平衡。据有关数据报道，按照经济地带划分，中小企业数量东部地区、中部地区各占全国总量的 42%，西部地区占 15%，而相应的工业总产值东部地区占 66%、中部地区占 26%、西部地区仅占 8%；这表明，在企业规模上，东部地区中小企业的平均产值规模大于中部地区和西部地区，大约是中部地区的 2.5 倍、西部地区的 8 倍。[②] 实践也表明，选择东部地区中小企业作业重点试区，能够为试点的成功率奠定良好的基础。此外，中小企业还可划分成四大区，即东北地区、长江中下游地区、中西部地区和以广东、福建为代表的珠江三角洲地区。东北地区老工业城市居多，中小企业的所有制结构和产业结构都很重，应主要解决国有中小企业规范改制和与大型企业专业化分工及配套问题；长江中下游地区是中小企业的"汪洋大海"，江苏以乡镇企业为主，浙江以私营个体闻名，其工作重点是规范引导、扶持发展；中西部地区资源丰富、中小企业欠发达，因此推进第三产业和科技环保型中小企业发展是重点。

（二）融资成本与融资效率之间的权衡取舍

在现有的融资环境下，中小企业的融资难问题还有部分原因是成本与效率之间不可兼得，中小企业总是要在成本和效率之间做出权衡取舍。中小企业在外源融资过程中遭遇的困境从另一个层面考察，则是融资成本与融资效

---

① https://www.sodocs.net/doc/2a11169348.html.

② https://zhuan/an.zhihu.com/p/366549969.

率存在持久张力的问题。这组张力具体表现在以下三个层面：

（1）银行金融产品的供给与企业需求不匹配。

中小企业为了保持竞争力和灵活性，需要具备迅速应变外部市场变化的能力，因而其对于资金的使用需求也具有很大的不确定性。总体而言，中小企业的资金需求具有"短小急频"的特点，其融资需求的核心原则是效率。现有银行提供的金融产品已十分丰富，但仍不能完全满足企业各项业务发展的需求。

（2）贷款利率与贷款时间之间的张力。

一般而言，银行等金融机构的贷款利率较低，但由于银行与中小企业之间存在信息不对称，因此对中小企业的贷款审批有一系列复杂、烦琐的程序。由于贷款时间成本高、贷款申请获批率不确定性较高，为了保证资金顺利衔接到位，中小企业往往会通过多种途径进行融资。在浙江省，民间借贷非常普遍，已成为中小企业创业初期融资的可选途径。虽然民间借贷的利率相对较高，但其具有灵活性强、随用随借的特点，符合中小企业"短小急频"的融资需求。因此，对于中小企业而言，在融资过程中，贷款利率和贷款时间之间始终存在张力。此外，对于民间借贷而言，其借贷关系主要依赖于人缘、地缘等关系而发生，借贷双方之间的信息相对透明，彼此之间的合约履行依靠民间非正式的约束力量（林毅夫、孙希芳，2005）。

（3）新兴互联网平台金融的高效率与高风险成本之间的矛盾。

近年来，互联网金融平台发展迅速，对于初创阶段的中小企业而言，这是一条新的融资渠道。与传统银行借贷相比，互联网网贷的主要特点是：借贷双方的分布广泛而又分散，交易方式灵活高效，风险与收益均高（王冰冰，2015）。虽然互联网融资平台是一个新兴的融资渠道，但其中很大一部分是由原来的民间融资机构转化而来。民间借贷的模式在法律上的地位尚未完全理顺，互联网网贷平台的法律法规建设、各项制度建设更是远远滞后，从而难以使借贷双方的各项权益得到有效保障。

八、案例教学使用说明

（一）教学目的与用途

本案例主要适用于本科生和硕士生课程中"银行业务创新""银行风险

管理"等内容的学习，适用于金融学等经济管理类本科生和硕士研究生案例教学使用。如将本案例用于其他相关课程，本案例说明可做相关调整。

本案例的教学目的为：第一，使学生通过案例所给出的基本背景了解到"政银合作赋能浙江中小企业融资新模式"的基本内容；第二，进一步结合案例相关背景材料，分析政银合作赋能浙江中小企业融资新模式发展的内在动力以及如何继续完善政银合作赋能中小企业融资和发展的对策和思路。

（二）课堂安排

本案例可以作为专门的案例讨论课来进行。以下是按照时间进度提供的课堂计划建议，仅供参考。

（1）整个案例的课堂时间可控制在70~80分钟。

（2）课前计划：提出启发思考题，请学生在课前完成阅读和初步思考。

（3）课堂导入方式：

①先与学生一起列出目前中小企业融资的主要途径以及商业银行开展的针对中小企业融资的主要业务，由学生举手作答，根据学生的回答情况再讨论启发性问题。

②从启发性问题入手，讨论政银合作赋能浙江中小企业融资新模式与金融深化、区域经济发展之间的关系。

（4）课中计划：洪合镇政银合作赋能浙江中小企业融资新模式的背景介绍（10分钟）。

①拟定主题如下：

中小企业的基本内涵及浙江省中小企业发展的基本现状；

中小企业融资的主要途径（基本模式）及各途径构成比重；

洪合镇政银合作赋能浙江中小企业融资新模式的主要效应；

洪合镇政银合作赋能浙江中小企业融资新模式对其他银行和地区的启示。

②分组讨论，告知发言要求（20分钟）。

③小组发言（每组5分钟，控制在30分钟内）。

④引导全班进一步讨论，并进行归纳总结（15~20分钟）。

（5）课后计划：可以让学生写一份案例分析报告，参考以下结构：

①中小企业融资的现状及存在的主要障碍因素是什么？

②政银合作赋能浙江中小企业融资新模式还可以在哪些方面进行创新？

参考文献

[1] 2020年浙江省电子商务行业发展概况、发展问题及发展前景分析 [N]. 智研咨询, 2021 – 10 – 02.

[2] 洪合镇"开"出全省首家"党建引领数字经济企业积分银行" [N]. 嘉兴日报, 2021 – 3 – 15.

[3] 林毅夫, 孙希芳. 信息、非正规金融与中小企融资 [J]. 经济研究, 2005 (7): 35 – 44.

[4] 刘兴亚. 融资担保模式探索——以安徽为例 [J]. 中国金融, 2015 (20): 91 – 93.

[5] 吕文岱, 徐士琴. 基于银行视角的中小企业贷款 [J]. 经济问题, 2013 (8): 78 – 82.

[6] 全省首家数字经济企业积分银行在秀洲洪合成立 [N]. 潇湘晨报, 2021 – 3 – 17.

[7] 田建东. 安徽省"4321"政银担融资担保模式研究 [D]. 西宁: 青海大学, 2020.

[8] 屠云云. 电子商务平台下的互联网今日——中小微企业融资创新研究 [D]. 上海: 上海财经大学, 2013.

[9] 王冰冰. 我国P2P网贷风险及其法律规制 [J]. 税务与经济, 2015 (06): 51 – 54.

[10] 王媛媛. 安徽"政银担"合作模式存在的问题与对策建议 [D]. 合肥: 安徽大学, 2018.

[11] 吴俊英. 中小微企业网络融资模式实验——以"阿里小贷"为例 [J]. 经济问题, 2014 (1).

[12] 杨昀, 黄明刚. 互联网金融与中小企业融资分析 [J]. 现代经济信息, 2016 (11).

[13] 袁增霆, 蔡真, 王旭祥. 中国小企业融资难问题的成因及对策——基于省级区域调查问卷的分析 [J]. 经济学家, 2010 (8): 70 – 76.

[14] Akerlof G A. The Market for "Lemons": Quality Uncertainty and the Market Mechanism [J]. *Quarterly Journal of Economics*, 1970, 84.

[15] Chan Y S, Thakor A V. Collateral and Competitive Equilibria with Moral Hazard and Private Information [J]. *The Journal of finance*, 1987, 42

（2）：345 - 363.

［16］ Ge W，Kang T，Lobo Gerald J. ，et al. Investment Decisions and Bank Loan Contracting ［J］. *Asian Review of Accounting*，2017，25（2）.

［17］ Levitsky J. Credit Guarantee Schemes for SMEs—An International Review ［J］. *Small Enterprise Development*，1997，8：4 - 17.

［18］ Stiglitz J E，Weiss A. Credit Rationing in Markets with Imperfect Information ［J］. *The American Economic Review*，1981，71（3）.

案例 3

创始人控制下的科技创新企业：
双层股权结构

一、案例介绍

（一）背景

双层股权结构（又称"特别表决权机制"和"不同表决权机制"）指公司发行 A、B 两类不同的普通股，其中，B 类股票拥有多于 A 类股票数倍的投票权。不同于传统的"同股同权""一股一票"原则，双层股权结构允许部分股东（通常是企业的创始股东）以"一股多票"的方式，在只持有少数股票的情况下依然能拥有公司的控制权，形成公司投票权和剩余索取权的分离。双层股权结构既满足了公司融资的需求，又保证了创始人和控股股东对公司的控制权。对于科技创新企业来说，双层股权结构是非常必要的。一方面，对以创始人（技术拥有者）或主要管理者的企业家才能为关键要素的科技创新企业来说，发展壮大公司需进行多次融资，但随着公司融资次数和金额的增多，创始人（技术拥有者）或主要管理者则面临控制权被稀释甚至丧失的风险，进而致使大量前景可观的中国科技企业使用双层股权结构赴美上市。另一方面，我国资本市场股权分散程度的不断加大和近年企业控制权争夺事件的不断出现，也增大了市场探索双层股权结构等新型控制权分配机制的必要性。

双层股权结构于 1898 年在美国问世后，在欧美一些国家已经有了相当长的历史，亚洲各国对双层股权结构的接纳程度在 21 世纪以来持续上升。过去，中国的资本市场一直实行较为严格的"一股一票"制度，不存在双层股权结构，这导致部分优质企业赴海外上市。例如，阿里巴巴、百度、京东和腾讯等，没有一家在内地 A 股上市。截至 2014 年 12 月 31 日，在美国上市的 168 家中国内地公司中，尽管只有共 34 家（20.24%）采用双层股权结构，但他们的市值却超过所有在美国上市的中国内地公司市值的 70%。① 在交易所竞争的压力下，在"中概股"回归的背景下，为留住更多"潜力股"在中国境内上市，吸引更多的新经济公司在国内资本市场融资，增强国内资本市场的竞争力，我国有必要允许上市公司采用双层股权结构。

另外，采用双层股权结构也符合我国公司治理结构和国有企业改革的需求。一方面，我国正积极推进员工持股计划。员工持股计划将员工的利益与公司利益绑定在一起，有助于企业留住人才，是新型的股权激励方式。但是，员工持股的比例越高，创始人的控制权就越有可能受到稀释；而采用双层股权结构，创始人锁定公司控制权，则解除了推进员工持股计划的疑虑。另一方面，我国正积极推进国有企业混合所有制改革。社会资本投资参股国有企业意味着股权比例上的"国退民进"，而我国国有企业长期以来肩负经济性和社会性的双重职能，若国有股减持超过一定比例，国家将失去对国有企业的控制权，进而影响国家安全和国计民生。而采用双层股权结构，国家锁定公司控制权，则破解了国有企业混合所有制改革的障碍。

2018 年，中国香港首先宣布允许双层股权架构上市，同年，中国证监会审议通过《存托凭证发行与交易管理办法（试行）》等多个文件，6 只主要参与"独角兽"企业 IPO 及 CDR 战略配售的战略配售基金获批募集。② 2018 年 9 月 26 日，国务院发布的《国务院关于推动创新创业高质量发展打造"双创"升级版的意见》明确提出，"推动完善公司法等法律法规和资本市场相关规则，允许科技企业实行'同股不同权'治理结构"。2019 年 3 月 1 日，允许企业采用差异化表决制度（双层股权结构）的上海科创板正式落地。2019 年 4 月 17 日，《关于修改〈上市公司章程指引〉的决定》就双层股权结构上市公司进行规范，企业采用双层股权结构上市在我国步入正轨。

---

① 高菲，周林彬. 上市公司双层股权结构：创新与监管［J］. 中山大学学报（社会科学版），2017（03）：186 - 193.

② 鲁桐. "独角兽"回归对资本市场的挑战［J］. 中国金融，2018（12）：73 - 74.

（二）双层股权结构的理论基础

1. 公司自治理论

公司自治理论认为股权结构安排是公司自治的范围，因此，应当由股东自主选择安排。高菲、周林彬（2017）从契约理论视角提出，公司本身也是一个契约，股东可以通过公司章程，自由协商确定股权的各项权能及其行使方式，更加灵活地安排公司的内部权力配置，自主选择符合公司实际的治理结构，从而实现股东自治。[①] 杨联明（2002）基于共同行为理论视角认为，公司设立行为是公司发起人在同一目的的驱使下，以多数发起人的意思表示，共同一致作出的行为，股东权利是股东通过共同法律行为向公司投资而获得的权利。契约理论和共同行为理论均强调了股东权利配置行为属于公司自治的领域，应当由股东自主选择、自由安排。冯果（2016）则从公司法立法精神的角度指出，作为商事领域内的基本法，公司法在为私主体提供标准化契约的同时，更应当保持其开放性的品质。公司采纳怎样的股权结构是商人与投资者的缔约结果，没有人能比投资者和商人自己更了解其利益偏好。基于私法自治的考虑，公司的股权结构即便不是可以自由设置的，也至少应当是可选择性的。虽然双层股权结构可能会增加创始人（技术拥有者）或主要管理者等超级投票权股东利用控制权牟取私利、增加公司代理成本和收购难度、减损外部监督效果的风险，但只要对双层股权结构的相关风险进行充分披露，股东通过信息披露就可事先预见该风险，通过收益风险比对进而选择是否接受双层股权结构。因此，在新经济发展形势下，通过设置双层股权结构满足科创企业和异质化股东的多元化需求，是市场自由选择的结果（缪霞，2019）。

2. 股东实质平等理论

股东实质平等理论认为创始股东（技术拥有者）或主要管理者与中小股东实质上是不平等的，因此，股权结构安排应体现这种不平等，即实质平等。王轶（2014）指出民法在分配利益和负担的语境中可以有两种意义上的平等对待：一种是强式意义上的平等对待，它要求每一个人都被视为"同样的人"，使每一个参与分配的人都能够在利益或负担方面分得平等的"份额"，

---

① 鲁桐. "独角兽"回归对资本市场的挑战 [J]. 中国金融, 2018 (12)：73 – 74.

因此要尽可能地避免对人群加以分类；另一种是弱式意义上的平等对待，它要求按照一定的标准对人群进行分类，被归入同一类别或范畴的人才应当得到平等的"份额"。因此，弱式意义上的平等对待既意味着平等对待，也意味着差别对待——同样的情况同样对待，不同的情况不同对待（王轶，2014）。强调创始股东（技术拥有者）或主要管理者与中小股东每一股份拥有的权利（包括表决权和收益权）都是相等的"一股一权"的平等，显然是强式意义平等。汪青松（2015）认为，实际上，中小股东在公司治理中基本上从一开始就处于弱势地位，特别是随着公司资本基础的扩大，股份日益分散化，小股东越来越远离公司的最终控制权；因此，现代股份公司中的股东平等实际上已经演化为弱式意义上的平等，并且强弱分野的程度不断加深。因此，在这种形势下，股权结构制度设计更应关注股东之间的客观差异和实质平等，满足异质化股东之间的差异化需求。朱慈蕴（2013）同样认为股东形式平等原则的前提是同一类别的股东，对于不同类别的股东，则应遵循实质平等原则，不同股则不同权；实质平等原则考虑了股东之间偏好和需求的差别，允许他们与公司约定一些特殊的股权内容和合同内容。因此，双层股权结构不但实现了不同种类之间的实质平等，而且维护了同种类下股东之间的形式平等，丰富了股东平等原则的内涵。

3. 股东异质化理论

股东异质化理论认为股东在利益、目的和能力等方面是有差异的，因此，股权结构安排应体现这种差异。基于"股东同质化"这一假设而推断出的"一股一权"原则，默示"股东的利益、目的和能力等各种因素都因同质化而产生了同样的作用，比如所有的股东都被赋予同样的动机去监控代理成本，拥有相同利益的股东将对公司有相同的目标，每股表决能力同质使人们相信股东的利益偏好能够得到准确的表达，股东的投票权重会对公司决策产生等比例的影响等"（冯果，2016）。但将公司股东看作完全同质无差异的个体是不符合实际的，即使所有投资者的最终目的都是追求利润最大化，但其实现最终目的的手段和方式也有可能不同；另外，不同股东由于自身知识结构、社会经验等的不同，会导致其在参与公司治理能力上也存在显著差异。下面按照投资目的不同将公司股东分为投机性股东、投资性股东和经营性股东 3 类并分析其异质性（见表 3 - 1）。

表 3 - 1   股东类型及特征

股东类型	股东特征	持股特征	持股目的
投机性股东	散户、部分大户	持股量少且期限短	追求股票买卖差价
投资性股东	机构投资者等中等投资者	持股量较多且期限较长	公司红利及差价
经营性股东	创始股东等大股东	持股量多且期限长	公司价值最大化

资料来源：缪霞. 从科创板看我国双层股权结构的发展进路 [J]. 区域金融研究，2019 (11)：51 - 58.

由表 3 - 1 可知，不同投资者（股东）的目的是不同的，其参与公司治理的意愿与能力也是有差别的。因此，采用双层股权结构适应了资本市场多元化的发展规律，满足了"异质化"股东的不同投资目的和公司不同的融资需求。

（三）双层股权结构的优劣分析

1. 双层股权结构的优势

双层股权结构之所以能够在近年来得到推崇与其固有的优势密切相关，其优势主要体现在有助于防范恶意收购、实现企业长期价值和提升长期效率等。

（1）双层股权结构有助于防范恶意收购。

恶意收购是指遭到目标公司反对或事先未与目标公司协商一致强行进行的收购。这种类型的收购会直接导致管理层更迭并可能在短期内拉高公司股价，但不利于公司价值的实现和长期发展，更不利于公司文化的传承延续。新兴科技型企业的固定资产比重较低（轻资产）、技术更迭更迅速、竞争更激烈，其所面临的被收购风险相对传统行业往往更高。由于采用双层股权结构将股权与投票权（决策权）分离可以有效防范恶意收购和控制权旁落，因此采用双层股权结构的公司寿命更长，很难成为恶意并购的目标，并能有效抵御恶意收购行为，保持公司的长期稳定经营。另外，由于管理层被替代的风险更小，其通过激进的避税行为最大化业绩的动机更弱，双层股权结构公司的避税行为和程度相对较低（宋建波等，2016）。

（2）双层股权结构有助于公司实现长期价值。

新兴科技型企业在发展过程中，尤其是在企业初创期，需要通过持续融资来充实企业发展壮大所需的大量资本金。在此过程中，采用单层股权结构，创始团队的股权难免会被不断稀释，同样存在丧失控制权的风险。而创始人及创始人团队具有长期的管理经验、敏锐的市场判断、强大的个人魅力和威信，对于公司的稳定发展、长期目标、使命的达成有着不可替代的作用。特别是对于科技创新型企业而言，创始人一般拥有过人的胆识和资深的行业背景，在企业中拥有很强的影响力和感召力。双层股权结构使得创始人能通过较高比例的投票权对公司实行控制，延续公司的经营政策和重大决策，保持稳定的战略和思路，避免过分关注股价波动等短视行为，即使牺牲短期收益也要执行商业模式和战略布局，更加专注公司的长期发展并提升公司的长远收益，有利于实现公司的长期价值（宋建波等，2016）。

（3）双层股权结构有助于公司提升长期效率。

公司作为商事行为主体，追求盈利目标天经地义，而公司盈利目标的实现程度则与公司效率直接相关。公司效率包括决策效率、执行效率和交易效率等；其中，决策效率、执行效率与公司治理水平密切相关。相较于单层股权结构，双层股权结构由于将控制权集中到公司创始人和管理层手中，从而使得创始人和管理层在保持较小现金流的同时掌握公司的决策权，进而大大提高了决策效率和执行效率。由于控制权的集中，公司信息传递速度加快、成本降低，集体行动的弊端得到缓解，公司决策效率大大提升；由于双层股权结构的创始人、董事会、经理层成员的重合度比较高，执行指令传递层级减少、速度加快，公司执行效率大大提高。另外，双层股权结构可以保证公司创始人和管理层对决策的控制力，保证商业合同的优先执行，进而提升交易效率。相较于单层股权结构，双层股权结构公司创始人和管理层的盈利目的更为深刻，不仅注重短期盈利，更注重公司长期盈利，着眼于选择有利于企业长期发展的投资项目。采用双层股权结构的公司创始人和管理层，可以专注于企业长远发展，避免追求短期收益而选择一些不利于长期发展的决策（石颖，2021）。

2. 双层股权结构的劣势

双层股权结构虽然拥有上述优势，但也存在剥夺或稀释普通股股东投票权、外部公司治理监督机制失灵等缺点。

（1）普通股东权益易被公司大股东侵犯。

双层股权结构使得控制权和现金流权分离，可能导致较为严重的代理问题，增加管理层的道德风险。具体表现为：一是在差异化表决制度下，创始人和管理团队虽然掌握着公司经营上的决策权，但是由于利润分配比例仍对应股权比例，因此拥有更多表决权的股东可能会在经营决策上倾向于多做一些对自己来说更有成就感的事情，或者可能加大对公司的研发投入、营销投入、资产并购，而不去追求产生可分配的利润。另外，在制订利润分配的计划时，管理层有可能倾向于尽量少地把利润分配出去，尽可能多地将利润继续留在公司的账上。二是创始人和管理团队通过伪造财务数据、隐瞒关联交易等手段来恶意掏空公司，侵占公司的资产（张帏等，2020）。

（2）公司实际控制人的监管难度加大。

从内部监督的角度看，公司内部对大股东行为的监督，主要包括董事会、股东会和监事会等层面的监督。在董事会层面，如果公司章程不对高表决权股票在董事会选举中的权力进行一定限制，那么高表决权股票的持有人就很可能控制董事会，这会导致董事会成员的决策受到实际控制人的很大影响，使得他们很难对其他股东负责。在股东会层面，如果公司所有事项决策权全部集中在股东会表决，那么在实际控制人获得多数表决权后，其他股东的表决权制衡力度就弱。在监事会层面，除小部分成员是职工选举出的职工监事外，大部分都是由股东大会表决任免的股东监事，公司管理层拥有绝对控制权后，公司股东监事便难以起到监管作用；职工监事由于在工作上受管理层领导，因此在履行监事职能时普遍受到管理层的制约。从外部监督的角度看，公众股东对公司的了解渠道有限，一般主要通过审计报告、公司公告等方式获得公司信息。在双层股权结构的情况下，如果没有必要的限制，管理层更有可能直接通过聘用可控制的会计师事务所等手段，对审计结果造成影响，使得公司外部人员以及公众股东很难清晰真实地了解公司真实情况（张帏等，2020）。

（3）公司生存发展易受实际控制人个体的影响。

当双层股权结构将控制权集中到公司实际控制人手中时，一旦这些股东因决策失误或者其他原因导致经营失败，将对企业的生存发展造成灾难性的影响。如果双层股权结构过于依赖个人，则可能面临创始人经营能力下降的风险。市场瞬息万变，创始人带领公司成长的过往经验思路不一定持续对公司有正面的影响。随着新技术、新商业模式的出现，创始人可能由于年龄变大、学习能力下降等因素，导致其经营能力、管理思路跟不上时代的发展。在这种情况下，如果创始人永久性持有具有特殊表决权的股票，并维持对公司经营层面的绝对控制权，结果则会适得其反。另外，双层股权结构使围绕在创始人周围的个人崇拜文化的副作用更加明显。不仅如此，这种控制权还易让创始人的信心过度膨胀，从而倾向于冒更大风险做出风险过大或不理性的决策（石颖，2021）。

（四）创始人控制下的谷歌：双层股权结构

1. 谷歌的创立、发展和融资历程

谷歌公司（Google Inc.，以下简称"谷歌"）是一家总部位于美国加利福尼亚州的高科技企业，以互联网服务为主营业务。1998 年 9 月 4 日，拉里·佩奇（Larry Page）和谢尔盖·布林（Sergey Brin）创立谷歌；2004 年 8 月 19 日，谷歌于美国纳斯达克证券交易所（National Association of Securities Dealers Automated Quotations，NASDAQ）上市，融资 16.7 亿美元，上市当天，市值即突破 230 亿美元，上市后，谷歌股价一直保持上涨。2009 年以来，公司规模和盈利性整体呈现出增长趋势，2009 年谷歌公司的营业收入为 236.5 亿美元，当年实现利润为 65.20 美元；直到 2018 年，公司的营业收入和利润分别增加到 1368.19 亿美元和 307.36 亿美元；2009~2018 年，公司的营业收入和利润分别增长了 5.79 倍和 10.7 倍，根据《财富》杂志所披露的数据显示，2018 年谷歌公司在世界五百强的排名为第 52 位（石颖，2021）。谷歌是一个具有极强创造力和鲜明创新精神的企业，除提供互联网服务外，同时涉足多个行业的经营、研发。2015 年，谷歌由 Google Inc. 更名为 Alphabet Inc.，旗下的子公司包括 Google（谷歌搜索引擎）、Calico（生物科技）、Capital G（风险资本）、Waymo（自动驾驶汽车）和 Nest Labs（智能家居用品）等。

谷歌创立伊始，历经多次融资，始终坚持双层股权结构。根据谷歌 2004 年的首次公开募股（Initial Public Offering，IPO）招股说明书，上市前，谷歌已实行双层股权结构，发行"一股一票"的 A 类股票和"一股十票"的 B 类股票。1999 年 6 月 7 日，谷歌完成首轮股权融资，接受 2500 万美元的风险资本注入，此后又通过发行股票分别于 2001 年 3 月 12 日、2002 年 2 月 1 日、2002 年 4 月 1 日和 2004 年 4 月 22 日完成四轮融资。四轮融资后，众多个人和机构持有谷歌的股票，却并未拥有同等的投票权。在这些早期的股票持有者中，除创始人拉里·佩奇（Larry Page）和谢尔盖·布林（Sergey Brin）、

时任 CEO 的埃里克·施密特（Eric Emerson Schmidt）以及最早投资谷歌的风险投资者约翰·杜尔（John Doerr）和迈克尔·莫里茨（Michael Moritz）持有 56.6% 的 B 类股票（代表 56.3% 的投票权），剩余的 B 类股票基本由谷歌的内部员工持有，其余投资者仅持有非常少量的 B 类股票和大量的 A 类股票。IPO 之前，包括上述 5 人在内的全体董事和总监虽然只持有 1% 的 A 类股票，但却持有 62.0% 的 B 类股票，拥有 61.7% 的投票权。在 2004 年的 IPO 中，谷歌新发行 14142135 股 A 类股票并销售先前发行的 43000000 股 B 类股票，不新发行任何 B 类股票，以保 IPO 不会严重稀释创始人和董事会的控制权。IPO 之后，A 类股票可以在二级市场正常交易，而 B 类股票一经卖出，将自动转变为 A 类股票，投票权降为一股一票。上市后，谷歌继续使用双层股权结构，并严格控制 B 类股票的数量。根据谷歌历年委托投票说明书（Proxy Statement）所提供的数据，IPO 完成时，B 类股票的数量几乎是 A 类股票数量的 6 倍，但在上市后一年内，风险投资者和内部员工纷纷出售所持 B 类股票，将大量 B 类股票转为 A 类股票，使两类股票的数量比例发生逆转。自 2005 年起，A 类股票的数量一直多于 B 类股票，而且由于谷歌不新发行 B 类股票，因此这一差距逐年拉大。2017 年时，已发行的 A 类股票接近 3 亿股，但 B 类股票只有不到 5000 万股，是前者数量的六分之一。谷歌之所以严格控制着 B 类股票的数量，是为了保护创始人对谷歌的控制权。2006 年起，两位创始人以及埃里克·施密特持有绝大部分 B 类股票。在谷歌上市后的大部分时间内，两位创始人一共持有 70% 以上的 B 类股票，并借此拥有超过 50% 的控制权。在埃里克·施密特于 2011 年卸任 CEO 并逐渐减持 B 类股票后，两位创始人共持有谷歌 80% 以上的 B 类股票。两位创始人曾表示愿意减持 B 类股票，甚至多次宣布减持计划并付诸行动，然而事实上，他们始终掌握着几乎全部的 B 类股票，并借此维持着对谷歌的绝对控制（袁歆和刘峰，2018）。

2. 谷歌实行双层股权结构的成效

显而易见，谷歌公司的双层股权结构设计确保了公司能够在未来一段时期内募集资金需求的同时，又不丧失对公司的控制权，具有多方面的效果和价值。关于谷歌实行双层股权结构的成效，可以分为以下两个方面。

一是较好地满足了公司创始股东掌握公司控制权和募集资金的双重需要。谷歌公司在上市前已经实施双层股权结构，通过推出具有较低投票权的 A 类普通股份和具有超级投票权的 B 类超级投票权股份，在很大程度上能够满足公司发展过程中的资金需求。公司上市之后，根据公司发展的需要，又引入三层股权结构机制。随着公司规模的不断发展壮大，公司又对股票进行分拆，推出不具有任何投票权的 C 类无投票权股票，从而在某种意义上完全解除了公司在资本市场上进行融资可能导致的投票权稀释。

二是较好地保证了公司高管能够专注于公司的长期最佳利益。尽管从股份的角度看，外部投资者或者资本市场投资者可能掌握公司较大份额的股份，但是由于这些股份背后的投票权较低或根本没有投票权，公司控制权牢牢地掌握在公司创始人股东和部分高层管理人员的手中。因此，公司创始人和高层管理人员可以根据自己的判断，根据公司的长期最佳利益做出战略决策，从而能够保证公司的发展一直处于正常轨道，避免因受到外部的压力而做出不符合企业长期利益的决策，如谷歌公司开发的谷歌眼镜、自动驾驶汽车等。尽管这些创新性产品在短期内不会盈利，但其符合公司的长期发展目标。因此，谷歌公司之所以能做出短期内不符合公司利益、影响公司财务绩效而对公司长期发展至关重要的决策，正是因为公司控制权掌握在公司创始人和部分高层管理人员的手中（石颖，2021）。

（五）总结

双层股权结构本质上是在高度分散的单一股权结构和企业完全私人所有这两种极端情况之间找到了一个中间机制，这个机制为物质资本和人力资本提供了更为长期、稳固的链接，从而使企业在所有权高度分散的情况下仍能像私营企业一样由真正了解企业的专业人士控制，并拥有强大的反收购防御能力。因此，双层股权结构是符合公司创始人和高层管理人员对企业长期稳定的控制以及实现企业经营策略长期稳定的目标。另外，经济发展和制度完善也为采用双层股权结构创造了条件。一方面，投资者保护与信息披露相关法律法规的日益完善，极大地缓解了投资者对持有低投票权股票的担忧；另一方面，企业内部公司治理结构的完善、企业经营复杂度的提升以及股权分散程度的深化，使得分散的股权投资者更多地向企业实际控制人分权成为一种新的趋势。同时，21 世纪以来企业融资难度的下降和新兴科技行业的迅速发展，使得反收购需求和投资创新研发投资等长期项目的需求持续上升，这也在客观上促进了双层股权结构的使用。

思考题

1. 什么是公司双层股权结构？公司采用双层股权结构的原因是什么？
2. 公司采用双层股权结构的理论基础是什么？
3. 双层股权结构的优势和劣势是什么？
4. 互联网、科创型企业多采用双层股权结构的原因是什么？
5. 通过文献检索分析股票流动性对上市公司创新活动的影响。

二、涉及知识点

1. 委托—代理理论

美国著名学者伯利（Berle）和米恩斯（Means）在《现代公司和私有财产》一书中首先提出的"所有权与经营权的分离"，由此产生了委托代理问题。由于股东利益与管理层利益不一致产生的代理问题主要包括两类：一是解决股东与管理层之间的利益冲突，即第一类代理问题；二是解决大股东与小股东之间的利益冲突，即第二类代理问题。股权结构安排是公司治理的核心内容，双层股权结构主要解决的是第二类代理问题。传统公司理论一般认为，公司剩余索取权和投票权的持有应当相互匹配，否则会产生额外的代理成本。然而，随着经济的发展和多元化治理结构的需要，剩余索取权和投票权的持有比例出现了偏离，自 1925 年开始，美国少数主流公司便开始发行无表决权优先股，掀起了双层股权结构的历史开端，而随着信息科技的发展，越来越多的高科技信息技术企业逐渐采取这种特殊的治理结构。

2. "企业家特质愿景"理论

根据"企业家特质愿景"理论，企业家珍视公司控制权是因为企业家想要以自认为合适的方式追求自己确信的特质愿景，以便实施能产生高于市场水平回报的商业战略。创始人在创立企业时对于企业经营战略与计划的独特理念即企业家特质愿景，可以理解为企业创始人的专属人力资本，其易受外部环境和心理预期的影响。如果企业创始人对企业控制权的预期不稳定，那么其专用性人力资本投资意愿就会不足，从而影响企业家才能的发挥。企业在融资需求下面临控制权稀释的风险，对"企业家特质愿景"的实现具有冲击力，而实施双层股权结构则能够帮助企业创始人在融资的同时保持控制权，从而使企业不偏离在创业初期企业家的特质愿景，充分发挥企业创始人的专属人力资本价值。

3. 反收购条款激励创新理论

2011 年古斯塔沃·曼索（Gustavo Manso）提出，对短期失败的容忍是有效激励创新的必要条件，激励创新的契约应该在短期内容忍失败，允许试错和失败，同时对长期成功给予回报（田轩，2021）。但资本市场却时常给管理层带来过度的压力，使其短视，从而阻碍创新；采用双层股权结构反收购条款则可以在一定程度上避免资本市场带来的压力，激励企业创新。反收购条款对创新有积极影响，在信息不对称度较高的公司中，反收购条款对公司创新的正向影响更为显著，当面临更激烈的产品市场竞争时，反收购条款对创新的保护作用更有价值。

三、要点分析

（一）实行双层股权结构的成因

现实中的企业制度安排，往往既不是单方面的选择，也不是社会福利最大化或交易费用最小化的产物，而是理性当事人在特定环境下相互博弈的结果（王鳌然和胡波，2018）。从市场环境的角度看，敌意收购事件的增多及实际控制人对企业控制权的执着，是双层股权结构产生的根本原因。日益完善的股东权益保护机制，包括公司法、资本市场信息披露制度、集体诉讼制度以及资本市场规则等制度建设的持续进步，是双层股权结构得以稳定存在的根基。从企业特征的角度看，企业创新性的提升和长期项目的增多是 21 世纪以来双层股权结构再度兴起的重要原因。一方面，新兴行业的企业固定资产相对较低、规模相对较小、技术更迭更迅速、竞争也更为激烈，其所面临的被收购风险相对传统行业往往更高；另一方面，这些企业通常需要进行更多研发投资的长期项目，这些项目的顺利实施和最终贯彻也需要长期稳定的管理团队和控股股东予以支持，而双层股权结构的采用能够同时满足这两个方面的需求。从决策主体角度看，企业原始的控股股东（通常是企业的创始人或管理团队）采用双层股权结构的根本动机是：在获得外部融资和分散风险的同时保持对企业的绝对控制，并且这种对控制权的执着通常不是源于对私人控制权收益的渴望，而是为了保有经营决策权（王鳌然和胡波，2018）。

（二）实行双层股权结构的监管[①]

借鉴美国和加拿大的监管经验，接纳双层股权结构的前提是加强投资者保护，因为双层股权结构违反了"同股同权""一股一票"的公司法基本原则，造成公司内部和外部监督机制"失灵"。因此，需要平衡公法与私法的利益，在契约自由、尊重自治的私法规则基础上，完善投资者保护的公法干预措施。

1. 对双层股权结构的实现方式加以限制

理论上而言，上市公司可以通过股权重置或者发行新股的方式实现双层股权结构。股权重置是指，公司修改公司章程，通过交换要约、特别分红、投票权转换等方式使创始人持有的股份从"一股一票"转变为"一股多票"，而其他股东则维持"一股一票"的表决权规则不变。由于同次发行的股份从平等的表决权直接转变为不平等的表决权，这相当于剥夺了其他股东的表决权，因此是违反股份平等原则的。新股发行则不同，无论是 IPO 还是增发新股，都是不同批次和不同类别股份的发行；且认购股份的公司新股东，是在完全知晓其持有股份没有表决权或仅有低级表决权的条件下购买的公司股票，如不愿意接受低级表决权的投资者不购买公司的股票即可，这符合契约自由和"买者自负"原则。因此，我国应借鉴国外经验，仅允许公司通过 IPO 或增发新股的方式实现双层股权结构。

2. 对双层股权结构的收购条件加以限制

一般而言，当发生并购活动时，公司控制人在交易价格、交易方式等方面存在信息和谈判上的优势，有利于其获得更好的交易对价，双层股权结构则更进一步强化了公司创始人在控制权转让市场上的优势地位。为保证股东平等，我国可借鉴加拿大监管部门制定的"燕尾条款"，[②] 要求双层股权结构公司发生并购交易时，不同表决权股东应当受到平等对待，包括同等的交易价格、交易方式等交易条件，因为投资者最初向双层股权结构公司投资是出于对公司创始人的人身信任。公司控制权变更后，创始人不再拥有公司控制权，投资者也就失去了人身信任的基础。

---

① 高菲. 双层股权结构的国际经验及其对中国的启示 [J]. 中州大学学报, 2018 (03)：45 – 51.

② 该条款规定收购者只有以同等的条件收购超级表决权股和低级表决权股，股份的转让才发生效力。

四、案例教学使用说明

（一）教学目的与用途

本案例适用于"金融市场学""公司金融学""科技金融学"等课程。如将本案例用于其他相关课程，本案例说明可做相关调整。

本案例以双层股权结构的公司制度安排为例，向学生展示双层股权结构的理论基础及优劣势。通过此案例引导学生了解双层股权结构的公司制度安排的由来与发展，了解我国双层股权结构公司制度安排的实践；同时，在分析案例的过程中，培养学生利用相关理论知识分析我国金融市场实际问题的能力。

（二）课程安排

本案例可以作为专门的案例讨论课来进行。课堂安排大致如下：

（1）整个案例的课堂时间控制在80分钟左右。

（2）课前计划：布置思考题，要求学生在课前完成相关材料的阅读。

（3）课中计划：

①案例回顾（10分钟）。

②分组讨论（20分钟）。

③小组发言（每组5分钟左右，控制在30分钟）。

④集体讨论、归纳总结（20分钟左右）。

（4）课后计划：请学生以小组为单位搜索该案例的相关资料，撰写案例分析报告。

参考文献

[1] 冯果. 股东异质化视角下的双层股权结构 [J]. 政法论坛，2016（04）：126 – 167.

[2] 高菲，周林彬. 上市公司双层股权结构：创新与监管 [J]. 中山大学学报（社会科学版），2017（03）：186 – 193.

[3] 高菲. 双层股权结构的国际经验及其对中国的启示 [J]. 中州大学学报，2018（03）：45 – 51.

［4］卢亚娟，刘骅．金融学案例精选［M］．北京：中国金融出版社，2020．

［5］鲁桐．"独角兽"回归对资本市场的挑战［J］．中国金融，2018（12）：73 - 74．

［6］缪霞．从科创板看我国双层股权结构的发展进路［J］．区域金融研究，2019（11）：51 - 58．

［7］石颖．中国企业双层股权结构制度研究［M］．北京：中国社会科学出版社，2021．

［8］宋建波，文雯，张海晴．科技创新型企业的双层股权结构研究——基于京东和阿里巴巴的案例分析［J］．管理案例研究与评论，2016（04）：339 - 350．

［9］田轩．创新的资本逻辑（第二版）［M］．北京：北京大学出版社，2021．

［10］汪青松．股份公司权利多元化配置的域外借鉴与制度构建［J］．比较法研究，2015（01）：48 - 60．

［11］王骜然、胡波．双层股权结构研究进展［J］．经济学动态，2018，（09）：115 - 127．

［12］王轶．民法价值判断问题的实体性论证规则——以中国民法学的学术实践为背景［J］．中国社会科学，2004（06）：104 - 116．

［13］杨联明．公司设立的法律性质探析［J］．探索，2002（01）：140 - 141．

［14］袁歆，刘峰．独立董事的新角色：诉讼风险防护——基于谷歌的案例研究［J］．财务研究，2018（05）：3 - 15．

［15］张帏，黄冠琛，赵南迪．双层股权结构的公司制度安排——科创板首家案例企业分析［J］．清华管理评论，2020（07 - 08）：42 - 49．

［16］朱慈蕴，沈朝晖．类别股与中国公司法的演进［J］．中国社会科学，2013（09）：147 - 162．

附录一

国务院关于推动创新创业高质量
发展打造"双创"升级版的意见

各省、自治区、直辖市人民政府，国务院各部委、各直属机构：

创新是引领发展的第一动力，是建设现代化经济体系的战略支撑。近年来，大众创业万众创新持续向更大范围、更高层次和更深程度推进，创新创业与经济社会发展深度融合，对推动新旧动能转换和经济结构升级、扩大就业和改善民生、实现机会公平和社会纵向流动发挥了重要作用，为促进经济增长提供了有力支撑。当前，我国经济已由高速增长阶段转向高质量发展阶段，对推动大众创业万众创新提出了新的更高要求。为深入实施创新驱动发展战略，进一步激发市场活力和社会创造力，现就推动创新创业高质量发展、打造"双创"升级版提出以下意见。

一、总体要求

推进大众创业万众创新是深入实施创新驱动发展战略的重要支撑、深入推进供给侧结构性改革的重要途径。随着大众创业万众创新蓬勃发展，创新创业环境持续改善，创新创业主体日益多元，各类支撑平台不断丰富，创新创业社会氛围更加浓厚，创新创业理念日益深入人心，取得显著成效。但同时，还存在创新创业生态不够完善、科技成果转化机制尚不健全、大中小企业融通发展还不充分、创新创业国际合作不够深入以及部分政策落实不到位等问题。打造"双创"升级版，推动创新创业高质量发展，有利于进一步增强创业带动就业能力，有利于提升科技创新和产业发展活力，有利于创造优质供给和扩大有效需求，对增强经济发展内生动力具有重要意义。

（一）指导思想。

以习近平新时代中国特色社会主义思想为指导，全面贯彻党的十九大和十九届二中、三中全会精神，坚持新发展理念，坚持以供给侧结构性改革为主线，按照高质量发展要求，深入实施创新驱动发展战略，通过打造"双创"升级版，进一步优化创新创业环境，大幅降低创新创业成本，提升创业带动就业能力，增强科技创新引领作用，提升支撑平台服务能力，推动形成线上线下结合、产学研用协同、大中小企业融合的创新创业格局，为加快培育发展新动能、实现更充分就业和经济高质量发展提供坚实保障。

（二）主要目标。

——创新创业服务全面升级。创新创业资源共享平台更加完善，市场化、专业化众创空间功能不断拓展，创新创业服务平台能力显著提升，创业投资持续增长并更加关注早中期科技型企业，新兴创新创业服务业态日趋成熟。

——创业带动就业能力明显提升。培育更多充满活力、持续稳定经营的市场主体，直接创造更多就业岗位，带动关联产业就业岗位增加，促进就业机会公平和社会纵向流动，实现创新、创业、就业的良性循环。

——科技成果转化应用能力显著增强。科技型创业加快发展，产学研用更加协同，科技创新与传统产业转型升级结合更加紧密，形成多层次科技创新和产业发展主体，支撑战略性新兴产业加快发展。

——高质量创新创业集聚区不断涌现。"双创"示范基地建设扎实推进，一批可复制的制度性成果加快推广。有效发挥国家级新区、国家自主创新示范区等各类功能区优势，打造一批创新创业新高地。

——大中小企业创新创业价值链有机融合。一批高端科技人才、优秀企业家、专业投资人成为创新创业主力军，大企业、科研院所、中小企业之间创新资源要素自由畅通流动，内部外部、线上线下、大中小企业融通发展水平不断提升。

——国际国内创新创业资源深度融汇。拓展创新创业国际交流合作，深度融入全球创新创业浪潮，推动形成一批国际化创新创业集聚地，将"双创"打造成为我国与包括"一带一路"相关国家在内的世界各国合作的亮丽名片。

二、着力促进创新创业环境升级

（三）简政放权释放创新创业活力。进一步提升企业开办便利度，全面推进企业简易注销登记改革。积极推广"区域评估"，由政府组织力量对一定区域内地质灾害、水土保持等进行统一评估。推进审查事项、办事流程、数据交换等标准化建设，稳步推动公共数据资源开放，加快推进政务数据资源、社会数据资源、互联网数据资源建设。清理废除妨碍统一市场和公平竞争的规定和做法，加快发布全国统一的市场准入负面清单，建立清单动态调整机制。（市场监管总局、自然资源部、水利部、发展改革委等按职责分工负责）

（四）放管结合营造公平市场环境。加强社会信用体系建设，构建信用承诺、信息公示、信用分级分类、信用联合奖惩等全流程信用监管机制。修订生物制造、新材料等领域审查参考标准，激发高技术领域创新活力。引导和规范共享经济良性健康发展，推动共享经济平台企业切实履行主体责任。建立完善对"互联网＋教育"、"互联网＋医疗"等新业态新模式的高效监管机制，严守安全质量和社会稳定底线。（发展改革委、市场监管总局、工业和信息化部、教育部、卫生健康委等按职责分工负责）

（五）优化服务便利创新创业。加快建立全国一体化政务服务平台，建立完善国家数据共享交换平台体系，推行数据共享责任清单制度，推动数据共享应用典型案例经验复制推广。在市县一级建立农村创新创业信息服务窗口。完善适应新就业形态的用工和社会保险制度，加快建设"网上社保"。积极落实产业用地政策，深入推进城镇低效用地再开发，健全建设用地"增存挂钩"机制，优化用地结构，盘活存量、闲置土地用于创新创业。（国务院办公厅、发展改革委、市场监管总局、农业农村部、人力资源社会保障部、自然资源部等按职责分工负责）

三、加快推动创新创业发展动力升级

（六）加大财税政策支持力度。聚焦减税降费，研究适当降低社保费率，确保总体上不增加企业负担，激发市场活力。将企业研发费用加计扣除比例提高到75%的政策由科技型中小企业扩大至所有企业。对个人在二级市场买卖新三板股票比照上市公司股票，对差价收入免征个人所得税。将国家级科技企业孵化器和大学科技园享受的免征房产税、增值税等优惠政策范围扩大至省级，符合条件的众创空间也可享受。（财政部、税务总局等按职责分工负责）

（七）完善创新创业产品和服务政府采购等政策措施。完善支持创新和中小企业的政府采购政策。发挥采购政策功能，加大对重大创新产品和服务、核心关键技术的采购力度，扩大首购、订购等非招标方式的应用。（发展改革委、财政部、工业和信息化部、科技部等和各地方人民政府按职责分工负责）

（八）加快推进首台（套）重大技术装备示范应用。充分发挥市场机制作用，推动重大技术装备研发创新、检测评定、示范应用体系建设。编制重大技术装备创新目录、众创研发指引，制定首台（套）评定办法。依托大型科技企业集团、重点研发机构，设立重大技术装备创新研究院。建立首台（套）示范应用基地和示范应用联盟。加快军民两用技术产品发展和推广应用。发挥众创、众筹、众包和虚拟创新创业社区等多种创新创业模式的作用，引导中小企业等创新主体参与重大技术装备研发，加强众创成果与市场有效对接。（发展改革委、科技部、工业和信息化部、财政部、国资委、卫生健康委、市场监管总局、能源局等按职责分工负责）

（九）建立完善知识产权管理服务体系。建立完善知识产权评估和风险控制体系，鼓励金融机构探索开展知识产权质押融资。完善知识产权运营公共服务平台，逐步建立全国统一的知识产权交易市场。鼓励和支持创新主体加强关键前沿技术知识产权创造，形成一批战略性高价值专利组合。聚焦重点领域和关键环节开展知识产权"雷霆"专项行动，进行集中检查、集中整治，全面加强知识产权执法维权工作力度。积极运用在线识别、实时监测、源头追溯等"互联网＋"技术强化知识产权保护。（知识产权局、财政部、银保监会、人民银行等按职责分工负责）

四、持续推进创业带动就业能力升级

（十）鼓励和支持科研人员积极投身科技创业。对科教类事业单位实施差异化分类指导，出台鼓励和支持科研人员离岗创业实施细则，完善创新型岗位管理实施细则。健全科研人员评价机制，将科研人员在科技成果转化过程中取得的成绩和参与创业项目的情况作为职称评审、岗位竞聘、绩效考核、收入分配、续签合同等的重要依据。建立完善科研人员校企、院企共建双聘机制。（科技部、教育部、人力资源社会保障部等按职责分工负责）

（十一）强化大学生创新创业教育培训。在全国高校推广创业导师制，把创新创业教育和实践课程纳入高校必修课体系，允许大学生用创业成果申请学位论文答辩。支持高校、职业院校（含技工院校）深化产教融合，引入企业开展生产性实习实训。（教育部、人力资源社会保障部、共青团中央等按职责分工负责）

（十二）健全农民工返乡创业服务体系。深入推进农民工返乡创业试点工作，推出一批农民工返乡创业示范县和农村创新创业典型县。进一步发挥

创业担保贷款政策的作用，鼓励金融机构按照市场化、商业可持续原则对农村"双创"园区（基地）和公共服务平台等提供金融服务。安排一定比例年度土地利用计划，专项支持农村新产业新业态和产业融合发展。（人力资源社会保障部、农业农村部、发展改革委、人民银行、银保监会、财政部、自然资源部、共青团中央等按职责分工负责）

（十三）完善退役军人自主创业支持政策和服务体系。加大退役军人培训力度，依托院校、职业培训机构、创业培训中心等机构，开展创业意识教育、创业素质培养、创业项目指导、开业指导、企业经营管理等培训。大力扶持退役军人就业创业，落实好现有税收优惠政策，根据个体特点引导退役军人向科技服务业等新业态转移。推动退役军人创业平台不断完善，支持退役军人参加创新创业大会和比赛。（退役军人部、教育部、人力资源社会保障部、税务总局、财政部等按职责分工负责）

（十四）提升归国和外籍人才创新创业便利化水平。深入实施留学人员回国创新创业启动支持计划，遴选资助一批高层次人才回国创新创业项目。健全留学回国人才和外籍高层次人才服务机制，在签证、出入境、社会保险、知识产权保护、落户、永久居留、子女入学等方面进一步加大支持力度。（人力资源社会保障部、外交部、公安部、移民局、知识产权局等和各地方人民政府按职责分工负责）

（十五）推动更多群体投身创新创业。深入推进创新创业巾帼行动，鼓励支持更多女性投身创新创业实践。制定完善香港、澳门居民在内地发展便利性政策措施，鼓励支持港澳青年在内地创新创业。扩大两岸经济文化交流合作，为台湾同胞在大陆创新创业提供便利。积极引导侨资侨智参与创新创业，支持建设华侨华人创新创业基地和华侨大数据中心。探索国际柔性引才机制，持续推进海外人才离岸创新创业基地建设。启动少数民族地区创新创业专项行动，支持西藏、新疆等地区创新创业加快发展。推行终身职业技能培训制度，将有创业意愿和培训需求的劳动者全部纳入培训范围。（全国妇联、港澳办、台办、侨办、人力资源社会保障部、中国科协、发展改革委、国家民委等按职责分工负责）

五、深入推动科技创新支撑能力升级

（十六）增强创新型企业引领带动作用。在重点领域和关键环节加快建设一批国家产业创新中心、国家技术创新中心等创新平台，充分发挥创新平台资源集聚优势。建设由大中型科技企业牵头，中小企业、科技社团、高校院所等共同参与的科技联合体。加大对"专精特新"中小企业的支持力度，鼓励中小企业参与产业关键共性技术研究开发，持续提升企业创新能力，培育一批具有创新能力的制造业单项冠军企业，壮大制造业创新集群。健全企业家参与涉企创新创业政策制定机制。（发展改革委、科技部、中国科协、工业和信息化部等按职责分工负责）

（十七）推动高校科研院所创新创业深度融合。健全科技资源开放共享机制，鼓励科研人员面向企业开展技术开发、技术咨询、技术服务、技术培训等，促进科技创新与创业深度融合。推动高校、科研院所与企业共同建立概念验证、孵化育成等面向基础研究成果转化的服务平台。（科技部、教育部等按职责分工负责）

（十八）健全科技成果转化的体制机制。纵深推进全面创新改革试验，深化以科技创新为核心的全面创新。完善国家财政资金资助的科技成果信息共享机制，畅通科技成果与市场对接渠道。试点开展赋予科研人员职务科技成果所有权或长期使用权。加速高校科技成果转化和技术转移，促进科技、产业、投资融合对接。加强国家技术转移体系建设，鼓励高校、科研院所建设专业化技术转移机构。鼓励有条件的地方按技术合同实际成交额的一定比例对技术转移服务机构、技术合同登记机构和技术经纪人（技术经理人）给予奖补。（发展改革委、科技部、教育部、财政部等按职责分工负责）

六、大力促进创新创业平台服务升级

（十九）提升孵化机构和众创空间服务水平。建立众创空间质量管理、优胜劣汰的健康发展机制，引导众创空间向专业化、精细化方向升级，鼓励具备一定科研基础的市场主体建立专业化众创空间。推动中央企业、科研院所、高校和相关公共服务机构建设具有独立法人资格的孵化机构，为初创期、早中期企业提供公共技术、检验检测、财税会计、法律政策、教育培训、管理咨询等服务。继续推进全国创业孵化示范基地建设。鼓励生产制造类企业建立工匠工作室，通过技术攻关、破解生产难题、固化创新成果等塑造工匠品牌。加快发展孵化机构联盟，加强与国外孵化机构对接合作，吸引海外人才到国内创新创业。研究支持符合条件的孵化机构享受高新技术企业相关人才激励政策，落实孵化机构税收优惠政策。（科技部、国资委、教育部、人力资源社会保障部、工业和信息化部、财政部、税务总局等按职责分工负责）

（二十）搭建大中小企业融通发展平台。实施大中小企业融通发展专项行动计划，加快培育一批基于互联网的大企业创新创业平台、国家中小企业公共服务示范平台。推进国家小型微型企业创业创新示范基地建设，支持建设一批制造业"双创"技术转移中心和制造业"双创"服务平台。推进供应链创新与应用，加快形成大中小企业专业化分工协作的产业供应链体系。鼓励大中型企业开展内部创业，鼓励有条件的企业依法合规发起或参与设立公益性创业基金，鼓励企业参股、投资内部创业项目。鼓励国有企业探索以子公司等形式设立创新创业平台，促进混合所有制改革与创新创业深度融合。（工业和信息化部、商务部、财政部、国资委等按职责分工负责）

（二十一）深入推进工业互联网创新发展。更好发挥市场力量，加快发展工业互联网，与智能制造、电子商务等有机结合、互促共进。实施工业互联网三年行动计划，强化财税政策导向作用，持续利用工业转型升级资金支持工业互联网发展。推进工业互联网平台建设，形成多层次、系统性工业互联网平台体系，引导企业上云上平台，加快发展工业软件，培育工业互联网应用创新生态。推动产学研用合作建设工业互联网创新中心，建立工业互联网产业示范基地，开展工业互联网创新应用示范。加强专业人才支撑，公布一批工业互联网相关二级学科，鼓励搭建工业互联网学科引智平台。（工业和信息化部、发展改革委、教育部、科技部、财政部、人力资源社会保障部等按职责分工负责）

（二十二）完善"互联网＋"创新创业服务体系。推进"国家创新创业政策信息服务网"建设，及时发布创新创业先进经验和典型做法，进一步降低各类创新创业主体的政策信息获取门槛和时间成本。鼓励建设"互联网＋"创新创业平台，积极利用互联网等信息技术支持创新创业活动，进一步降低创新创业主体与资本、技术对接的门槛。推动"互联网＋公共服务"，使更多优质资源惠及群众。（发展改革委、科技部、工业和信息化部等按职责分工负责）

（二十三）打造创新创业重点展示品牌。继续扎实开展各类创新创业赛事活动，办好全国大众创业万众创新活动周，拓展"创响中国"系列活动范围，充分发挥"互联网＋"大学生创新创业大赛、中国创新创业大赛、"创客中国"创新创业大赛、"中国创翼"创业创新大赛、全国农村创业创新项目创意大赛、中央企业熠星创新创意大赛、"创青春"中国青年创新创业大赛、中国妇女创新创业大赛等品牌赛事活动作用。对各类赛事活动中涌现的优秀创新创业项目加强后续跟踪支持。（发展改革委、中国科协、教育部、科技部、工业和信息化部、人力资源社会保障部、农业农村部、国资委、共青团中央、全国妇联等按职责分工负责）

七、进一步完善创新创业金融服务

（二十四）引导金融机构有效服务创新创业融资需求。加快城市商业银行转型，回归服务小微企业等实体的本源，提高风险识别和定价能力，运用科技化等手段，为本地创新创业提供有针对性的金融产品和差异化服务。加快推进村镇银行本地化、民营化和专业化发展，支持民间资本参与农村中小金融机构充实资本、完善治理的改革，重点服务发展农村电商等新业态新模式。推进落实大中型商业银行设立普惠金融事业部，支持有条件的银行设立科技信贷专营事业部，提高服务创新创业企业的专业化水平。支持银行业金融机构积极稳妥开展并购贷款业务，提高对创业企业兼并重组的金融服务水平。（银保监会、人民银行等按职责分工负责）

（二十五）充分发挥创业投资支持创新创业作用。进一步健全适应创业投资行业特点的差异化监管体制，按照不溯及既往、确保总体税负不增的原则，抓紧完善进一步支持创业投资基金发展的税收政策，营造透明、可预期的政策环境。规范发展市场化运作、专业化管理的创业投资母基金。充分发挥国家新兴产业创业投资引导基金、国家中小企业发展基金等引导基金的作用，支持初创期、早中期创新型企业发展。加快发展天使投资，鼓励有条件的地方出台促进天使投资发展的政策措施，培育和壮大天使投资人群体。完善政府出资产业投资基金信用信息登记，开展政府出资产业投资基金绩效评价和公共信用综合评价。（发展改革委、证监会、税务总局、财政部、工业和信息化部、科技部、人民银行、银保监会等按职责分工负责）

（二十六）拓宽创新创业直接融资渠道。支持发展潜力好但尚未盈利的创新型企业上市或在新三板、区域性股权市场挂牌。推动科技型中小企业和创业投资企业发债融资，稳步扩大创新创业债试点规模，支持符合条件的企业发行"双创"专项债务融资工具。规范发展互联网股权融资，拓宽小微企业和创新创业者的融资渠道。推动完善公司法等法律法规和资本市场相关规则，允许科技企业实行"同股不同权"治理结构。（证监会、发展改革委、科技部、人民银行、财政部、司法部等按职责分工负责）

（二十七）完善创新创业差异化金融支持政策。依托国家融资担保基金，采取股权投资、再担保等方式推进地方有序开展融资担保业务，构建全国统一的担保行业体系。支持保险公司为科技型中小企业知识产权融资提供保证保险服务。完善定向降准、信贷政策支持再贷款等结构性货币政策工具，引导资金更多投向创新型企业和小微企业。研究开展科技成果转化贷款风险补偿试点。实施战略性新兴产业重点项目信息合作机制，为战略性新兴产业提供更具针对性和适应性的金融产品和服务。（财政部、银保监会、科技部、知识产权局、人民银行、工业和信息化部、发展改革委、证监会等按职责分工负责）

八、加快构筑创新创业发展高地

（二十八）打造具有全球影响力的科技创新策源地。进一步夯实北京、上海科技创新中心的创新基础，加快建设一批重大科技基础设施集群、世界一流学科集群。加快推进粤港澳大湾区国际科技创新中心建设，探索建立健全国际化的创新创业合作新机制。（有关地方人民政府牵头负责）

（二十九）培育创新创业集聚区。支持符合条件的经济技术开发区打造大中小企业融通型、科技资源支撑型等不同类型的创新创业特色载体。鼓励国家级新区探索通用航空、体育休闲、养老服务、安全等产业与城市融合发展的新机制和新模式。推进雄安新区创新发展，打造体制机制新高地和京津冀协同创新重要平台。推动承接产业转移示范区、高新技术开发区聚焦战略性新兴产业构建园区配套及服务体系，充分发挥创新创业集群效应。支持有条件的省市建设综合性国家产业创新中心，提升关键核心技术创新能力。依托中心城市和都市圈，探索打造跨区域协同创新平台。（财政部、工业和信息化部、科技部、发展改革委等和各地方人民政府按职责分工负责）

（三十）发挥"双创"示范基地引导示范作用。将全面创新改革试验的相关改革举措在"双创"示范基地推广，为示范基地内的项目或企业开通总体规划环评等绿色通道。充分发挥长三角示范基地联盟作用，推动建立京津冀、西部等区域示范基地联盟，促进各类基地融通发展。开展"双创"示范基地十强百佳工程，鼓励示范基地在科技成果转化、财政金融、人才培养等方面积极探索。（发展改革委、生态环境部、银保监会、科技部、财政部、工业和信息化部、人力资源社会保障部等和有关地方人民政府及大众创业万众创新示范基地按职责分工负责）

（三十一）推进创新创业国际合作。发挥中国—东盟信息港、中阿网上丝绸之路等国际化平台作用，支持与"一带一路"相关国家开展创新创业合作。推动建立政府间创新创业多双边合作机制。充分利用各类国际合作论坛等重要载体，推动创新创业领域民间务实合作。鼓励有条件的地方建立创新创业国际合作基金，促进务实国际合作项目有效落地。（发展改革委、科技部、工业和信息化部等和有关地方人民政府按职责分工负责）

九、切实打通政策落实"最后一公里"

（三十二）强化创新创业政策统筹。完善创新创业信息通报制度，加强沟通联动。发挥推进大众创业万众创新部际联席会议统筹作用，建立部门之间、部门与地方之间的高效协同机制。鼓励各地方先行先试、大胆探索并建立容错免责机制。促进科技、金融、财税、人才等支持创新创业政策措施有效衔接。建立健全"双创"发展统计指标体系，做好创新创业统计监测工作。（发展改革委、统计局等和各地方人民政府按职责分工负责）

（三十三）细化关键政策落实措施。开展"双创"示范基地年度评估，根据评估结果进行动态调整。定期梳理制约创新创业的痛点堵点问题，开展创新创业痛点堵点疏解行动，督促相关部门和地方限期解决。对知识产权保护、税收优惠、成果转移转化、科技金融、军民融合、人才引进等支持创新创业政策措施落实情况定期开展专项督查和评估。（发展改革委、中国科协等和各地方人民政府按职责分工负责）

（三十四）做好创新创业经验推广。建立定期发布创新创业政策信息的制度，做好政策宣讲和落实工作。支持各地积极举办经验交流会和现场观摩会等，加强先进经验和典型做法的推广应用。加强创新创业政策和经验宣传，营造良好舆论氛围。（各部门、各地方人民政府按职责分工负责）

各地区、各部门要充分认识推动创新创业高质量发展、打造"双创"升级版对于深入实施创新驱动发展战略的重要意义，把思想、认识和行动统一到党中央、国务院决策部署上来，认真落实本意见各项要求，细化政策措施，加强督查，及时总结，确保各项政策措施落到实处，进一步增强创业带动就业能力和科技创新能力，加快培育发展新动能，充分激发市场活力和社会创造力，推动我国经济高质量发展。

国务院

2018 年 9 月 18 日

附录二

《关于修改〈上市公司章程指引〉的决定》
中国证券监督管理委员会公告

〔2019〕10 号

现公布《关于修改〈上市公司章程指引〉的决定》，自公布之日起施行。

中国证监会
2019 年 4 月 17 日

关于修改《上市公司章程指引》的决定

一、第十五条增加一款，作为第二款："存在特别表决权股份的上市公司，应当在公司章程中规定特别表决权股份的持有人资格、特别表决权股份拥有的表决权数量与普通股份拥有的表决权数量的比例安排、持有人所持特别表决权股份能够参与表决的股东大会事项范围、特别表决权股份锁定安排及转让限制、特别表决权股份与普通股份的转换情形等事项。公司章程有关上述事项的规定，应当符合交易所的有关规定。"

二、第二十三条修改为："公司在下列情况下，可以依照法律、行政法规、部门规章和本章程的规定，收购本公司的股份：

"（一）减少公司注册资本；

"（二）与持有本公司股份的其他公司合并；

"（三）将股份用于员工持股计划或者股权激励；

"（四）股东因对股东大会作出的公司合并、分立决议持异议，要求公司收购其股份；

"（五）将股份用于转换上市公司发行的可转换为股票的公司债券；

"（六）上市公司为维护公司价值及股东权益所必需。

"除上述情形外，公司不得收购本公司股份。

"注释：发行优先股的公司，还应当在公司章程中对回购优先股的选择权由发行人或股东行使、回购的条件、价格和比例等作出具体规定。发行人按章程规定要求回购优先股的，必须完全支付所欠股息，但商业银行发行优先股补充资本的除外。"

三、第二十四条修改为："公司收购本公司股份，可以通过公开的集中交易方式，或者法律法规和中国证监会认可的其他方式进行。

"公司因本章程第二十三条第一款第（三）项、第（五）项、第（六）项规定的情形收购本公司股份的，应当通过公开的集中交易方式进行。"

四、第二十五条修改为："公司因本章程第二十三条第一款第（一）项、第（二）项规定的情形收购本公司股份的，应当经股东大会决议；公司因本章程第二十三条第一款第（三）项、第（五）项、第（六）项规定的情形收购本公司股份的，可以依照本章程的规定或者股东大会的授权，经三分之二以上董事出席的董事会会议决议。

"公司依照本章程第二十三条第一款规定收购本公司股份后，属于第（一）项情形的，应当自收购之日起 10 日内注销；属于第（二）项、第（四）项情形的，应当在 6 个月内转让或者注销；属于第（三）项、第（五）项、第（六）项情形的，公司合计持有的本公司股份数不得超过本公司已发行股份总额的 10%，并应当在 3 年内转让或者注销。

"注释：公司按本条规定回购优先股后，应当相应减记发行在外的优先股股份总数。"

五、第四十四条修改为："本公司召开股东大会的地点为：【具体地点】。股东大会将设置会场，以现场会议形式召开。公司还将提供网络投票的方式为股东参加股东大会提供便利。股东通过上述方式参加股东大会的，视为出席。

"注释：公司章程可以规定召开股东大会的地点为公司住所地或其他明确地点。现场会议时间、地点的选择应当便于股东参加。发出股东大会通知后，无正当理由，股东大会现场会议召开地点不得变更。确需变更的，召集人应当在现场会议召开日前至少 2 个工作日公告并说明原因。"

六、第九十六条第一款修改为："董事由股东大会选举或者更换，并可在任期届满前由股东大会解除其职务。董事任期【年数】，任期届满可连选连任。"

七、第一百零七条增加一款，作为第二款："公司董事会设立审计委员会，并根据需要设立【战略】、【提名】、【薪酬与考核】等相关专门委员会。

专门委员会对董事会负责，依照本章程和董事会授权履行职责，提案应当提交董事会审议决定。专门委员会成员全部由董事组成，其中审计委员会、【提名委员会】、【薪酬与考核委员会】中独立董事占多数并担任召集人，审计委员会的召集人为会计专业人士。

董事会负责制定专门委员会工作规程，规范专门委员会的运作。"

八、第一百二十六条修改为："在公司控股股东单位担任除董事、监事以外其他行政职务的人员，不得担任公司的高级管理人员。"

《上市公司章程指引》根据本决定作相应修改，重新公布。

本决定自公布之日起施行。

案例 4

上市公司财务造假

一、案例介绍

（一）引言

A公司是一家以中药饮片为核心产品，集药品、中药材和医疗器械等供销一体化的大型医药企业。经过20多年的发展，公司在行业内的影响力巨大，连续多年成为全球企业2000强、中国民营企业500强、广东企业百强、中国主板上市公司价值百强、广东纳税百强。

A公司是中国最具投资价值、最具成长性和最受尊敬上市公司之一，曾获"中国制药工业十强""中国最具品牌竞争力药企十强""广东省诚信示范企业""中国社会责任杰出企业奖"等荣誉称号。

1. 公司治理情况

在公司的董事会成员中，马某、许某夫妻二人分别在公司中担任董事长和总经理、副董事长和副总经理。A公司监事会的监事主席罗某一直任职于监事会，而公司监事马某曾任职于公司财务部门，在2016～2018年发生重大财务造假期间，监事会并未发表关于该公司内部治理问题的任何声明，也未对公司财务状况提出质疑。在独立董事构成上，A公司独立董事数量在董事会中的比例在大多数年份为1/3。在股权分布上，马某及其妻子许某的直接、间接持有股权达到了35%以上，而其余股东的持股比例均不及5%。

2. 公司盈利和经营现金流情况

近年来，医药行业的竞争愈演愈烈，且不断有新的竞争者涌入。在"大健康"的发展背景下，大多医药企业都向其核心业务的上下游产业进行了延伸，甚至向一些新兴的技术做扩展，将医药与人工智能（Artificial Intelligence，AI）、区块链、3D 打印等技术融合，这样的发展背景给 A 公司带来了不小的压力。如表 4-1 所示，公司的净利润在 2016～2018 年逐渐下降，公司的净利润从 33.37 亿元下滑到了 3.70 亿元，且公司的经营活动现金流从16.03 亿元下滑到了 3.06 亿元。

表 4-1　　　　A 公司 2016～2018 年的盈利和经营活动现金流情况　　　　单位：亿元

指标	2016 年	2017 年	2018 年
净利润	33.37	21.44	3.70
经营活动现金流	16.03	-48.40	3.06

资料来源：A 公司年报。

3. 公司资产周转情况

资产的周转情况是反映营运能力的重要指标，企业资产周转越快、流动性越高，其资产利用效率就越高，营运能力也就越强。根据表 4-2 可知，公司的存货周转天数从 2016 年的 265.93 天上升到 2018 年的 767.56 天；应收账款的周转天数从 2016 年的 46.95 天上升到 2018 年的 109.94 天。此外，公司的总资产周转天数也在 2016 年后大幅上升，于 2018 年达到 1500.00 天，这表明了公司的销售能力有所减弱，资产的利用效益并不理想。

表 4-2　　　　　A 公司 2016～2018 年的资产周转情况　　　　　单位：天

指标	2016 年	2017 年	2018 年
应收账款周转天数	46.95	50.62	109.94
存货周转天数	265.93	276.29	767.56
总资产周转天数	765.96	837.21	1500.00

资料来源：A 公司财务报表。

如表 4-3 所示，在资产周转天数大幅度提高的同时，公司的存货大幅度增长。根据 A 公司财务报表，2016～2018 年，A 公司的存货从 126.2 亿元增加到了 338.50 亿元，存货余额一直远远高于同行业水平。A 公司的存货在其2017 年报表重述前为 157 亿元，调整后骤然增加到了 352.5 亿元。同时，A

公司存货占总资产的比重在调整前一直处于20%~30%的范围，但在调整后的2017年和2018年，存货的占比分别达到了53.99%、46.28%，约为总资产的一半，远高于同行可比公司。

表4-3   A公司2016~2018年的存货情况

指标	2016年		2017年		2018年	
	存货 （亿元）	占资产比 （%）	存货 （亿元）	占资产比 （%）	存货 （亿元）	占资产比 （%）
A公司	126.20	23.02	352.50	53.99	338.50	46.28
行业平均	27.46	18.98	31.47	19.83	47.18	21.96

资料来源：A公司财务报表。

4. 公司融资情况

Wind数据显示，A公司上市以来累计募资803.93亿元，其中，直接融资679.98亿元，占比达84.85%；间接融资金额达123.95亿元，占比15.42%。直接融资方面，IPO首发融资2.26亿元，配股、定增、优先股和发债券融资分别为34.70亿元、96.52亿元、30.00亿元、516.50亿元。募集资金中有一半以上的资金都发生在2016~2018年。表4-4为2016年和2017年A公司的投资情况。

表4-4   A公司2016、2017年的投资情况   单位：元

对外投资项目	2016年投资	2017年投资
中药配方颗粒项目	646589355.45	—
HT国际中药城项目二期工程	276210067.62	101411852.89
PN中药材专业市场工程项目	309960924.82	18210697.03
中国-东盟YL中药材交易中心	21266884.28	4811280.65
甘肃DX中药材现代仓储物流及交易中心	52182390.53	406486314.80
QH国际中药城项目	248366455.01	185967315.04
SH中药饮片生产基地项目	73855176.77	51999927.26
青海YS虫草交易市场及加工中心	6499968.31	35672834.04
中国-东盟YL中药产业园	3000299.33	26051814.88

对外投资项目	2016 年投资	2017 年投资
PN 市保健食品项目	337896065. 97	——
合计	1975827588. 09	830612036. 59

资料来源：A 公司财务报表。

根据 A 公司 2018 年半年报，截至 2018 年上半年，公司货币资金余额为 399 亿元，占净资产的比例高达 119%；同时，有息负债高达 347 亿元，占净资产的比例为 104%。A 公司短期借款和货币现金的激增几乎同步发生，在存在巨额负债的同时，又拥有巨额存款，在支付高昂财务费用的同时，其账上还保留着大量存款，这并不太符合财务管理的目标及商业逻辑。

5. 内控情况

从公司的控制环境来看，长期以来，根据各年年报中的股权分布可以看出，公司的总经理兼董事长马某是公司大股东的实际控制人并担任董事长，其妻子许某为公司副总经理兼副董事长，并担任监事，其近亲属也在公司的股东或关联方公司中担任经理、董事等职务。

从控制活动来看，公司在《关于前期会计差错更正的公告》中称其 2017 年存货少计约 195.46 亿元，货币资金多计 299.44 亿元，营业收入多计 88.98 亿元，营业成本多计 76.62 亿元等共计 14 项重大"会计差错"。根据 A 公司财务报表，从存货来看，在公司调增的 2017 年"会计差错"少计存货 195.46 亿元中，仅库存商品这一个科目的调整就达到了约 178.24 亿元，约为调整前的 3 倍；而在 2013 年末，公司账面上的存货仅有 37.86 亿元，但截至 2017 年末，公司的存货已达到了 352.79 亿元（调整后）。

6. 外部审计情况

根据中国研究数据服务平台（CNRDS）[①] 的数据显示，A 公司自 2001 年上市以来，其年报与内控审计一直由广东某会计师事务所负责。项目负责人由杨某等 7 名注册会计师轮流担任，其中，杨某与何某曾断断续续担任项目合伙人达 10 年以上。随着公司经营范围和规模的扩大，审计费用也逐年递增，根据公司披露出来的数据统计，2016～2018 年 A 公司共支付的审计费用

---

① https：//www.cnrds.com/.

达到 1445 万元。其中，2016～2018 年共支付的内部控制审计费用为 380 万元。这 3 年，某会计师事务所同时作为公司的外部审计和内部控制审计者共从 A 公司获得 1825 万元的收入。该事务所对 A 公司 2001～2017 年的年报均出具了标准无保留的审计意见。另外，A 公司在其 2019 年 6 月的年度股东大会上仍审议通过了续聘该会计师事务所为审计机构的议案，这引发了社会公众的争议，即使该决议并不违反法律的规定，但却不太符合正常逻辑。在 A 公司爆雷前的 17 年内，该事务所都一直未能发现其舞弊行为，这从侧面反映了其审计质量存在一定的缺陷，未对公司起到良好的监督作用，也未能维护好投资者的利益。

（二）A 公司财务造假事件回顾

自上市以来，A 公司财务报告存在问题的质疑声一直存在，如公司市值增加过快、货币资金虚高、公司可能存在利益输送问题等；但在公司实力迅速增强、公司声誉不断提高的背景下，质疑声很快得到平息。

2018 年 10 月，接连不断有财经媒体质疑 A 公司的财务数据存在异常。事实上，从 2012～2018 年的年报中可以看出，A 公司的短期借款从 15 亿元增长到 124.52 亿元，短期借款的增幅远高于货币资金的增幅。公司的数百亿现金"躺"在账上，既不购买理财产品，也不还贷，导致了存贷双高的现象，每年浪费将近数十亿元的财务费用。

2018 年 10 月 18 日，A 公司发布公告对一些问题进行了澄清和解释。针对媒体质疑的"公司存贷双高"问题，A 公司称账面货币资金数额大是由于为了满足企业的业务扩张以及维持公司正常的业务经营和中药材贸易，作为民营企业，公司筹资较困难，因而贷款规模一直较高；对于公司高比率的股权质押问题，A 公司解释这些资金主要用于日常经营、进行长期股权投资、增资等；而公司中药材贸易毛利率较高则是由于公司在中医药产业链的布局拥有优势，但 A 公司的解释并没有使投资者信服，市场上众说纷纭，A 公司股价连续下跌，并多次收到上海证券交易所发出的问询函。2018 年 12 月 28 日，A 公司因涉嫌信息违规违法披露被证监会正式立案调查。接到证监会的立案调查通知后，A 公司股票交易又多次出现异常波动，甚至出现了停牌。由于公司处于被调查阶段，关联方资金往来披露不完全以及公司下属子公司部分工程项目资料不完整，A 公司 2018 年的年度财务报表被会计师事务所出具保留意见。

2019 年 4 月 30 日，A 公司对外发布《关于前期会计差错更正的公告》。在该公告中，公司对 2017 年的财务报表进行了重述，详细阐述了在 2018 年以前其营业收入、营业成本、费用及款项收付方面账实不符的情况。这之中涉及：存货少计约 195.46 亿元，货币资金多计 299.44 亿元，营业收入多计 88.98 亿元，营业成本多计 76.62 亿元等共计 14 项"会计差错"。在提交年报的最后一天，A 公司突然自曝巨额"会计差错"，再次引发了外界的一片哗然。

2019 年 5 月 17 日，证监会通报了对 A 公司股份有限公司案的调查进展，初步查明 A 公司在 2016 ~ 2018 年的财务报告存在重大造假。造假行为主要包括使用虚假银行单据的形式虚增存款，通过伪造业务凭证的方式进行收入造假，把部分资金转入关联方账户买卖本公司的股票，涉嫌违反《中华人民共和国证券法》的相关规定。随后，A 公司于 2019 年 5 月 20 日主动实施风险警示暨公司股票停牌的提示性公告，自 2019 年 5 月 21 日开始 A 公司股票简称变更为"ST"，日涨跌限幅从 10% 降为 5%。

（三）A 公司财务造假手段

1. 虚增货币基金

A 公司自 2010 年起开始迅速扩张，陆续开发了中药材现代仓储物流园、物流配送中心、中药产业园等众多项目，同时也在向房地产等行业涉足。大规模的快速扩张需要大量的资金投入，且投资回收期较长，对公司的经营资金产生了巨大的考验。在资金压力下，A 公司选择了虚增货币资金以稳定公司经营状况，从而获取投资者的信任，稳定公司股价，方便向其他金融机构进一步融资。

根据证监会发布的 A 公司的处罚内容可知，公司通过不记账、虚假记账、伪造与变造大额定期存单或银行对账单、配合营业收入造假伪造销售回款等方式，虚增货币资金。

A 公司 2016 年度报告、2017 年度报告和 2018 年度半年报分别披露了虚增货币资金 225.49 亿元、299.44 亿元、361.88 亿元，占公司披露总资产的 41.13%、43.57%、45.96%，占公司披露净资产的 76.74%、93.18%、108.24%，呈明显的递增趋势（见表 4 - 5）。

表4-5 A公司虚增资金情况

会计项目	2016 年	2017 年	2018 年中
虚增资金（亿元）	225.49	299.44	361.88
占披露总资产的比重（%）	41.13	43.57	45.96
占披露净资产的比重（%）	76.74	93.18	108.24

资料来源：中国证监会 2020 年 5 月 13 日公告《中国证监会行政处罚决定书》。

2. 虚增非流动资产

根据证监会通报的处罚书可知，A 公司在 2018 年年度报告中将前期未纳入报表的 BZ 华佗国际中药城、PN 中药城、PN 中药城中医馆、BZ 新世界、甘肃 LX 中药城、YL 中药产业园 6 个都不符合会计确认和计量条件的工程项目纳入表内，分别调增固定资产 11.89 亿元，投资性房地产 20.15 亿元，在建工程 4.01 亿元，合计共调增资产 36.05 亿元（见表 4-6）。其中，虚增项目最大的是投资性房地产，虚增金额为 20.15 亿元，其次是固定资产。

表4-6 A公司虚增非流动资产情况

会计项目	投资性房地产	固定资产	在建工程	合计
虚增金额（亿元）	20.15	11.89	4.01	36.05

资料来源：中国证监会 2020 年 5 月 13 日公告《中国证监会行政处罚决定书》。

3. 虚增营业收入

A 公司通过仿造、变造增值税发票等方式虚增营业收入。从 A 公司年报中可以看出，《2016 年年度报告》《2017 年年度报告》《2018 年半年度报告》《2018 年年度报告》分别虚增营业收入 89.99 亿元、100.32 亿元、84.84 亿元、16.13 亿元；多计利息收入分别高达 1.51 亿元、2.28 亿元、1.31 亿元；虚增营业利润分别为 6.56 亿元、12.51 亿元、1.65 亿元、20.29 亿元（见表4-7）。

表4-7 A公司虚增营业收入、营业利润情况　　　　　金额单位：亿元

年度	虚增营业收入	多计利息收入	虚增营业利润	占利润总额比（%）
2016 年	89.99	1.51	6.56	16.44

续表

年度	虚增营业收入	多计利息收入	虚增营业利润	占利润总额比（％）
2017 年	100.32	2.28	12.51	25.91
2018 年中	84.84	1.31	20.29	65.52
2018 年	16.13	—	1.65	12.11

资料来源：中国证监会 2020 年 5 月 13 日公告《中国证监会行政处罚决定书》。

4. 未按规定披露关联交易情况

根据证监会《行政处罚及市场禁入事先告知书》的公告表明，2016 年 1 月 1 日~2018 年 12 月 31 日，A 公司在未经过决策审批或授权程序的情况下，累计向控股股东及其关联方提供非经营性资金 116.19 亿元，主要用于购买股票、替控股股东及其关联方偿还融资本息、垫付解质押款或支付收购溢价款等。

（四）证监会处罚

对于 A 公司长达 3 年的财务造假案件，证监会表示，A 公司的造假行为是有预谋、有组织、长期且系统的。A 公司恶意欺骗投资者，造成极其恶劣的影响和特别严重的后果。2019 年 8 月 17 日，A 公司发布公告称接到中国证券监督管理委员会下发的关于公司《行政处罚及市场禁入事先告知书》。之后经过有关部门继续调查取证，2020 年 5 月 14 日，A 公司股份有限公司正式收到证监会发出的《行政处罚决定书》《市场禁入决定书》，其中提道：经查实，A 公司所披露的 2016~2018 年年度报表中虚增资产类项目以及营业收入和利润，未按规定披露控股股东及其关联方非经营性占用资金的关联交易情况。根据 2005 年修订的《中华人民共和国证券法》，给予 A 公司股份有限公司警告并责令改正，罚款 60 万元。此外，对 A 公司董事以及高管人员马某等给予警告，并分别处以 20 万元的罚款；对张某等给予警告，并分别处以 15 万元的罚款；对唐某等给予警告，并分别处以 10 万元的罚款。对于 A 公司及相关责任人的累计处罚金额总计为 595 万元。

除这次处罚外，A 公司曾多次进行违规操作。A 公司及马某在 2000~2019 年先后 5 次卷入贪腐案件，为其发行上市、当选人大代表和投资办企等寻求便利，分别向李某等 5 人进行高额行贿；此外，公司在 2009~2010 年借着三七价格猛涨之际，囤积大量三七然后抛售，从中赚取上亿元收入，遭到了国家发改委的提醒告诫，2012 年也有媒体曝光其土地购买及项目建设等涉嫌造假。上述违规操作的主要目的都是为公司或个人谋求不正当的利益，但均未受到问责和处罚。

思考题

1. A 公司治理存在哪些问题？

2. 造成 A 公司经营现金流下降的原因有哪些？

3. 为什么存贷双高不符合财务原理？

4. 高贷款会传递哪些信号？

5. A 公司内部控制存在哪些问题？

6. 为什么 A 公司连续多年存在财务舞弊行为，而中介公司出具的均是标准无保留的审计意见？

7. A 公司财务造假的手段有哪些？

8. 从附录一中找出财务造假处罚规定。

9. 对比附录一和附录二，找出中美关于上市公司财务造假的处罚有哪些不同。

10. 结合财务造假动因的 3 种理论，分析 A 公司财务造假原因。

11. 结合 A 公司案例，分析如何避免上市公司财务造假行为。

二、涉及知识点

本案例涉及的知识点主要包括财务造假动因理论、公司治理理论、资本结构理论。

财务造假动因理论主要包括舞弊三角理论、GONE 理论和风险因子理论。舞弊三角理论认为，造假由压力、机会和合理化借口三因素构成；GONE 理论认为造假由贪婪、机会、需要和暴露四因素构成；风险因子理论认为财务造假是因风险因子的存在而产生的，财务造假风险因子按照能否被外部环境控制可以划分为个别风险因子和一般风险因子两种类型。

委托代理理论认为在信息不对称下，企业所有者的收益最大化目标和经营者的个人收益最大化目标之间产生了偏离，因此经理人可能会出现牟取私利、偷懒等机会主义行为。公司治理最本质上解决的是因所有权和控制权分离所产生的代理问题，因此公司治理应当设计最优的治理结构或保障机制，以保证代理人遵照委托人的利益行事。

资本结构理论是公司金融的核心内容。早期的资本结构理论包括净收益理论、净营业收益理论和折衷理论。现代资本结构理论包括 MM 理论、优序融资理论、代理理论和信号传递理论等。

三、要点分析

（一）财务造假动因

国内外关于财务造假动因的理论主要有：舞弊三角理论、GONE 理论和风险因子理论。史蒂文·阿伯雷齐特（W. Steve Albrecht）提出了"舞弊三角理论"。该理论认为，造假由 3 个要素构成：压力、机会和合理化借口。这 3 个要素相互作用，共同影响财务舞弊的产生与否，三者缺一不可。"压力"是促使行为主体产生造假需要的因素，一般来源于过高的财务状况、财务指标的期望值，或公司经营受阻、面临财务困境，现金流短缺，或纯粹追求过高利益等。"机会"是使造假行为可以顺利实施的内部环境和外在条件，当企业内部控制无法发现财务造假行为或干脆沦为造假的遮羞布，而外部监管机构和审计程序又因执行不力导致无法发现造假行为时，财务造假便产生了机会。也就是说，机会是组织内部环境和外部环境存在的客观因素，为造假主体实施造假提供了便利，使财务造假行为成为可能。当主体面临压力并获得机会后，完成造假还需要使造假"合理化的借口"，它与一个人的道德品质密切相关，对造假主体而言是一种心理安慰。造假者通常有歪曲的道德价值判断标准，往往会找各种各样的借口以使自己的造假行为更加合理化，如"这只是暂时的资金周转需要""暂时不披露是没有问题的""维护公司一直以来的良好形象""有了股票融资公司的繁荣指日可待"等。造假者不断进行自我催眠，在不良道德观念和行为准则的推动下，造假已然成为一种符合其价值标准的行为。

GONE 理论由美国学者伯洛格那（G. Jack Bologna）等提出。GONE 理论的 4 个字母分别代表造假动因的不同要素："G"为"Greed"，即贪婪；"O"为"Opportunity"，即机会；"N"为"Need"，即需要；"E"为"Exposure"，即暴露。这 4 个因子相互影响、相互作用，共同决定了舞弊行为是否会发生。

也就是说，当造假者本身具有贪欲，并且需要达到某一特定目的或获取不当利益时，只要有机会，并认为暴露（被发现）的可能性不大或成本不高，就一定会进行造假。"贪婪"是行为主体自身的一种特征，体现了对金钱权利的巨大欲望和追求，与其紧密联系的是公司管理层的诚信道德观，如很多大股东受到自身利益的驱动会侵占中小股东的权益，或者为了 IPO 上市而进行财务造假，中介机构同样也会为了获取更高的服务费与公司合谋造假。"机会"同造假者的权利有关，主要取决于造假主体的内部环境，若公司内部治理、内部控制存在问题，而董事会、监事会、独立董事又无法发挥其监督作用时，财务造假就有了可乘之机，所以"机会"给造假带来了可行性和便利条件。"需要"体现为造假主体迫切想要达到的目的，当公司有了不良需求，就构成了造假行为的动机。近年来，财务造假公司的需求主要集中在获取上市资格、上市后的融资需求、避免退市 3 个方面，这 3 个方面都和财务报表数据密切相关，所以上市公司为了达成上述需求往往会铤而走险粉饰报表数据，进行财务造假。"暴露"则主要取决于造假主体的外部环境，主要由两部分组成：一是造假行为被发现的可能性程度；二是造假主体被发现后受到惩罚的性质和力度。它实质上代表了造假行为的成本，并将影响造假主体最后做出是否实施造假的决定。另外，审计机构的纵容和默许会使得财务造假被发现的可能性降低，监管部门的执法不严以及惩罚力度较轻，更会放任上市公司实施财务造假行为。GONE 理论四因子之间关系紧密，当管理层产生了牟取巨额财富等"贪婪"的欲望，或为了实现公司上市、增发股票等业绩目标以提高自身的经济利益时，造假的"需要"也由此产生；加上管理层在公司拥有特殊的地位和权力，则会使其能较容易地获得造假的"机会"；而"暴露"则主要取决于公司外部监管部门的监管能力以及发现后的处罚力度，如果被发现的概率较小、成本远低于造假所带来的利益，那么出于侥幸心理和内心的权衡，管理层很可能会陷入造假的深渊。正是由于需要、机会、暴露、贪婪这 4 个风险因子的相互作用，财务造假行为才得以发生。

风险因子理论是 GONE 理论的延伸。该理论认为财务造假是由于财务造假风险因子的存在而产生的，财务造假风险因子按照能否被外部环境控制可以划分为个别风险因子和一般风险因子两种类型。"个别风险因子"是指与个体自身因素有关，不被外部环境控制的因子，主要包括道德品质和造假动机；"一般风险因子"是指能够被外部环境所控制的因素，主要包括造假的外在机会、被发现的概率及受到惩罚的性质和力度。由于舞弊风险因子理论是在 GONE 理论的研究上拓展形成的，因此二者具有紧密的关联性。风险因子理论中的"个别风险因子"等同于 GONE 理论中的"需要"和"贪婪"，而风险因子理论中的"一般风险因子"等同于 GONE 理论中的"机会"和"暴露"。

（二）　主要财务指标解释

净利润是企业当期利润总额减去所得税后的金额，即企业的税后利润。

经营活动现金流是经营现金毛流量扣除净营运资本增加后企业可提供的现金流量。

应收账款周转天数是企业从取得应收账款的权利到收回款项，并转换为现金所需要的时间。

存货周转天数是企业生产出商品后，直到销售完成所经历的天数。

总资产周转天数是反映企业所有资产总额周转情况的重要指标。

四、案例教学使用说明

（一）　教学目的与用途

本案例教学适用于"公司金融学""金融监管""证券投资学"等课程。如将本案例用于其他相关课程，本案例说明可做相关调整。

本案例以财务造假危机为例，向学生展示财务造假的过程和手段，有利于引导学生了解上市公司财务造假的手段和动因，以及我国上市公司财务造假方面监管的实践。同时，在分析案例的过程中，有利于培养学生利用相关理论知识分析证券投资价值的能力。

（二）　课程安排

本案例可以作为专门的案例讨论课来进行。课堂安排大致如下：

（1）整个案例的课堂时间控制在 80 分钟左右。

（2）课前计划：布置思考题，要求学生在课前完成相关材料的阅读。

（3）课中计划：

①案例回顾（10 分钟）。

②分组讨论（20 分钟）。

③小组发言（每组 5 分钟左右，控制在 30 分钟）。

④集体讨论、归纳总结（20 分钟左右）。

（4）课后计划：请学生以小组为单位搜索该案例的相关资料，撰写案例分析报告。

参考文献

［1］陈雨露．公司理财（第三版）［M］．北京：高等教育出版社，2014.

［2］黄世忠．财务报表分析：理论，框架，方法与案例［M］．北京：中国财政经济出版社，2007.

［3］罗斯，刘薇芳，沈艺峰，等．罗斯公司理财：原理与应用［M］．北京：中国人民大学出版社，2009.

［4］吴晓求．证券投资学（第四版）［M］．北京：中国人民大学出版社，2014.

［5］张新民，钱爱民．财务报表分析（第 5 版·立体化数字教材版）［M］．北京：中国人民大学出版社，2019.

附录一

《中华人民共和国证券法》中的
法律责任条款（节选）

第一百八十条　违反本法第九条的规定，擅自公开或者变相公开发行证券的，责令停止发行，退还所募资金并加算银行同期存款利息，处以非法所募资金金额百分之五以上百分之五十以下的罚款；对擅自公开或者变相公开发行证券设立的公司，由依法履行监督管理职责的机构或者部门会同县级以上地方人民政府予以取缔。对直接负责的主管人员和其他直接责任人员给予警告，并处以五十万元以上五百万元以下的罚款。

第一百八十一条　发行人在其公告的证券发行文件中隐瞒重要事实或者编造重大虚假内容，尚未发行证券的，处以二百万元以上二千万元以下的罚款；已经发行证券的，处以非法所募资金金额百分之十以上一倍以下的罚款。对直接负责的主管人员和其他直接责任人员，处以一百万元以上一千万元以下的罚款。

发行人的控股股东、实际控制人组织、指使从事前款违法行为的，没收违法所得，并处以违法所得百分之十以上一倍以下的罚款；没有违法所得或者违法所得不足二千万元的，处以二百万元以上二千万元以下的罚款。对直接负责的主管人员和其他直接责任人员，处以一百万元以上一千万元以下的罚款。

第一百八十二条　保荐人出具有虚假记载、误导性陈述或者重大遗漏的保荐书，或者不履行其他法定职责的，责令改正，给予警告，没收业务收入，并处以业务收入一倍以上十倍以下的罚款；没有业务收入或者业务收入不足一百万元的，处以一百万元以上一千万元以下的罚款；情节严重的，并处暂停或者撤销保荐业务许可。对直接负责的主管人员和其他直接责任人员给予警告，并处以五十万元以上五百万元以下的罚款。

第一百八十三条　证券公司承销或者销售擅自公开发行或者变相公开发行的证券的，责令停止承销或者销售，没收违法所得，并处以违法所得一倍以上十倍以下的罚款；没有违法所得或者违法所得不足一百万元的，处以一百万元以上一千万元以下的罚款；情节严重的，并处暂停或者撤销相关业务许可。给投资者造成损失的，应当与发行人承担连带赔偿责任。对直接负责的主管人员和其他直接责任人员给予警告，并处以五十万元以上五百万元以下的罚款。

第一百八十四条 证券公司承销证券违反本法第二十九条规定的，责令改正，给予警告，没收违法所得，可以并处五十万元以上五百万元以下的罚款；情节严重的，暂停或者撤销相关业务许可。对直接负责的主管人员和其他直接责任人员给予警告，可以并处二十万元以上二百万元以下的罚款；情节严重的，并处以五十万元以上五百万元以下的罚款。

第一百八十五条 发行人违反本法第十四条、第十五条的规定擅自改变公开发行证券所募集资金的用途的，责令改正，处以五十万元以上五百万元以下的罚款；对直接负责的主管人员和其他直接责任人员给予警告，并处以十万元以上一百万元以下的罚款。

发行人的控股股东、实际控制人从事或者组织、指使从事前款违法行为的，给予警告，并处以五十万元以上五百万元以下的罚款；对直接负责的主管人员和其他直接责任人员，处以十万元以上一百万元以下的罚款。

第一百八十六条 违反本法第三十六条的规定，在限制转让期内转让证券，或者转让股票不符合法律、行政法规和国务院证券监督管理机构规定的，责令改正，给予警告，没收违法所得，并处以买卖证券等值以下的罚款。

第一百八十七条 法律、行政法规规定禁止参与股票交易的人员，违反本法第四十条的规定，直接或者以化名、借他人名义持有、买卖股票或者其他具有股权性质的证券的，责令依法处理非法持有的股票、其他具有股权性质的证券，没收违法所得，并处以买卖证券等值以下的罚款；属于国家工作人员的，还应当依法给予处分。

第一百八十八条 证券服务机构及其从业人员，违反本法第四十二条的规定买卖证券的，责令依法处理非法持有的证券，没收违法所得，并处以买卖证券等值以下的罚款。

第一百八十九条 上市公司、股票在国务院批准的其他全国性证券交易场所交易的公司的董事、监事、高级管理人员、持有该公司百分之五以上股份的股东，违反本法第四十四条的规定，买卖该公司股票或者其他具有股权性质的证券的，给予警告，并处以十万元以上一百万元以下的罚款。

第一百九十条　违反本法第四十五条的规定，采取程序化交易影响证券交易所系统安全或者正常交易秩序的，责令改正，并处以五十万元以上五百万元以下的罚款。对直接负责的主管人员和其他直接责任人员给予警告，并处以十万元以上一百万元以下的罚款。

第一百九十一条　证券交易内幕信息的知情人或者非法获取内幕信息的人违反本法第五十三条的规定从事内幕交易的，责令依法处理非法持有的证券，没收违法所得，并处以违法所得一倍以上十倍以下的罚款；没有违法所得或者违法所得不足五十万元的，处以五十万元以上五百万元以下的罚款。单位从事内幕交易的，还应当对直接负责的主管人员和其他直接责任人员给予警告，并处以二十万元以上二百万元以下的罚款。国务院证券监督管理机构工作人员从事内幕交易的，从重处罚。

违反本法第五十四条的规定，利用未公开信息进行交易的，依照前款的规定处罚。

第一百九十二条　违反本法第五十五条的规定，操纵证券市场的，责令依法处理其非法持有的证券，没收违法所得，并处以违法所得一倍以上十倍以下的罚款；没有违法所得或者违法所得不足一百万元的，处以一百万元以上一千万元以下的罚款。单位操纵证券市场的，还应当对直接负责的主管人员和其他直接责任人员给予警告，并处以五十万元以上五百万元以下的罚款。

第一百九十三条　违反本法第五十六条第一款、第三款的规定，编造、传播虚假信息或者误导性信息，扰乱证券市场的，没收违法所得，并处以违法所得一倍以上十倍以下的罚款；没有违法所得或者违法所得不足二十万元的，处以二十万元以上二百万元以下的罚款。

违反本法第五十六条第二款的规定，在证券交易活动中作出虚假陈述或者信息误导的，责令改正，处以二十万元以上二百万元以下的罚款；属于国家工作人员的，还应当依法给予处分。

传播媒介及其从事证券市场信息报道的工作人员违反本法第五十六条第三款的规定，从事与其工作职责发生利益冲突的证券买卖的，没收违法所得，并处以买卖证券等值以下的罚款。

第一百九十四条　证券公司及其从业人员违反本法第五十七条的规定，有损害客户利益的行为的，给予警告，没收违法所得，并处以违法所得一倍以上十倍以下的罚款；没有违法所得或者违法所得不足十万元的，处以十万元以上一百万元以下的罚款；情节严重的，暂停或者撤销相关业务许可。

第一百九十五条 违反本法第五十八条的规定，出借自己的证券账户或者借用他人的证券账户从事证券交易的，责令改正，给予警告，可以处五十万元以下的罚款。

第一百九十六条 收购人未按照本法规定履行上市公司收购的公告、发出收购要约义务的，责令改正，给予警告，并处以五十万元以上五百万元以下的罚款。对直接负责的主管人员和其他直接责任人员给予警告，并处以二十万元以上二百万元以下的罚款。

收购人及其控股股东、实际控制人利用上市公司收购，给被收购公司及其股东造成损失的，应当依法承担赔偿责任。

第一百九十七条 信息披露义务人未按照本法规定报送有关报告或者履行信息披露义务的，责令改正，给予警告，并处以五十万元以上五百万元以下的罚款；对直接负责的主管人员和其他直接责任人员给予警告，并处以二十万元以上二百万元以下的罚款。发行人的控股股东、实际控制人组织、指使从事上述违法行为，或者隐瞒相关事项导致发生上述情形的，处以五十万元以上五百万元以下的罚款；对直接负责的主管人员和其他直接责任人员，处以二十万元以上二百万元以下的罚款。

信息披露义务人报送的报告或者披露的信息有虚假记载、误导性陈述或者重大遗漏的，责令改正，给予警告，并处以一百万元以上一千万元以下的罚款；对直接负责的主管人员和其他直接责任人员给予警告，并处以五十万元以上五百万元以下的罚款。发行人的控股股东、实际控制人组织、指使从事上述违法行为，或者隐瞒相关事项导致发生上述情形的，处以一百万元以上一千万元以下的罚款；对直接负责的主管人员和其他直接责任人员，处以五十万元以上五百万元以下的罚款。

第一百九十八条 证券公司违反本法第八十八条的规定未履行或者未按照规定履行投资者适当性管理义务的，责令改正，给予警告，并处以十万元以上一百万元以下的罚款。对直接负责的主管人员和其他直接责任人员给予警告，并处以二十万元以下的罚款。

第一百九十九条 违反本法第九十条的规定征集股东权利的，责令改正，给予警告，可以处五十万元以下的罚款。

第二百条 非法开设证券交易场所的，由县级以上人民政府予以取缔，没收违法所得，并处以违法所得一倍以上十倍以下的罚款；没有违法所得或者违法所得不足一百万元的，处以一百万元以上一千万元以下的罚款。对直接负责的主管人员和其他直接责任人员给予警告，并处以二十万元以上二百万元以下的罚款。

证券交易所违反本法第一百零五条的规定，允许非会员直接参与股票的集中交易的，责令改正，可以并处五十万元以下的罚款。

第二百零一条　证券公司违反本法第一百零七条第一款的规定，未对投资者开立账户提供的身份信息进行核对的，责令改正，给予警告，并处以五万元以上五十万元以下的罚款。对直接负责的主管人员和其他直接责任人员给予警告，并处以十万元以下的罚款。

证券公司违反本法第一百零七条第二款的规定，将投资者的账户提供给他人使用的，责令改正，给予警告，并处以十万元以上一百万元以下的罚款。对直接负责的主管人员和其他直接责任人员给予警告，并处以二十万元以下的罚款。

第二百零二条　违反本法第一百一十八条、第一百二十条第一款、第四款的规定，擅自设立证券公司、非法经营证券业务或者未经批准以证券公司名义开展证券业务活动的，责令改正，没收违法所得，并处以违法所得一倍以上十倍以下的罚款；没有违法所得或者违法所得不足一百万元的，处以一百万元以上一千万元以下的罚款。对直接负责的主管人员和其他直接责任人员给予警告，并处以二十万元以上二百万元以下的罚款。对擅自设立的证券公司，由国务院证券监督管理机构予以取缔。

证券公司违反本法第一百二十条第五款规定提供证券融资融券服务的，没收违法所得，并处以融资融券等值以下的罚款；情节严重的，禁止其在一定期限内从事证券融资融券业务。对直接负责的主管人员和其他直接责任人员给予警告，并处以二十万元以上二百万元以下的罚款。

第二百零三条　提交虚假证明文件或者采取其他欺诈手段骗取证券公司设立许可、业务许可或者重大事项变更核准的，撤销相关许可，并处以一百万元以上一千万元以下的罚款。对直接负责的主管人员和其他直接责任人员给予警告，并处以二十万元以上二百万元以下的罚款。

第二百零四条　证券公司违反本法第一百二十二条的规定，未经核准变更证券业务范围，变更主要股东或者公司的实际控制人，合并、分立、停业、解散、破产的，责令改正，给予警告，没收违法所得，并处以违法所得一倍以上十倍以下的罚款；没有违法所得或者违法所得不足五十万元的，处以五十万元以上五百万元以下的罚款；情节严重的，并处撤销相关业务许可。对直接负责的主管人员和其他直接责任人员给予警告，并处以二十万元以上二百万元以下的罚款。

第二百零五条 证券公司违反本法第一百二十三条第二款的规定，为其股东或者股东的关联人提供融资或者担保的，责令改正，给予警告，并处以五十万元以上五百万元以下的罚款。对直接负责的主管人员和其他直接责任人员给予警告，并处以十万元以上一百万元以下的罚款。股东有过错的，在按照要求改正前，国务院证券监督管理机构可以限制其股东权利；拒不改正的，可以责令其转让所持证券公司股权。

第二百零六条 证券公司违反本法第一百二十八条的规定，未采取有效隔离措施防范利益冲突，或者未分开办理相关业务、混合操作的，责令改正，给予警告，没收违法所得，并处以违法所得一倍以上十倍以下的罚款；没有违法所得或者违法所得不足五十万元的，处以五十万元以上五百万元以下的罚款；情节严重的，并处撤销相关业务许可。对直接负责的主管人员和其他直接责任人员给予警告，并处以二十万元以上二百万元以下的罚款。

第二百零七条 证券公司违反本法第一百二十九条的规定从事证券自营业务的，责令改正，给予警告，没收违法所得，并处以违法所得一倍以上十倍以下的罚款；没有违法所得或者违法所得不足五十万元的，处以五十万元以上五百万元以下的罚款；情节严重的，并处撤销相关业务许可或者责令关闭。对直接负责的主管人员和其他直接责任人员给予警告，并处以二十万元以上二百万元以下的罚款。

第二百零八条 违反本法第一百三十一条的规定，将客户的资金和证券归入自有财产，或者挪用客户的资金和证券的，责令改正，给予警告，没收违法所得，并处以违法所得一倍以上十倍以下的罚款；没有违法所得或者违法所得不足一百万元的，处以一百万元以上一千万元以下的罚款；情节严重的，并处撤销相关业务许可或者责令关闭。对直接负责的主管人员和其他直接责任人员给予警告，并处以五十万元以上五百万元以下的罚款。

第二百零九条 证券公司违反本法第一百三十四条第一款的规定接受客户的全权委托买卖证券的，或者违反本法第一百三十五条的规定对客户的收益或者赔偿客户的损失作出承诺的，责令改正，给予警告，没收违法所得，并处以违法所得一倍以上十倍以下的罚款；没有违法所得或者违法所得不足五十万元的，处以五十万元以上五百万元以下的罚款；情节严重的，并处撤销相关业务许可。对直接负责的主管人员和其他直接责任人员给予警告，并处以二十万元以上二百万元以下的罚款。

证券公司违反本法第一百三十四条第二款的规定，允许他人以证券公司的名义直接参与证券的集中交易的，责令改正，可以并处五十万元以下的罚款。

第二百一十条　证券公司的从业人员违反本法第一百三十六条的规定，私下接受客户委托买卖证券的，责令改正，给予警告，没收违法所得，并处以违法所得一倍以上十倍以下的罚款；没有违法所得的，处以五十万元以下的罚款。

第二百一十一条　证券公司及其主要股东、实际控制人违反本法第一百三十八条的规定，未报送、提供信息和资料，或者报送、提供的信息和资料有虚假记载、误导性陈述或者重大遗漏的，责令改正，给予警告，并处以一百万元以下的罚款；情节严重的，并处撤销相关业务许可。对直接负责的主管人员和其他直接责任人员，给予警告，并处以五十万元以下的罚款。

第二百一十二条　违反本法第一百四十五条的规定，擅自设立证券登记结算机构的，由国务院证券监督管理机构予以取缔，没收违法所得，并处以违法所得一倍以上十倍以下的罚款；没有违法所得或者违法所得不足五十万元的，处以五十万元以上五百万元以下的罚款。对直接负责的主管人员和其他直接责任人员给予警告，并处以二十万元以上二百万元以下的罚款。

第二百一十三条　证券投资咨询机构违反本法第一百六十条第二款的规定擅自从事证券服务业务，或者从事证券服务业务有本法第一百六十一条规定行为的，责令改正，没收违法所得，并处以违法所得一倍以上十倍以下的罚款；没有违法所得或者违法所得不足五十万元的，处以五十万元以上五百万元以下的罚款。对直接负责的主管人员和其他直接责任人员，给予警告，并处以二十万元以上二百万元以下的罚款。

会计师事务所、律师事务所以及从事资产评估、资信评级、财务顾问、信息技术系统服务的机构违反本法第一百六十条第二款的规定，从事证券服务业务未报备案的，责令改正，可以处二十万元以下的罚款。

证券服务机构违反本法第一百六十三条的规定，未勤勉尽责，所制作、出具的文件有虚假记载、误导性陈述或者重大遗漏的，责令改正，没收业务收入，并处以业务收入一倍以上十倍以下的罚款，没有业务收入或者业务收入不足五十万元的，处以五十万元以上五百万元以下的罚款；情节严重的，并处暂停或者禁止从事证券服务业务。对直接负责的主管人员和其他直接责任人员给予警告，并处以二十万元以上二百万元以下的罚款。

第二百一十四条　发行人、证券登记结算机构、证券公司、证券服务机构未按照规定保存有关文件和资料的，责令改正，给予警告，并处以十万元以上一百万元以下的罚款；泄露、隐匿、伪造、篡改或者毁损有关文件和资料的，给予警告，并处以二十万元以上二百万元以下的罚款；情节严重的，处以五十万元以上五百万元以下的罚款，并处暂停、撤销相关业务许可或者禁止从事相关业务。对直接负责的主管人员和其他直接责任人员给予警告，并处以十万元以上一百万元以下的罚款。

第二百一十五条　国务院证券监督管理机构依法将有关市场主体遵守本法的情况纳入证券市场诚信档案。

第二百一十六条　国务院证券监督管理机构或者国务院授权的部门有下列情形之一的，对直接负责的主管人员和其他直接责任人员，依法给予处分：

（一）对不符合本法规定的发行证券、设立证券公司等申请予以核准、注册、批准的；

（二）违反本法规定采取现场检查、调查取证、查询、冻结或者查封等措施的；

（三）违反本法规定对有关机构和人员采取监督管理措施的；

（四）违反本法规定对有关机构和人员实施行政处罚的；

（五）其他不依法履行职责的行为。

第二百一十七条　国务院证券监督管理机构或者国务院授权的部门的工作人员，不履行本法规定的职责，滥用职权、玩忽职守，利用职务便利牟取不正当利益，或者泄露所知悉的有关单位和个人的商业秘密的，依法追究法律责任。

第二百一十八条　拒绝、阻碍证券监督管理机构及其工作人员依法行使监督检查、调查职权，由证券监督管理机构责令改正，处以十万元以上一百万元以下的罚款，并由公安机关依法给予治安管理处罚。

第二百一十九条　违反本法规定，构成犯罪的，依法追究刑事责任。

第二百二十条　违反本法规定，应当承担民事赔偿责任和缴纳罚款、罚金、违法所得，违法行为人的财产不足以支付的，优先用于承担民事赔偿责任。

第二百二十一条　违反法律、行政法规或者国务院证券监督管理机构的有关规定，情节严重的，国务院证券监督管理机构可以对有关责任人员采取证券市场禁入的措施。

前款所称证券市场禁入，是指在一定期限内直至终身不得从事证券业务、证券服务业务，不得担任证券发行人的董事、监事、高级管理人员，或者一定期限内不得在证券交易所、国务院批准的其他全国性证券交易场所交易证券的制度。

第二百二十二条　依照本法收缴的罚款和没收的违法所得，全部上缴国库。

第二百二十三条　当事人对证券监督管理机构或者国务院授权的部门的处罚决定不服的，可以依法申请行政复议，或者依法直接向人民法院提起诉讼。

附录二

《萨班斯—奥克斯利法案》对财务
造假行为的法律问责

一、对公众公司财务造假责任人的法律问责

主要包括：

（1）故意进行证券欺诈的犯罪最高可判处 25 年监禁，对犯有欺诈罪的个人和公司分别处以最高 500 万美元和 2500 万美元罚款。

（2）故意破坏或捏造文件以阻止、妨碍或影响联邦调查的行为被视为严重犯罪，将处以罚款或判处 20 年监禁，或予以并罚。

（3）执行证券发行的会计师事务所的审计和复核工作底稿应至少保存 5 年，任何故意违反此项规定的行为，将予以罚款或判处 20 年监禁。

（4）公司首席执行官和财务总监必须对报送给美国证券交易委员会的财务报告的合法性和公允性进行宣誓，违反此项规定的将处以 50 万美元以下的罚款或判处 5 年监禁。

（5）起诉证券欺诈犯罪的诉讼时效由原来从违法行为发生起 3 年和被发现起 1 年分别延长为 5 年和 2 年。

（6）对检举公司财务欺诈的人员实施保护措施，补偿其特别损失和律师费；对举报者进行打击报复的，最高可判处 10 年监禁。

二、对会计师事务所和个人的法律问责

主要包括：

（1）临时或永久吊销会计师事务所注册。

（2）临时或永久禁止个人在会计师事务所执业。

（3）临时或永久限制会计师事务所或个人的执业活动。

（4）对于故意、明知故犯、不计后果的行为或者屡犯的过失行为，可对自然人处以 75 万美元以下的罚款，对会计师事务所处以 1500 万美元以下的

罚款；对于过失行为，对自然人的罚款不超过 10 万美元，会计师事务所不超过 200 万美元。

（5）对会计师事务所及其相关责任人进行谴责，强制要求其参加附加的专业培训和教育。

（6）美国证券监管机构和会计监管机构规定的其他处罚形式。

案例 5

A 公司 2000 亿元市值去哪儿了？

——基于奈特不确定性视角

一、案例介绍

（一）引言

随着一系列国家房地产政策的颁布，国家对房地产行业的调控日渐收紧，整个行业的市值呈现下降趋势。A 公司作为一家从事房地产开发的上市公司，在房地产行业整体市值趋于下降的背景下，A 公司在 2017 年后的市值也逐年下降，甚至在 2021 年 10 月下降至 340 亿元；2021 年 10 月，B 公司作为 A 公司旗鼓相当的对手，其市值虽有下降，却仍高达 2393.7 亿元。[①] A 公司与 B 公司同为中国房地产企业的龙头，为何在 2021 年 10 月 A 公司比 B 公司少了 2000 亿元的市值？A 公司 2000 亿元的市值去哪了？"三条红线"政策的颁布又为何会成为压倒 A 公司的最后一根稻草？

从 1997 年亚洲金融危机中诞生的 A 公司，能够从广东省的一家小型房企成长为如今的全国头号房企，其发展之快不可谓不传奇。消费者的支持、优秀的信誉、充足的资金曾令 A 公司引以为傲，国际化的脚步也一直走在同行业企业的前面。然而，看似风光无限的企业背后实则暗流涌动，危机四伏。

实际上，A 公司发展壮大之路早就被质疑是"野蛮生长"。A 公司坚持走持续高杠杆的扩张之路，流动性风险持续加深。2020 年，根据 A 公司业绩报告，有息负债下降 2000 亿元；2021 年上半年，有息负债再次降 3000 亿元。

---

① 资料来源于 Wind 数据库。

高负债的降低本应缓和 A 公司的财务危机，但在 2021 年 8 月，A 公司开始出售名下资产来回笼资金；2021 年 9 月，A 公司无法按期兑付理财产品。为何在短短的 2 个月之内，A 公司又再次面临财务危机？其中的负债又降到哪里了？

3000 多亿元的有息负债快速"降低"，事实真的如此吗？按照 A 公司的说法，这 3000 多亿元的负债偿还的是境内外公开市场债券，但根据 A 公司2021 年中报，A 公司的借款为 5718 亿元，一年内到期的有息负债达到 2400亿元，而一年以内的应付款项为 5824 亿元。也就是说，所谓的降低 3000 亿元负债实际上转换为应付款项，而大多数的应付款项则为商票，从而出现了大量的流动性挤兑危机。

雪上加霜的是，在流动性挤兑危机爆发之后，政府不再伸出"援手"，认为 A 公司问题是个别现象，房地产行业总体是健康的，因此交给市场进行调控。A 公司可以借款的"源头"被切断，政策的导向使媒体大肆宣扬，从而出现了严重的信任危机。消费者不再买房，销售资金无法顺利回款，流动资金链断裂，大量的短期负债无法偿还。

在 A 公司债务危机的背后是 A 公司企业家对于不确定性的认识不足。对于一家企业来讲，获得最大利润是其主要目的之一，而利润来源于不确定性，所以企业家对于不确定性的处理就显得至关重要。A 公司管理者在国家"房住不炒"的定位下仍然选择了一条高杠杆的扩张之路，因此其2000 亿元市值蒸发与管理者对不确定性认识不足有很大关系。因此，本案例试图从奈特不确定性视角深入分析 A 公司债务危机的原因，并提出可行的建议。

（二）没有地产的时代，只有时代的地产

在国家调控政策的主旋律下，房地产行业的高歌猛进持续了近 10 年的"黄金时代"，这时的房地产企业处在长期宽松的信贷、较低的房企资金成本、较高的房企杠杆率的大背景之下。当中国城市化进程明显放缓之后，中国房地产的"黄金时代"已过去，迎来了较为理性的"白银时代"。

A 公司危机的形成固然有其自身原因，但究其根本是房地产行业长期高杠杆、高负债模式下蕴藏的隐患。自从 2016 年提出"房住不炒"后，国家三令五申"房住不炒"这一定位，试图扼制房地产市场的膨胀式发展；但 A公司依旧对房地产市场存在侥幸心理，无视国家警示与市场风险，不断拿地

扩张，加剧了土地储备的不确定性。2020 年，有关部门出台针对房地产企业融资监测的"三条红线"，而 A 公司"三条红线"全踩，经营状况急转直下。同时，"十四五"规划中再次提及：坚持房子是用来住的、不是用来炒的定位，租购并举、因城施策，促进房地产市场平稳健康发展。

房住不炒仍是我国当前房地产政策的主流。"白银时代"同时还指明，房地产行业的使用功能应该发生变化，房企的转型是必然的。房地产行业未来将成为旅游、养老等产业的载体，不再单纯地体现为投资属性，更多地表现为去投资化。为了维护住房公平、促进共同富裕，国家还颁布了房产税政策，政府可以依靠税收调节收入差距，从而助力共同富裕；在直接调节收入分配的同时，房产税还可以进一步支持保障性租赁住房和共有产权房建设，搭建完善的住房保障体系，对实现共同富裕发挥间接作用。

没有地产的时代，只有时代的地产。在劳动、土地、技术等要素达到成熟期时，如何实现企业利润最大化最终还是要依靠企业家的才能。在这种时候，如何正确处理未来的不确定性以获得最大化的利润，是企业家才能凸显的重要时刻。

（三）从风头无两到生死存亡——A 公司

曾经风光无限，自身资产上万亿的超级地产集团，2021 年 9 月以来却以"债务违约""商票逾期""楼盘停盘"等负面标签频频登上新闻头条。通过分析它从风光无两到生死存亡之路发现，一切都有迹可循。

1. 2017～2018 年疯狂激进的时代

2017 年，A 公司董事长带领 A 公司开始走向巅峰。这一年，A 公司的股价达到了历史巅峰时刻，高达 32.50 元。与此同时，A 公司一边不断加杠杆，扩张负债规模，一边疯狂拿地，扩张土地储备。

2. 2019 年持续高光时刻

在 2019 年 7 月某杂志世界 500 强榜单中，A 公司以 704.8 亿美元的营业收入位列第 138 名，较 2018 年大幅上升 92 位，在中国 500 强榜单中排名第 16 位。这一年，是中国房地产企业调整舵头最后的时间窗口，但 A 公司净负债率依然增长了 7.4%，位列房企债务规模第一。

3. 2020 年现金流隐忧开始暴露

对于快速扩张带来的高负债问题，A 公司高层其实也早有担忧。从 2020

年开始，A 公司就把"降负债"已经放到了核心战略地位。在 2020 年 3 月举办的业绩发布会上，A 公司董事长正式宣布："A 公司从 2020 年开始转变发展方式，全面实施'高增长、控规模、降负债'的发展战略，要用最大的决心、最大的力度，一定要把负债降下来。"

另外，从 2020 年年底开始，针对房地产的重拳打压来势汹汹，有关部门发布商业银行房地产贷款集中度管理规定，这是从金融机构卡住房地产行业放水的额度。紧接着就是对房价涨幅较快的城市实施二手房指导价——这个指导价远远低于实际市场价，银行按照这个二手房指导价发放按揭贷款其实就是大幅度提高了买房的门槛。这个二手房指导价政策堪称是给房地产销售降温的"大杀器"，该政策实施之后，最火爆的深圳楼市二手房交易便降了 8 成。金融机构不贷款，终端销售迅速降温，这两项政策对于负债率很高的房地产企业而言堪称双重打击，使得 A 公司现金流立刻出现了重大问题。①

4. 2021 年阴霾重重、风险频出

2021 年 8 月，A 公司被央行、银保监会相关负责人约谈，要求其尽快化解债务风险，A 公司危机若隐若现。9 月，A 公司金服暴雷，到期理财产品暂停兑付，A 公司危机彻底浮出水面。根据 A 公司 2021 年半年度报告，A 公司集团的负债规模达 1.97 亿元，这个数字已经超过了 190 个国家的年 GDP。

A 公司的股价从 2017 年 10 月的 26.95 元暴跌至 2021 年 10 月的 2.56 元，短短几年时间缩水了 90%。而 A 公司的主要竞争对手 B 公司仍有 2479.7 亿元的市值保留，A 公司却只剩 356 亿元市值。A 公司市值相比 B 公司蒸发了 2000 亿元，被 B 公司远远甩在身后，A 公司的 2000 亿元市值去哪了？

思考题

1. 2021 年 A 公司财务危机爆发的原因是什么？

2. 什么是"三条红线"政策？它的目标是什么？

3. 简述"三条红线"政策提出的背景。

4. 简述奈特的不确定性思想。

---

①　两项政策是指 2020 年底央行和银保监会联合发布的银行业金融机构房地产贷款集中度管理制度和 2021 年 8 月 20 日央行、住建部出台的重点房地产企业资金监测和融资管理的"三条红线"政策。

5. 近年来有些房地产上市公司的财务危机给我们提供了哪些经验教训？

二、涉及知识点

本案例涉及的知识点主要为奈特的不确定性理论。

1921 年富兰克·H. 奈特在其《风险、不确定性与利润》一书中具体阐述了不确定性的理论，为不确定性的发展奠定了理论基础。在经济学中，不确定性问题的根源是人们对经济过程未来性的有限知识。生产商品是为了满足未来的需求，但生产商品需要时间，也需要人们对未来进行预期，当预期与将来实际发生的情况存在偏差，便会产生不确定性。

风险和不确定性之间有着显著的区别。事件结果是否可预见是奈特区分风险和不确定性的主要依据。奈特（2005）认为，"不确定性"这个词需要在不可计量的因素基础上进行决策，而"风险"是指一种可测量的不确定性。同时，奈特（2005）指出，风险是概率估计，具有一定的可靠性，而可靠性是其所遵循的理论规律和经验规律的结果；前者是一种概率型不确定性，即先验知识足以可靠地确定不确定事件发生的概率，后者则是一种无法用概率有效描述的不确定性，或者说，把握这种不确定性不仅依赖于先验知识，更依赖于经济人独有的深度认知能力及某种与战略视角相关的地方性知识。

奈特（2005）认为，从现实生产的角度看，企业家是在上一个时间购买生产要素，并通过一个生产期间将它们转换为在下一个时间里出售的产品。奈特是通过生产期间之前的预期，以及生产时间之后预期的实现与否，来讨论完全竞争条件下利润的出现。奈特对完全竞争条件下利润的解释如他书名表述的逻辑一样，是通过风险与不确定性的区别来说明利润的出现的。按照奈特的说法，风险是可量度的，其事实中的结果分布是已知或是可确定概率的。不确定性是不可量度的，其事实中的结果是未知的。在人类的生产活动中，不确定性问题的存在在于经济过程的前瞻性，即人们生产商品是为了满足欲望，但商品的生产需要时间，因此这里出现了两种不确定性因素。第一，生产经营的目的必须从一开始就进行评估。也就是说，要根据给定的资源评估出生产多少产量与生产什么质量的商品。第二，商品要去满足的欲望是否在现在与将来具有相同的程度，对欲望的这种预测也同样涉及不确定性。因此，生产者必须评估他努力要去满足的未来需求，以及在努力满足这一需求的过程中，其经营行为的未来结果。正是因为这两种"不确定性"的存在，企业家才可能在完全竞争与长期静态均衡的条件下，仍然取得作为企业预期收益和实际收益之间的意外差额的正值（或负值）利润。

奈特（2005）指出，只有在所有未来事件完全可以预见的静态完全竞争条件下，利润才会消失。然而，现实经济中存在大量的没有先例的风险，即不确定性，这样，在企业家于生产之前以固定比率签好了生产服务的合约并通过一段生产时间创造出产品之后，其市场出售价格与合同固定的生产服务价格之间就会出现一个差额。因此，从最基本的角度讲，利润的出现取决于预期，所以对生产服务的竞争也取决于预期。由于生产服务的价格就是生产的成本，因此生产条件发生变化所引致的利润，是通过打破预期而使成本和销售价格间产生出一个差异而出现的。据此推论，只有在对未来和对变化结果的不完全知识条件下，利润才可能出现；而可预测的风险与成本是没有根本区别的，通过完全竞争，承担风险的服务已经得到了报酬，服务的价格在竞争条件下正好与提供这种服务所花费的成本相等，在这种条件下，不可能产生真正的利润。如果要获得利润，就需要有某种不可预测或量度的风险，即不确定性。只有那种因人的知识有限性，只有在那种对未来能发生什么事情的概率一无所知的条件下，发生的独一无二的事件，才具备不确定性性质（安佳，2006）。因为谁也无法把这种不确定性转换成能够影响资源配置的生产成本，所以利润只是一种以无法预见的方式表现这种不确定性遗留后果的事后剩余（正的或负的）。因此，可量度的风险不产生利润，不可量度的风险即不确定性，才能产生利润。

三、要点分析

奈特（2005）认为，企业家由于承受了不确定性而获得了利润，对于这种不确定的正确承担也正是一家企业的利润来源。由于不确定性无法被完全预测和充分调整，同时还是利润的直接来源，因此企业家如何正确处理不确定性对企业的生存和发展便显得至关重要。与此同时，房地产行业投资周期长、风险度高、产业链条长等特点决定了房地产行业面临着比其他行业更多的不确定性风险。

（一）问题及原因分析

1. A 公司对国家政策不确定性的认识不足

（1）南辕北辙的疯狂扩张之路，对国家房地产政策误判。

近年来，国内房地产行业迅猛发展，随之而来的是国家宏观政策对房地产行业的频繁调控。据住房和城乡建设部等部委官网的不完全统计，自 2003 年房价飙升，截至 2020 年底，事关房地产行业调控政策的重要中央文件多达 13 份，重要会议达 24 次之多，这也使得房地产行业面临了更多的不确定性风险。然而，在国家政策频繁调控、不确定性上升的情况下，不少房地产企业仍然忽视国家政策，做出与国家政策相悖的决策。A 公司更是首当其冲，在房地产企业融资环境趋紧的情况下，仍然与国家政策背道而驰，持续扩张负债，增加负债额，这显然是 A 公司管理者对国家政策的误判。A 公司对每一次的严厉调控置之不理，并将其抛之脑后，进行疯狂扩张。A 公司的负债扩张之路，就是一条与国家政策背道而驰的疯狂之路。

在国家对房地产政策日趋收紧的情况下，A 公司和 B 公司的负债总额都在持续增加，但是在相似的企业规模之下，A 公司的负债规模却远大于 B 公司，其负债扩张之路也比 B 公司更加疯狂。A 公司与 B 公司近几年的资产负债率都高于市值前 10 企业的平均资产负债率。在 2018 年后，B 公司资产负债率已经呈下降趋势，但是 A 公司资产负债率却仍然呈上升趋势，并远高于行业平均资产负债率。

B 公司在 2018 年年会的时候，就喊出了"活下去"的口号，于是从 2018 年开始，B 公司就开始积极调整自身的业务，通过卖资产尽快回笼资金，在这样的企业政策之下，B 公司在降负债、降杠杆方面效果明显，降了 3 个百分点。但 A 公司管理者却错误地对房地产行业进行良好预期，坚信房地产行业仍有大量的发展空间，从而继续增加负债，导致债务越积越多，最终造成了债务危机。

在融资环境宽松时，A 公司能从银行、债券市场融资大量资产，这也是这些年 A 公司能够依靠加杠杆迅速扩张的原因。但随着中央政策在房地产行业的不断调整，针对 A 公司这种资产负债率高于 100%、剔除预收账款的资产负债率大于 70%、现金短债比小于 1 的高负债企业，中央已不允许其增加任何有息贷款。一个靠借债发展起来的公司，一旦被停止借债，就像是靠输血成长起来的巨人被停止输血，其后果可想而知。

（2）负债结构不合理，持续高杠杆。

A公司对国家政策解读不到位，盲目增加负债，其背后的深层原因是负债结构的不合理性。负债结构是企业负债中各种负债数量比例关系、各种负债业务之间的结构。负债结构的问题实际上就是短期负债在全部负债中所占的比例关系问题。短期负债属于企业风险最大的融资方式，因此短期负债比例的高低必然影响企业价值。

A公司与B公司流动负债占比都比较高，但是自从2018年开始积极降负债后，B公司流动负债增速减缓，最后趋于持平；而A公司流动负债增长速度仍在增加，且A公司的流动负债和非流动负债规模都要高于B公司。

在2021年中报里，A公司流动负债为15728亿元，非流动负债为3938亿元，非流动负债占负债总额的80%；B公司流动负债为13808.52亿元，非流动负债为2104.73亿元，流动负债占负债总额的38%。A公司的短期负债占比比B公司的短期负债占比高了42%，可见A公司的负债结构不合理，短期债务过多。

（3）疯狂签发票据，为债务危机的形成埋下隐患。

商票一般指商业承兑汇票，是由企业以自己名义签发，暂时代替现金或银行存款用来支付给供应商的票据。汇票经承兑后，承兑人（即付款人）便负有到期无条件支付票款的责任；同时，汇票可以向银行贴现，也可以背书转让。房地产行业的商票在很长一段时间未被纳入央行监管，其开具、承兑方面均存在较大的随意性，开具商票无须提供保证金及抵押物，而兑付延期目前并未连接征信报告，因此延期兑付时有发生，且商票不会被计入有息负债。在"三道红线"政策下，商票成为许多房企融通资金、降低负债的一条"蹊径"。

2018～2020年，A公司长期有息负债规模由期初的3762.44亿元增加至期末的3810.55亿元，短期有息负债规模由期初的3488.03亿元减少至期末的3381.17亿元，有息负债总额3年累计减少58.75亿元，有息负债总额由期初的7250.47亿元降至期末的7191.72亿元。

A公司的有息负债可能确实降低了，但大量商票的开具也为债务危机的形成埋下了隐患。A公司是全国商业承兑汇票签发量最高的公司，其签发的商票规模占全国总商票规模的近十分之一。2020年A公司的商票余额已经超过其后16家地产企业的总和，而排名第二的华润，应付票据仅为

274 亿元。①

2000 多亿商票背后，是与 A 公司合作的无数大中小供应商，涉及建筑、材料、家居、园林、广告等多个行业，这些商票流向了其上下游企业的每一环，上至总承包单位、一级供应商，下至广告公司、日用百货店。由于商票融资人一般体量较大，债务人一般情况下只能被迫接受融资企业的延期兑付。一旦 A 公司的商票无法兑付，将会导致这一条产业链上的企业几乎全线瘫痪。

A 公司在"三条红线"下爆发的危机就像侏罗纪的恐龙撞入白垩纪的突变一样，淘汰那些伟大强者的，从来不是他们的对手，而是他们所面临的不确定的变化以及对时势变化的一知半解。根据住建部统计的信息，2020 年，我国常住人口城镇化率达 63.89%，距离发达国家的 70% 仅剩不到 7 个百分点，中国地产的发展已经快要走到尽头，不可能再持续进行大开大合的开发。以后的房地产世界不是比谁跑得快，而是比谁活得久。在国家房地产调控政策的不确定下，A 公司的"负债驱动规模增长"模式最终在国家金融政策、贷款规定的收紧下导致了债务危机的爆发。A 公司的债务危机只是一个开端，连锁效应必将会引起房地产行业的大变革。房地产行业的变革不仅是国家城市化的进一步发展，也是共同富裕目标实现的必然过程。

2. A 公司内部资本结构失调

（1）股权结构不合理。

股权分配就是为公司搭建一个基本骨架，合理的股权设计和股权分配能够成为公司发展的动力。建立有效的内部治理结构需要很多条件，合理的股权结构是首要条件。

A 公司持股比例最高的 XX 有限公司持股比例高达 70.74%；其中，XX 有限公司和 JR 控股有限公司的实控人都是 A 公司董事长，也就是说，A 公司董事长间接持有 A 公司 76.71% 的股份。② 在 B 公司的股权结构中，持股比例最高的 SZ 地铁集团有限公司仅持有 B 公司 27.64% 的股份，没有间接持股过高的股东。对比 A 公司可以明显看出，B 公司的股权结构较为合理，而 A 公司的股权结构过于集中，集中于 A 公司董事长个人手里。

过于集中的股权使得大股东权力得不到牵制，且决策过程缺乏民主，在

---

① 资料来源于 Wind 数据库。
② 根据 A 公司 2021 半年度报告计算得到。

"一股独大"的情况下，董事会、监事会和股东会形同虚设，"内部人控制"问题严重。持有 A 公司七成股权的 A 公司董事长拥有 A 公司的绝对控制权，在激进的扩张之路、持续高杠杆、过度多元化这些导致 A 公司危机爆发的因素中都有 A 公司董事长个人激进的投资风格在里面。

（2）股利政策激进。

股利分配政策能够影响公司未来的筹资能力和经营业绩，一定量的内部留存收益是保证公司长期发展的重要资金来源，股东对股利的偏好直接影响公司股票未来的价格，从而间接影响公司发展。

A 公司的净利润一直低于 B 公司且在 2018 年后呈下降趋势，但是其股利支付率却一直比 B 公司要高很多。2019 年，B 公司净利润为 551.3 亿元，A 公司净利润为 192.9 亿元，A 公司比 B 公司净利润少了 358.4 亿元；B 公司股利支付率为 21.4%，A 公司股利支付率为 48.68%，A 公司的股利支付率比 B 公司高了 27.28%。A 公司在净利润比 B 公司少了 358.4 亿元的情况下，其股利支付率却比 B 公司高了 27.28%，相比 B 公司，A 公司的股利政策过于激进。

2018 年以来，A 公司资产负债率一直都在 80% 以上，但是 A 公司仍然保持每年 50% 左右的股利支付率，股利支付率远高于同等规模的 B 公司及房地产行业内的其他企业。A 公司将企业债务和经营利润精准地分成两个概念，从而规避了法律上的风险。如果企业在财务年内还有利润，就可以分红。企业是否分红、分红多少完全由企业管理层的道德水平与商业伦理水平决定，没有敬畏之心的管理团队，即使企业资不抵债，也不妨碍他们做出高额分红的决定。

A 公司在净利润下降、债台高筑的情况下，并没有把利润用于偿还债务，仍然实行较高的股利支付率。在激进的股利政策下，企业留存收益减少，为了维持正常发展，企业不得不高息融资，不断加杠杆，扩张负债规模。过高的杠杆率也为 A 公司在未来不确定的情况下埋下了债务危机的种子。

3. A 公司土地储备失衡

土地储备是关乎房地产企业生存的命脉，我国土地储备具有强烈的政府主导性和政策性，导致其融资行为的政策风险预期存在较大的不确定性。房地产企业管理者如果不能合理安排土地储备，会使企业在发展中面临更大的不确定性，如果不能很好地处理不确定性，会使企业陷入不确定性风险中。

（1）土地储备量过大。

A公司土地储备量远高于B公司的土地储备量，即便A公司的土地储备量有所下降，但仍处于一个较高水平。过大的土地储备量也带来了存货积压的问题。在A公司的流动资产构成中，存货占比巨大，自2016～2021年，存货数量不断增长；存货积压过多，使得销售回款跟不上，降低了企业的流动性，同时也增加了存货管理费用。另外，由于A公司集团的持续负面新闻报道严重影响了潜在购房者的信心，导致销售量持续大幅下降；同时，土地收购成本和预期收益的不确定性导致销售回款持续恶化，因此进一步对现金流及流动性造成了巨大压力。对于房地产产业，国家一直强调规范土地数量，坚持对土地量进行限额的原则。但在国家政策的限制下，A公司仍维持如此巨大的土地储备量，无视国家警示，拿地扩张，可见A公司并没有正确处理不确定性。

（2）土地储备布局不合理。

从A公司与B公司的土地储备布局可以看出，B公司的土地储备主要围绕环渤海、长三角、珠三角等经济发达的一、二线城市，但A公司的土地储备更多下沉到三、四线城市。国家"三条红线"政策出台后，A公司"三条红线"全踩，不得新增有息负债，这导致一直以来靠高杠杆发展的A公司突然没办法借新债还旧债。土地储备在账面上是资产，但却不能很快转为现金。一直以来，A公司在拿到借款后的第一时间便扩张土地储备，长期大规模地拿地，土地储备下沉到了三、四线城市，即使在一、二线城市，也在远郊和边缘板块。这些土地在楼市上行的时候十分值钱，可以快速周转获得现金流，但是遇到现在行业的下行期，这些土地储备就变得有价无市了。再加上三、四线城市产值跟不上，人口吸附力不足，购买力不足，国家对于房地产行业资管新规趋严使得房子的投资需求下降等原因，三、四线城市的房产市场需求已经趋于饱和。A公司把土地布局下沉到三、四线城市显然是没有预期到国家"三条红线"政策的出台，反映出A公司管理者对国家政策不确定性的认识不足。

4. A公司财务能力综合趋势堪忧①

利润是一家企业发展的主要目的之一，根据奈特（2005）的观点，企业

---

① 本部分数据来源于2017～2020年A公司年度报告。

的利润来源于企业家对于未来不确定性的处理。根据 A 公司所发布的公告，一些财务数据显而易见。杜邦分析是一种通过分析公司盈利能力和股东权益利润水平评价企业绩效的经典方法，其公式为：$ROE = ROA \times EM$，其中，ROE 为净资产收益率，ROA 为总资产报酬率，EM 为权益乘数。因此，本案例以杜邦分析为研究方法，在奈特不确定性的视角下，对 A 公司的财务数据进行分析。

（1）盈利能力堪忧。

A 公司的 ROE 值变化较大，在 2017～2018 年猛增，但自 2018 年之后，A 公司的 ROE 大都比 B 公司低。虽然 B 公司的 ROE 也呈下降趋势，但是下降较为平缓，而 A 公司在 2018～2019 年的下降速度较快，在 2019～2020 年，其下降稍有缓和但仍比 B 公司激烈。其中，企业利润来源于对不确定性的处理，而 A 公司与同量级的 B 公司相比，下降的速度更快。为了研究导致 ROE 下降的原因，下面将 ROE 分成 3 个指标：净利润率、资产周转率、权益乘数。

①低 ROA 导致低 ROE。A 公司的 ROA 比 B 公司的要低。身为同量级的 B 公司，ROA 虽然也呈下降趋势，但是下降速度较为平缓，而 A 公司的下降波动较大。A 公司的 ROA 低说明 A 公司在整个产业中产生利润的能力低。销售净利率用以衡量企业在一定时期的销售收入获取的能力。A 公司的销售净利率在 2018 年为 14.23%，2019 年为 7%，2020 年为 6.16%。由此可见，A 公司销售净利率大幅下降，企业获利能力大幅降低，而 B 公司一直维持在一个较稳定的水平，盈利能力较好。较低的销售净利率导致 A 公司缺少利润来源，从而导致销售回款困难；与此同时，融资机构的调节促使 A 公司资金链断裂，使其面临严峻的流动性危机。

②稳定的资产周转率对于 ROE 影响甚微。资产周转率越高，反映公司在同等资产规模下能够获得的收入越多。A 公司的资产周转率波动较小，与 B 公司较为相似，这意味着稳定的资产周转率对 ROE 影响甚微。但 A 公司自 2017 年以来，资产周转速度慢，资产利用效率低，企业销售能力变弱，资产投资的效益不好。因此，企业应采取措施提高各项资产的利用效率，处置多余、闲置不用的资产，提高销售收入，从而提高总资产周转率。

③下降的权益乘数导致 ROE 降低。权益乘数反映了企业财务杠杆的大小，权益乘数越大，说明股东投入的资本在资产中所占的比重越小，财务杠杆越大。A 公司的权益乘数呈下降趋势，但仍比 B 公司的高，这说明 A 公司

的杠杆率比 B 公司的高，而高杠杆率则会使 A 公司面临流动性的危机。

（2）偿债能力差。

资产负债率是用来衡量企业利用债权人提供资金进行经营活动的能力。A 公司与 B 公司的资产负债率都较高，但 A 公司的应收账款周转率极低，应收账款周转次数低说明 A 公司收账速度慢，平均收账期长，坏账损失多，资产流动慢，公司短期债务的偿债能力较弱。由此可见，A 公司在面对较多的短期负债时无法运用销售回款进行支付，从而陷入债务危机。

综上所述，通过真实数据所反映出来的 A 公司财务能力综合趋势堪忧。在这背后，还是企业家精神没有做到位。盈利能力则反映企业家在面对政策的临时性风险或者疫情风险时做出决策的能力，企业家错误地预估未来的因素，迫切想要通过折扣等方式卖掉存货，而不考虑利润问题。偿债能力则反映企业家在面对资金流结构风险或者融资机构不确定性之下做出决策的能力，企业家对于短期负债预估错误，过多地依赖于融资机构，一旦短期负债需要偿还，缺少现金流，且融资机构不再进行融资时，整个企业将陷入流动性危机之中，容易引发一系列的信用危机，从而使得 A 公司陷入财务危机。

（二）解决问题和改进方法

这些年来，房地产行业一直处于牛市状态。自 2016 年以来，国家频繁强调"房子是用来住的，不是用来炒的"这一定位，但是房地产行业仍然蒸蒸日上，房价屡创新高。在这样的宏观背景之下，A 公司作为房地产行业的龙头公司在近几年屡屡受挫，市值大量缩水，面临如此困境，A 公司又该如何自救？本案例提出以下几点解决办法和改进方法，希望能给 A 公司以警醒作用，启示正在或者即将处于 A 公司困境的房地产企业，期望它们能更好地促进国家与市场建立有效机制。

1. 着重解读国家政策，合理控制杠杆率

国家政策是一个产业未来发展方向的指向标，也是产业未来发展的趋势。只有跟着国家政策的步调走，产业才可以发展得越来越好。过去，国家在去库存的压力之下，放大了房地产信贷，从而允许房地产行业提高杠杆进行发展。但在共同富裕目标的指引之下，房住不炒、住有所居成为目前时代房地产的主旋律，去杠杆也逐渐成为行业常态。因此，国家从土地供应、银行信贷、机构监督和行业监管等几个方面加强对房地产行业的监督，其目的是营

造一个持续、健康、稳定的房地产发展氛围。

虽然国家政策的颁布对于经济有着一定程度的抑制作用，但是房地产行业发展必须降低速度，过高的房价会造成泡沫经济的幻影。这些都需要房地产企业能够正确解读国家政策，面对当前的形势做出合理的政策决策。但 A 公司仍我行我素，在 2016 年 5 月，《人民日报》发表了一篇名为《开局首季问大势——权威人士谈当前中国经济》的文章，文中的权威人士强调：树不能长到天上去，高杠杆必然带来高风险，控制不好就会引发系统性金融危机。针对房地产，权威人士也表明态度：房子是给人住的，这个定位不能偏离，要通过人的城镇化"去库存"，而不应通过加杠杆"去库存"。但当时的 A 公司管理者并没有深读这篇文章，同时在解读国家相关政策方面略有欠缺，并且选择了完全相反的道路，即提高负债，提高杠杆。

据 2016 年 A 公司的财务报表分析，其债务暴涨，持续的高杠杆状态为之后财务危机的爆发埋下了隐患。在 2017 年之后，C 公司开始通过卖资产降负债，而 A 公司却选择通过加杠杆拿地扩张。从中我们不难发现，真正的降杠杆是变卖资产，而不是指资产上升的同时，负债也跟着上升。

着重解读国家政策就像是一家企业的心，合理控制杠杆率就像是一家企业的血液，两者都非常重要。因此，无论是一家企业还是产业，都需要着重分析国家的政策，能够正确预测未来的发展趋势，走在国家政策的前面，抓住机会进行更好的发展，而不是盲目自信，最后走向衰落。此外，还要合理控制杠杆率，过高的杠杆会使得企业陷入流动性危机之中，导致资金链断裂，从而影响企业的发展壮大。

2. 全面优化资本结构，科学制定股利政策

在资本结构方面，A 公司一直采用"股权激励"政策，因此长期以来，A 公司的负债增长率比资产增长率高，并且流动负债也大大增加。同时，在激励的股权政策背后，短期资金对 A 公司的影响越来越大，限制性股票分配与现金分红金额都呈上升趋势，从而会出现高管自利的行为，出现股权过于集中的状况，呈现一种较不合理的资本结构。

过于集中的股权结构，使得管理层利用其中较高的股利支付利率以及巨额的分红营造一种公司盈利能力较强的现象，正因为这种信息的不对称性吸引了更多的投资；而管理层得到自己想要的投资便可以为自己谋利，从而引发更多的问题，面对更多的不确定性。

除此之外，A公司原本可以靠着公司原有的所有者权益不断将公司变强、变大，但是由于股权过于集中，大股东们都想要采取高额的分红，将钱落入袋中，从而导致企业缺少充足的现金流进行发展，只能通过不断地扩大负债，提高杠杆。而A公司的融资方式较单一，更注重银行贷款、下游建设方垫款和销售收款，其以贷款的形式存在，影响现金流入，但如果错误地预估短期负债，一时之间还不上，便会使企业信誉遭到损失，从而大大增加财务风险，导致信用危机。

在2018年B公司面临国家政策变动之际，一次例会提出"层级越高的合伙人越需要承担兜底责任"，每一位管理者都应该尽自己的最大努力，为公司的发展着想，而不是为眼前的私利，只有公司能够长远发展，合伙人的利益才会更多。

因此，为了公司能够更好地进一步发展，需要全面优化资本结构，科学制定股利政策。合理配置股权和债务融资的比例，从而为扩大企业的规模提供有力的保障；同时，正确处理杠杆所带来的风险，结合企业发展现状，减少企业的资产负债比例，实现真正的降杠杆。

3. 慎重规划土地布局，控制土地储备量

房地产产品的独特性，决定了地理位置选择对于房地产企业开发的重要性。土地储备量过多和土地布局不合理都会使企业面临更大的不确定性，在这样的情况之下，企业不仅需要关注对未来房地产价格上升的预期，还需要关注能否顺利销售出去，从而使存货变为现金。

B公司董事会主席在2018年的某区域9月月度例会上发表了讲话，表达了对房地产行业严峻困境的担忧，并对加速企业转型升级发出了号召。同时，C公司也开始变卖资产，回笼资金，大量的存货开始减少。在15个月内，C公司成功减持了2000多亿元的债务。[①] 在2019年，C公司董事长还卖掉了C公司百货，C公司体育赴美，争取走向轻资产之路，达到瘦身的目的。

从2017年开始，A公司盲目、激进扩张，大大提高土地储备量。万科集团的土地储备大多集中于长三角地区，而A公司的土地储备大多集中于中西部地区。因此，由于土地储备国家调控不确定性的影响，A公司远比万科集团更容易受到国家政策的影响。

---

① 资料来源于C公司财务报告。

同时，由于 A 公司盲目参与一些国家代建项目的开发，过度扩张，以及不合理的土地储备结构导致了资金周转困难；为了加快资金的现金流动，便采取了"打折卖房"的措施。根据 2020 年报显示，A 公司的收入增加，利润却在逐渐减少。A 公司缺少一定的"底线思维"，对于回款指标的不重视导致了 A 公司的盲目扩张之路远比 B 公司更易受到国家政策的影响。A 公司 2021 年财务报表以 5200 亿元外债震惊商界，"三条红线"政策的颁布也成为压死骆驼的最后一根稻草。

因此，在房住不炒的背景下，企业需要慎重规划土地布局，控制土地储备量，强调有序增长，拉长增长时间，注意产出与投入匹配、风险与收益匹配，哪怕是政府的代建项目也需要多加考虑资金回收的风险。

四、案例教学使用说明

（一）教学目的与用途

本案例教学适用于"中央银行学""货币金融学""国际金融学"等课程。如将本案例用于其他相关课程，本案例说明可做相关调整。

本案例以 A 公司财务危机为例，向学生展示当时央行房地产信贷政策对房地产公司投融资、财务风险及其股价的影响。通过此案例引导学生了解奈特的不确定性思想内容，以及房地产公司对于把握政策不确定性、拥抱不确定性的实践，深刻理解不确定性是企业利润的来源。同时，在分析案例的过程中，培养学生利用相关理论知识分析我国上市公司的财务预警和股票市场实际问题的能力。

（二）课程安排

本案例可以作为专门的案例讨论课来进行。课堂安排大致如下：
（1）整个案例的课堂时间控制在 80 分钟左右。
（2）课前计划：布置思考题，要求学生在课前完成相关材料的阅读。
（3）课中计划：
①案例回顾（10 分钟）。
②分组讨论（20 分钟）。
③小组发言（每组 5 分钟左右，控制在 30 分钟）。

④集体讨论、归纳总结（20分钟左右）。

（4）课后计划：请学生以小组为单位搜索该案例的相关资料，撰写案例分析报告。

参考文献

［1］安佳．先知的经济学［J］．博览群书，2006（7）：6．

［2］陈立珍．负债经营对公司价值的影响研究［J］．会计师，2019（09）：42-43．

［3］邓绍秋．企业负债经营风险控制的途径［J］．湖南科技学院学报，2018，39（05）：110-112．

［4］［美］富兰克·H.奈特．风险、不确定性与利润［M］．北京：商务印书馆，2005．

［5］何树贵．企业家：不确定性的决策者［J］．南京广播电视大学学报，2010（01）：108-111．

［6］刘嘉骏．现代企业负债经营风险分析［J］．中外企业家，2019（28）：38．

［7］丘丽芳．论企业负债经营的风险防范和对策［J］．会计师，2019（20）：11-12．

［8］王晓然．LS房地产公司资本结构优化研究［D］．蚌埠：安徽财经大学，2015．

［9］曾曲艳．企业财务风险探讨［J］．中小企业管理与科技，2011（31）：91．

［10］朱付强．产业政策的两大思潮及其架桥［J］．南方经济，2018（1）：36-47．

案例 6

史上最大 MARGIN CALL

2021 年 3 月 22 日开始，包括腾讯音乐（TME. N）、唯品会（VIPS. N）、爱奇艺（IQ. O）、跟谁学（GSX. N）（后改名高途集团）、百度（BIDU. O）等在内的一批中概股（美国存托凭证）离奇遭遇大跌，跌幅多在 30% ~ 50%。到了同年 3 月 26 日，高波动行情继续。除了这些热门中概股之外，两只北美传媒股票 ViacomCBS 和 Discovery 也上演类似行情，且两者在 2021 年 3 月 26 日的最大跌幅都超过了 27%，让全球市场为之震撼。

与此同时，一位名为比尔·黄（Bill Hwang）（现已被捕）的韩国对冲基金经理走入人们的视野。通过高杠杆融资，比尔·黄管理的家族投资基金 Archegos Capital 集中买入了大批中国概念上市公司股票，有业内人士猜测其持仓总金额可能超过 1000 亿美元。然而到了 2021 年 3 月下旬，由于所持股票大幅下跌，触发了投行对 Archegos Capital 的 margin call（追加保证金）。在未能在规定时效内追加保证金的前提下，该投资基金遭遇投资银行的强行平仓。

随着巨额资金在抛售的短短几天之内蒸发，华尔街的银行家对 Archegos Capital 持仓的名义本金敞口的估计额也不断攀升——200 亿美元、500 亿美元，甚至是 1000 亿美元。这种猜测直到 2022 年美国证券交易委员会（United States Securities and Exchange Commission，SEC）披露了针对此事件的调查文件才得到了证实——截至 2021 年 3 月，Archegos Capital 仅对百度、腾讯音乐、跟谁学、唯品会、爱奇艺这些中概股的持仓头寸就分别为 146 亿美元、100 亿美元、85 亿美元、76 亿美元和 63 亿美元。而在此之前，Archegos Capital 基金公开的净资产数据是 150 亿美元。[①] Archegos Capital 巨量抛售的行为

---

① https：//www. sec. gov/litigation/complaints/2022/comp-pr2022 – 70. pdf.

显然激化了市场的避险情绪，从而使得更多的抛售行为接踵而来，最终引发了中概上市公司股价的连续崩盘。职业宏观投资者、高盛前合伙人迈克·诺沃格拉茨（Mike Novogratz）从 1994 年就开始交易，他对此事件的评论是："这一定是历史上个人财富最大的损失之一。"

一、案例介绍

Archegos Capital 基金的爆仓开始于投资组合当中 ViacomCBS 公司的巨额增发。该公司是全美第四大传媒集团。2021 年 1～3 月该公司的累计涨幅将近170%，其前景媲美奈飞和迪士尼，一度受到市场追捧。然而在 2021 年 3 月 22 日，该公司突然宣布将进行 30 亿美元的增发配售。舆论压力之下，公司股价迅速回落，4 天跌幅将近 60%，成为 Archegos Capital 基金持仓中首个触及平仓线的个股。无独有偶，2021 年 3 月 26 日，网上流传的一纸义务教育"双减（减作业、减培训）"文件，让中概教育公司股价集体闪崩。针对教育行业的监管风暴自 2021 年 3 月初便初现苗头，此时该文件的出现在一定程度上激发了市场的避险情绪。而 Archegos Capital 基金正持有跟谁学等不少的中概教育股，这场突发的政策面危机也成为加速该只基金爆仓的原因。因为重仓的股票连遭利空消息打击，Archegos Capital 不停收到 margin call，为了强制去杠杆，其开始巨量抛售股票。

（一）Archegos Capital

由于 Archegos Capital 基金的销售额超过了 200 亿美元，[①] 而且这个消息传遍了整个亚洲和美国市场，从而使得大家纷纷把目光投到这个神秘的家族基金上。领英公开资料显示，Archegos 基金在纽约成立，截至 2021 年 3 月拥有雇员 51 人，其中不乏北大、牛津、沃顿的毕业生。基金的投资风格是以研究为基础，秉承价值投资的理念，然而在资本市场，Archegos Capital 基金一直习惯于使用 3～4 倍高杠杆，以投资风格彪悍而闻名。

Archegos Capital Management，LP 的创始人兼首席执行官比尔·黄拥有加州大学洛杉矶分校的经济学和商业学士学位，以及卡内基梅隆大学的工商管

---

① https：//www. bloomberg. com/news/articles/2021－03－29/wall-street-banks-summoned-by-regula-tors-after-hwang-s-blowup？ leadSource＝uverify%20wall.

理硕士学位。比尔·黄从 1996 年起在 Tiger Management，LLC 担任股票分析师，曾在百富勤证券和现代证券的机构股票销售部门工作，他曾是老虎基金会、韩国社会和富勒神学院的董事会成员。同时，比尔·黄也曾经是纵横港股市场的投资大佬，后来因涉嫌内幕交易上了很多经纪公司的黑名单，这其中就包括 2008 年和 2009 年在香港通过内幕信息操纵中国建行 H 股交易而被处罚的事件。2018 年，高盛终止了和他的经纪合同。之后，比尔·黄将旗下的 Tiger Asia Management 改为家族投资基金 Archegos Capital，并采用高杠杆的多空组合策略。因为 Archegos Capital 交易量巨大，每年都要向经纪商支付数千万美元的佣金，所以很多投行经纪部门十分眼馋，不仅将其从黑名单上删除，还成为其最大的配资方，为其提供了一条数十亿美元的信贷渠道。

在这次的抛售当中，比尔·黄雇佣的经纪商就包括摩根士丹利和高盛，比尔·黄请求他们迅速肢解这些大量卖单（block trade），同时为他做这笔单子经纪商的还有野村和瑞士信贷。

（二）事件原因分析

1. 市场影响

当一个人需要在短时间内平掉巨额仓位时，哪怕仅仅按一下手机键，整个市场也会下跌。同理，短时间大量买单也会造成市场普涨。我们把这种情况叫作市场影响。例如 2013 年光大证券全资子公司光大期货巨量申购 ETF 成份股的错误操作，由于成交价值超过 70 亿元，造成了 50 多只权重股短时间内接近涨停的市场影响。在实践中，有经验的交易员为了避免这种情况发生，对这种天量订单的一般操作是打电话给一家或者几家经纪商，如投高盛或者摩根士丹利，向他们交代好交易意图，由经纪商在市场上寻找买家（卖家）来撮合交易，并最终由交易员下单完成交易。2022 年 SEC 公布的调查文件披露，Archegos Capital 为了卖出这些股票，要求高盛及大摩的交易员一整天都在不停地打电话撮合交易，他们分多个批次完成了最终的抛售。SEC 最后认定包括高盛和摩根士丹利在内的多家投资银行通过大宗交易抛售股票的行为激化了市场的避险情绪，从而使得更多的抛售行为接踵而来，最终引发中概上市公司股价的连续崩盘。[①]

---

① https：//www. bloomberg. com/news/articles/2021 – 03 – 29/wall-street-banks-summoned-by-regula-tors-after-hwang-s-blowup？ leadSource = uverify%20wall.

2. 监管漏洞

这次巨额抛售引发的交易损失让业内人士不禁疑问：一个人怎么能在全球监管机构的眼皮底下，在这么多银行的协助下，承担如此大的风险？美国的证监会本来有个规定，家庭投资超过一定数额（1 亿美元以上股票投资）需要在 SEC 备案（13F 表格）。然而，Archegos Capital 从来没有备案。

Archegos Capital 能够做到这些，唯一的可能是通过衍生品间接持有中概股股票。这些衍生品合同，如权益掉期和差价合约，通常在场外市场交易，从而可以成功避开监管机构的信息披露监管。在这些中概股的股东名单里，Archegos Capital 并没有作为大股东出现，因而成功掩盖了自己的真实仓位。与此同时，由于衍生品合约一般采用杠杆交易，差价交割，因此整个过程中 Archegos Capital 没有股票实物经手，而且实际风险暴露的头寸远远高于现金头寸。巨大的杠杆加上高额的头寸暴露，在中概股低迷的市场行情下，Archegos Capital 被迫强制平仓，并因为其交易金额的巨大而引发市场动荡。

Archegos Capital 敢这样做也揭示了美股监管的一个漏洞：本来任何一个投资者持有上市公司股票 5% 以上的流通市值就需要公布头寸，然而如果间接持有这些股票的话，如通过期权、期货等权益凭证间接持有股份，由于这种衍生产品主要在场外市场交易，因此投资者及其对手方和经纪商均不受交易所的监管。这种做法相当于将家庭资产风险传递给了市场。

基于仅有的公开信息，人们无法判断 Archegos Capital 与投行签订的总收益互换合约中是否包括其他类别的资产以及该基金的持仓数量。未来各方是否还会进一步抛售资产以降低风险敞口，各方遭遇的实际损失至今无从得知。职业宏观投资者、高盛前合伙人迈克·诺沃格拉茨（Mike Novogratz）在《Financial Post》中对这件事情进行了评论："我从来没见过这样的情况——它有多安静，多集中，消失得有多快。"

3. 衍生品合约和杠杆

Archegos Capital 爆仓事件发生以后，有业内人士认为，如果仅仅是因为 Archegos Capital 使用了高杠杆和集中持仓中概股，后果应该没有如此严重；因此专业人士推断该基金应该是持有了一种新型的结构化投资产品差价合约（Contract for Differences，CFDs）。前面已经说过，触发本次爆仓事件的主要原因是 ViacomCBS 股价下跌。如果 Archegos Capital 持有了以 ViacomCBS 为底层资产的 CFDs，则 ViacomCBS 股价下跌将引发经纪商强制平仓其 CFDs，同时投资银行会大量抛售股票被动降低 ViacomCBS 的风险敞口。在多个因素叠加的效应下，ViacomCBS 的市值在 3 个交易日内几乎腰斩。而让人费解的是，一个如此有经验的投资基金居然如此重仓持有少数几只风险暴露性质雷同的股票，而其经纪商也对这种行为可能造成的风险放任不管。一个可能的解释是各家投资银行应该不了解同业的交易情况，应该是在 ViacomCBS 股价下跌时，才意识到 Archegos Capital 和各家投行都签订了 CFDs，而合约对应的标的资产高度集中。在实务中针对单一客户的交易损失波及如此多的投行的情况非常少见。事实上，由于被 Archegos Capital 这次史上最大单日亏损爆雷拖累，2021 年 3 月 29 日野村、瑞士信贷的股票均跌幅超过 10%。与此同时，高盛、摩根士丹利和德银的股票也跌至当月低位。

（三）总结

总体看，Archegos Capital 爆仓事件具有一定偶然性，但其中揭示的监管漏洞是灾难产生的必然原因。未来监管机构需要特别关注金融机构对衍生品交易工具合约风险敞口的披露，以确保大型金融机构的风险敞口占自有资本的比例在警戒线以下。同时，监管机构还需要尽快建立完善的信用衍生工具的清算机制，不论是在交易所内还是在场外市场通过独立清算机构进行清算，都要避免一个金融机构的倒闭波及持有同样底层资产风险敞口的其他机构。对于置身其中的中概股公司来说，未来有必要加强修炼，采取积极的手段来稳定市场预期。

思考题

1. 你认为 Archegos Capital 基金的抛售使用的是哪种指令？其对交易成本有何种影响？

2. 举例说明机构投资者对金融市场的规模和创新有何重大影响。

3. 监管机构应如何加强对 Archegos Capital 这类家族基金信息披露的监管？

二、涉及知识点

本案例涉及的知识点主要包括股票交易、交易指令、保证金制度、杠杆交易、金融中介机构、经纪商和交易员的职能。下面是对本案例主要概念的详细介绍。

（一）资本市场交易

资本市场的交易在一级市场和二级市场进行。一级市场也称初级市场，是新股票和新债券发行的场所。投资基金、企业和个人投资者都可以购买一级市场上发行的证券。当公司第一次出售证券时，此次发行叫作首次公开发行。公司之后再发行新股票或债券给公众，只是一级市场的交易，不属于首次公开发行。二级市场是交易已经发行的证券的场所，许多投资者打算在到期前卖出长期债券，或者最终卖出持有的股票都在二级市场进行。

本案例提到的 ViacomCBS 公司定向增发就属于一级市场的交易。定向增发指公司直接向一小群合格投资者出售证券，通常是通过投资银行的协助。合格投资者须具备足够的知识和经验以认识到他们承担的风险，并有足够的财富负责任地承担这些风险。公司进行定向增发不需要像公开发行那样进行充分的信息披露。因此，定向增发可能相比公开发行的价格更低，因为这种证券流动性较低，买家很难在有组织的二级市场上交易这些证券。因此，买家通常要求更高的回报以及更低的购买价格。

（二）股票交易

二级市场的资本证券有两种交易方式：场内交易（有组织的交易所）和场外交易。场内交易的交易所拥有证券（包括股票、债券、期权和期货）的交易大厅。交易所规则约束并保证有效、合法地进行证券买卖，交易所会经常修正这些规则以保证交易的竞争性。场外交易市场没有实体交易场所和组织，场外交易通过复杂的电子通信网络实现。对于股票来说，交易最活跃的是美国的全国证券交易商协会自动报价系统（National Association of Securities Dealers Automated Quotation System，NASDAQ），简称纳斯达克。

对于股票市场来说，场内市场和场外市场的运营方式有很大差异。场内交易通过事先约定好的拍卖规则确定股票价格，并有专门从事特定股票买卖的交易商做市。场内交易商代表股票经纪商发布买卖指令，并协助股票买卖双方匹配交易。在极少数交易无法达成的情况下，做市商会介入，如代替买家从卖家那里买入股票，或者将手头的股票存货卖给买家。

场外交易市场通过电子网络进行交易，交易价格由做市商确定，而不是以既定的拍卖方式确定。一只股票往往有好几个做市商同时提交买卖报价。做市商的收益主要来自股票买价和卖价的差，同时还可以从客户手里收取佣金。

1. 机构投资者的交易策略

交易策略可以简单概括为买卖时机。在具体操作中，机构投资者的交易策略可以概括为以下几种类型：

（1）不惜任何代价平仓。

短时间内进行大量的交易（一般是卖出），不考虑成交价格和佣金水平如何。这种交易方式一般出现在机构投资者在短时间内（一般为收盘之前）急需平仓的情况下。此时交易员会以高佣金和低价格为代价处理这些订单，并愿意为平仓承担高额损失。经纪商和做市商一般都知道采取这种策略的交易员肯定知道一些内幕消息，因此也愿意与这些交易员对接。在 Archegos Capital 的事件中，由于这些投资银行通过短时间、不计成本的低价抛售基金持仓来执行强行平仓操作，因而加速了持仓公司的股价下跌。

（2）按规定程序操作。

这种交易策略不需要主动控制订单，而是使用市场指令，建立详细的执行程序，让所有订单按照市场规定的"最佳执行"价格执行。这种交易方式最适用于规模较小的交易和流动性更强的股票。使用这些订单的交易者被称为"无脑者"，他们相信竞争市场会产生公平的价格，他们只愿意支付普通差价和经纪人佣金以换取指令的迅速执行。在这种情况下，交易员只负责执行，而没有自由裁量权，经纪商只执行最基本的操作。

（3）选择可信赖的经纪商。

机构投资者执行大量买单交易时，选择一个可信赖的经纪商是他们着重考虑的因素。在这种交易策略下，出于保密的考虑，大额订单往往被分割成一个个小订单分批完成。操作中，一般由可信赖的经纪商负责下单，交易员只负责执行，交易员可能到收盘都不知道还有多少剩余订单。

（4）制造舆论。

这种交易策略指通过提前放出消息、制造舆论吸引足够多的对手方使交易顺利执行并将市场影响减少到最小。然而，这样的策略也有一定的风险，如当一个大的买单挂出后，对手方可能会增加多头持仓来抬高市场价格。

（5）成本最低。

这种交易策略往往是挂一个远低于市价的买单并被动等待成交。这种策略的优点是佣金低、市场影响小，因此最适合被动和价值投资；其缺陷在于执行的不确定性。采用这种策略时，交易员需要时刻更新限价指令，否则当价格变得合适的时候，指令可能已经被市场中的其他人提前执行。特别是当限制购买订单指定价格远低于最近的交易价格时，则意味着只有当重大负面消息流出时订单才会成交，而此时成交就有被套牢的风险。

2. 交易员的类型

对于机构投资者来说，当确定了投资策略并开始执行时，需要将委托承包给交易部门，让交易部门指定交易员来执行。具体操作中，交易员可以分为以下几种类型：

（1）信息驱动型。

信息驱动型交易员往往认为他们需要根据新的利好或利空信息立即进行交易，而且通常需要进行大额交易。这种交易员短期内对高流动性的需求是第一位的。信息驱动型的交易员往往有一套自己的根据信息迅速反应的规则，一旦新的信息出现，他们就通过经纪商或者交易商迅速完成交易。信息驱动型交易员一般使用市场指令来掩盖其交易意图。

（2）价值驱动型。

这种交易员一般有一套独立自主的评估股票公允价格的标准。他们不轻易交易，而是等待市场价格落到他们理想的价格范围内再交易。一个典型的价值驱动型交易员往往使用限价或者公式化的交易指令。对这种交易员来说，合适的价格比及时成交更重要。

（3）流动性驱动型。

对于这种交易员来说，现金就是一切。他们往往使用市价指令快速平仓，并且希望交易佣金越少越好。和信息驱动型交易员一样，流动性驱动型交易员也很在乎成交的及时性，但是他们对于交易不确定性的容忍度要更高一些。这种类型的交易员不那么在意暴露自己的交易意图，因为获得流动性对他们来说是第一位的。

（4）成本驱动型。

这类交易员最在乎的是交易成本要足够低，尽管有时候他们也需要流动性，但是交易成本依然是他们最关心的。这类交易员一般使用限价指令。这种交易方式的缺陷在于成交的不确定性很大以及成交周期会很长。

3. 市场指令

在股票市场上，当一个交易员需要买入或者卖出股票的时候，他一般会和经纪商联系，要求经纪商接受自己的指令。市场指令和限价指令是交易员使用的两种主要指令类型。

市价指令是指按照当前市场价格买入或者卖出股票的委托指令。市价指令成交的价格是指在公开市场上及时执行的价格。例如，一项购买英国石油公司 10000 股股票的指令发送到伦敦证券交易所时，伦敦证券交易所将以最优惠的价格执行。假设订单到达伦敦证券交易所时，卖方准备出售英国石油公司股票的价格为 642 便士，最多 8000 股（对于买家而言，价格越低越好）；第二低的价格是 643 便士，数量最多 6000 股。因此，该订单将在 642 便上的水平上成交 8000 股，剩余的 10000 - 8000 = 2000 股将顺位到 643 便士的价格水平去成交。因此，市价订单通常具有一定程度的执行价格不确定性。

限价指令是指按照给定的最大（最小）价格买进（卖出）的委托。对于使用这种指令的购买订单，交易价格不得超过限价；而对于限价指令的卖出订单，交易价格必须至少和限价一样高。假设交易者下的是购买 10000 股英国石油公司股票的限价订单，价格上限为 641 便士（即 641 便士或更低），有效期为 1 天（订单在当天交易结束时到期），此时 641 便士将成为该笔买单可以成交的最高价格。假设在交易员发出 10000 股的买入限制指令后，市场上立刻出现一张 6000 股的市价卖单，此时该限价单将被执行。交易者将以 641 便士的价格购入 6000 股股票，剩余 4000 股订单未完成。假设此时市场上有关于英国石油公司的利好消息，英国石油公司股票的价格由此大幅上涨，这使得其不会以低于或等于 641 便士的价格成交。在这种情况下，在 1 天结束时，这个订单会有 4000 股未完成，又因为该订单有效期为 1 天，因此剩余未成交的部分在收盘时自动撤销。由此可知，限价订单通常有执行的不确定性。

4. 股票经纪商

在股票市场中，经纪商作为交易中介，其作用在于将投资者的委托传递给交易系统运营商。经纪商的角色往往由券商或者投资银行的经纪部门扮演，其职责包括：

（1）执行订单。

经纪商的主要任务即是挂单。只有订单指令进入交易所，才有可能被有意向的对手方看到并随后成交。

（2）寻找交易的对手方。

如果市场上目前还没有明显的对交易感兴趣的对手方，通常由经纪商为所需的商品找到买（卖）家。有经验的经纪商可以帮助难以成交的订单（如大宗订单）找到交易对手方，或者由经纪商充当市商亲自给客户当对手方。此时，经纪商会收取一定佣金作为补偿。

（3）提供市场信息。

这些市场信息包括买家和卖家的身份、购买和出售的交易信息，以及其他与交易相关的成本和风险。这些信息对于买方交易员来说尤其重要。

（4）职业水平的审慎态度和保密意识。

买方交易者非常重视交易的保密性，目的是防止抢筹抬高建仓成本或者可以在股价下跌之前顺利出货。对于指定的经纪商来说，买卖双方的信息对自己并不保密，经纪商可以谨慎地试图帮助投资者找到交易的对手方，从而促成交易换取佣金。

（5）提供其他配套投资服务。

经纪商提供的服务包括向客户提供资金杠杆、记录保存、现金管理和保管融资有价证券等。在大宗经纪业务关系中，经纪商还负责介绍潜在客户。

（6）维持市场运行。

经纪佣金间接保证了所需市场设施的持续性。

5. 保证金交易（杠杆交易）

在杠杆交易中，股票经纪商可以给客户提供保证金贷款（margin credit）。例如，当客户确信 IBM 的股票将会上涨时，便可以向经纪商借入资金来增持 IBM 的股票，这是一种典型的杠杆交易。如果股价如预期般上涨了，则该笔交易的收益是不加杠杆时候的数倍，反之则相反。在具体操作中，经纪商一般要求客户始终存留一定金额的保证金在证券交易账户中，这一最低要求称为维持保证金要求。它通常为客户账户头寸价值的 25% 左右，临近合约到期，这个保证金比例会有所增加。具体保证金要求取决于合约的品种和交易所的政策。如果账户里证券的价值低于维持保证金要求，客户将收到追加保证金通知，或要求追加股本。如果客户没有额外存款及时与经纪商进行股权交易，经纪商将强行平仓以防亏损数额超过保证金数额。

（三）市场影响

市场影响描述了交易行动对市场价格的影响。在高度流动的市场，一笔小的交易对价格几乎没有影响；但是对于高度不流动的市场，一笔大的交易将对价格产生重大影响。这种效果被称为交易的**市场影响**，或**价格影响**。

假设一名交易员需要买入共计 400 张债券订单，因为 400 张债券的交易数量很大，他决定分批执行以避免市场影响。假设他将 400 张债券分成 2 个相等数额的订单（每个订单 200 张债权）执行，因为市场影响的存在，后成交的 200 张订单的价格一定会更高。因此，很有可能出现这种情况：买家在债券报价①为 100.297 ~ 100.477 时，第一个订单以 100.477 的要价执行。之后，因为市场影响，同样品种的债券市场报价升高至 100.300 ~ 100.516。因此，第二个命令在 100.516 的高价执行。交易员将第二份订单中获得的价格提高 0.039（100.516 - 100.477），即每千美元面值 0.39 美元。

市场影响是投资组合中一类重要的隐形成本。除此之外，股票交易还有其他两种隐形成本：

（1）机会成本（或未实现利润/损失）。

机会成本表示由于交易没有全部执行或者延迟执行而产生的成本。例如，假设一名期货交易员下了一个限价单，在市场报价为 99.01 ~ 99.04 美元时，购买 10 份合约，有效期为 1 天。假设直到收盘时订单未执行且合同以 99.80 美元收盘，差异 0.76 美元（99.80 - 99.04 = 0.76）则反映了每份合同错过的机会成本以及交易者本可以避免的成本。在实操中，机会成本很难衡量。

（2）延迟成本（延迟交易产生的成本）。

延迟成本是由于市场规模和流动性的限制导致无法立即完成交易而产生的成本。延迟成本可以根据订单转到下一个交易日的数量来估算。延迟可能代价高昂的一个原因是，当交易随着时间推移而延长时，交易意图也会逐渐传递到市场中。

（四）美国存托凭证（Amercian Depository Receipt，ADR）

由于大部分外国公司不在美国的证券交易所上市，因此美国投资者想要购买这些股票非常困难。金融中介机构由此找到了解决问题的办法，即出售美国存托凭证。具体操作是：一家美国银行先购买一家外国公司的股票并将其作为库存，然后该银行发行以这些股票为支持的、用美元交易的、可以在美国市场进行交易（通常是纳斯达克市场）的凭证。存托凭证的出现便利了外国公司股票在美国的交易，且这些公司不需要严格遵守美国证券交易委员

---

① 此处报价为债券面值百分比。

会规定的披露要求。

美国存托凭证有四种主要类型，每种类型都有不同程度的公司风险治理和备案要求（见表 6 – 1）。一级存托凭证在场外市场（Over-the-counter，OTC）交易，无须在美国证监会注册。二级和三级美国存托凭证可以在纽约证券交易所（New York Stock Exchange，NYSE）、纳斯达克（NASDAQ）和美国证券交易所（American Stock Exchange，AMEX）上市交易。三级和二级存托凭证允许公司利用这些证券筹集资金并进行兼并收购。然而，发行公司必须满足美国证券交易委员会的所有要求。第四种存托凭证，即根据美国证券交易委员会规则 144A 发行的存托凭证，则不需要注册。相反，外国公司可以通过私人方式筹集资金将这些存托凭证交给合格机构投资者或离岸非美国投资者持有。

表 6 –1　　　　　　　　　　**美国存托凭证的主要特征概述**

分类标准	一级 ADR	二级 ADR	三级 ADR	Rule144A
融资地点	不在美国本土	不在美国本土	在美国本土公开发行	在美国本土私募发行
美国证监会披露规则	F – 6 表格	F – 6 表格	F – 1 和 F – 6 表格	无
交易场所	柜台市场（OTC）	NYSE，NASDAQ，AMEX	NYSE，NASDAQ，AMEX	私募、转卖，美国证券商公会 PORTAL 系统
发行费用	低	高	高	低
对公司盈利和规模的要求	无	有	有	无

（五）差价合约

差价合约是投资者和做市商就某一类金融产品（如股票、商品、外汇、比特币等）的价格所达成的约定，以下简称 CFDs。CFDs 可看作一系列收益互换合约的打包组合并经过标准化后的衍生工具。

具体而言，投资者在 $T = 0$ 时刻根据对金融产品未来价格的变化做出判断，并从做市商处通过杠杆买入或卖出该标的对应的 CFDs，并在 $T = 1$ 时刻将合约买入或卖出给做市商，从而赚取其标的资产在此期间的价差。CFDs 的交易成本主要是融资成本，融资成本包括银行的目标隔夜现金利率和未平仓利率。如果投资者持有 CFDs 多头头寸，则持有期收益等于支付隔夜现金利率加未平仓利率；如果投资者隔夜持有差价合约空头头寸，则持有期收益等于支付隔夜现金利率减去未平仓利率。

CFDs 在做市商建立的电子平台上进行交易。在整个交易过程中，CFDs 投资者从未持有合约中所对应的底层资产，而交易商则需要根据其多空合约数量计算其单一标的净持仓，并从交易所买入相关底层资产对冲其单个底层资产的净风险敞口。CFDs 中的各方不受交易所的监管，甚至其对某一标的实际持仓量数据都无据可循。

目前，全球 CFDs 市场增长迅速，但由于美国证券交易委员会对场外交易工具的限制，CFDs 无法在美国销售，而是利用澳大利亚证券交易所（Australian Securities Exchange，ASX）的市场订单进行交易。已经有研究发现 CFDs 交易在短期内可能获得少量正回报，但在长期内则会带来负回报（Lee & Choy，2012）。

三、要点分析

教师可以根据教学目标来灵活使用本案例，这里提出案例分析的思路，仅供参考。

（一）多空组合策略的风险收益特征

在传统的单边做多策略中，经过风险调整的投资组合回报率超过其要求回报率的部分被称为超额收益（阿尔法）。在市场中性的多空策略中，因为投资组合经理可以使用给定的金额用于购买多头头寸和空头头寸，超额收益可以由两个阿尔法组成——即一个阿尔法来自多头仓位，另一个来自空头仓位。

1. 风险中性的多空组合

风险中性的策略也被称为总体零贝塔策略，即投资组合的表现与市场行情无关。在这种多空组合策略中（也被称为配对交易或配对套利），投资者持有等价值、不同方向仓位的单一公司（或行业不同公司）的股票（持有被低估股票的多头，被高估股票的空头），以获得属于特定公司的风险暴露和对应的超额收益。当然，这种简单的组合也可能会出现亏损，如空头仓位价值激增而多头仓位价值暴跌。在多空组合策略中，一旦出现判断错误，则亏损数额较单方向操作可能翻倍。

与多空组合策略相关的最大风险是杠杆。为了放大两只股票之间的阿尔法差异，基金经理有时会将他们的资本杠杆率增加到多达两、三倍以上。尽管杠杆放大了阿尔法，但它同时也放大了短期价格负波动的可能性，可能会迫使投资人提前归还借入证券或提前平仓以满足保证金要求。

2. 加强的多空组合

在加强的多空组合策略中，基金经理通过做空证券获得资金来增加多头头寸。在这种策略中，空头头寸为投入资本的 $x\%$，多头头寸为投入资本的 $100\% + x\%$。例如，一个 130/30 的加强多空组合中，每收到 100 欧元，投资经理就同时做空价值 30 欧元的证券，因此总体投资额为 $100 + 30 = 130$（欧元），即最初的 100 欧元加上卖空提供的 30 欧元。加强的多空组合策略成本包括交易执行成本和向券商支付的融券费用。

这种加强的多空组合策略与风险中性的多空组合策略相比，允许投资组合经理更有效地利用市场信息，特别是负面的市场信息。因为卖空 $x\%$ 的直接效应是释放资金，这些资金可以用于增加多头仓位来获得更大的风险暴露。也就是说，每做空 1 欧元，投资组合经理就可以多投资 1 欧元来做多。多出的 1 欧元的加仓可以是对现有股票仓位的补充，也可以投资新的股票。

多空组合策略并非在所有市场都能实践。许多投资者面临着投资政策或监管限制，不被允许做空股票。这种限制是如此普遍，以致许多投资者甚至都不认为这是一种约束。

3. 互换

股权互换合约可以获得某只股票的风险暴露而不需要进行任何实际的股票交易。假设 ABC 公司与开户银行合作找互换交易商 CAPS 进行股权互换——ABC 公司向 CAPS 支付标准普尔 500 指数按照市场表现计算的现金收益（如按照当时的市场表现和双方约定的合约价值，假设这个收益水平是每季度3000 万美元），而 CAPS 将向 ABC 支付某只证券按照市场表现计算的收益。这个付款将按季度进行，直至合同结束。这个合同自始至终不需要交割本金，合约双方仅交换收益率。在这种操作中，ABC 公司出让标准普尔 500 指数的收益换取某只证券的收益；但是如果证券的收益低于标准普尔 500 指数的收益，则 ABC 公司有义务向 CAPS 支付差额收益，即现金流出。反过来，CAPS 则有义务向 ABC 公司支付差额收益。总之，合约中一定有一方会负债，这可能会带来严重的现金流问题并迫使合约的一方在市场上出售持仓股票来轧平头寸。如果一方无法一次性卖出所有持仓，则这个抛售行为可能持续好几个交易日。因此现金流管理是互换合约管理的重要困难之一。互换交易一般有 1 个确定的到期日，合约需要定期更新并将受制于市场中新的续约条件。

（二）如何决定交易策略

一个机构投资者交易部门的首席交易员在思考如何组织自己的团队时，往往需要制订每日计划平衡交易需求和市场条件。这当中需要考虑的因素包括以下内容：

（1）以流动性为导向的小规模交易可以采用直接市场准入（Direct Market Access，DMA）策略或通过算法交易。直接市场准入是指通过经纪商赞助的平台直接进行交易；算法交易是一种自动化电子交易，通过算法交易，规模较大的交易可以获得定制处理。

（2）大型交易一般需要专业的、有经验的交易员才能完成。高水平交易员会在成交率和市场影响之间取得一个平衡，尽量减少在市场影响出现之前向市场释放太多买卖意图。

除了以上的各种考虑，交易员还必须了解客户的交易限制，现金余额和如何在不同的经纪商之间分配订单。

（三）用加权平均价格衡量交易的隐含成本

大多数基金在核算净值的时候，会参考一些价格基准来衡量隐含成本（即不含佣金的成本）。实践中一般用交易中间报价（报价中点）来计算有效价差。当缺乏此类准确信息时，价格基准有时被视为成交量加权平均价格（Volume Weighted Average Price，VWAP），以下简称 VWAP。

一种证券的 VWAP 是该证券在一天内交易价格按照订单市值加权计算的平均价格。VWAP 是一个流行的价格基准，因为它允许基金管理人确定其交易价格何时高于或低于当日证券的平均交易价格。例如，如果一份 500 股的购买订单的价格为 157.25 欧元，当天该股票的 VWAP 为 156.00 欧元，则该订单的估计隐含成本为 625.15 欧元 [500 × (157.25 - 156.00)]，如果佣金等显性交易成本为 25 欧元，则总估计成本为 650 欧元。除了 VWAP 之外，其他交易的成本基准还包括证券的开盘价和收盘价。因此，一只基金如果想对交易成本实现控制，需要一个深思熟虑的交易策略。不恰当、不合法的交易策略都会导致更高的交易成本；相反，有效的交易会降低交易成本，提高投资业绩。

四、案例教学使用说明

（一）教学目的与用途

金融市场成熟的过程往往伴随着投资的机构化过程。投资的机构化往往表现为养老基金、人寿保险公司和共同基金的出现和成长，即越来越多的资产由专业的基金经理管理。在投资范围上，这些基金也涉猎广泛。它们不仅投资传统的股票债券产品，对于衍生工具也非常勇于尝试，目标市场也从发达资本市场延伸到新兴市场。未来，它们将以更快、更大的步伐成长，其对金融市场稳定性的影响需要引起我们的关注。

本课程面向金融学二年级、三年级本科生。课程的内容主要包括金融市场与金融机构、机构投资和资产管理。本案例教学需要达到的目的包括以下几个方面：

（1）比较市场订单和限价订单，包括价格和执行的不确定性。

（2）学会计算和解释有效价差，并将其与报价买卖价差一起作为交易成本的衡量标准。

（3）理解经纪商和交易员在金融市场中扮演的角色。

（4）解释执行成本的构成，包括显性成本和隐性成本，并根据这些成本对基金业绩进行评估。

（5）了解主要类型的交易者，基于他们的交易动机了解他们的时间与价格偏好和首选订单类型。

（6）描述主要交易策略，评估其相对成本，优势和劣势，描述投资者的交易动机、交易规模和风险收益特征。

（7）比较多空组合策略和加强的多空组合策略各自的风险和收益特征。

（二）课程安排

本案例可以作为专门的案例讨论课，课堂计划实践进度仅供参考。

（1）整个案例课的课堂讨论时间控制在 80 ~ 90 分钟。

（2）课前计划：同学分组并提出案例阅读思考题，要求学生在课前完成阅读和小组初步讨论。

（3）课中计划：

①课堂导言（2 ~ 5 分钟），简明扼要介绍案例主题。

②小组发言（控制在每组 15 ~ 20 分钟），幻灯片（PPT）辅助演示。

③引导全班进一步讨论，并进行归纳总结（15 ~ 20 分钟）。

（4）课后计划：要求学生结合讨论要点进一步收集相关信息资料，采用研究报告形式给出更新后的解决方案，或写出案例分析报告（1000 ~ 1500字）；明确具体的职责分工，为后续章节内容做好铺垫。

参考文献

［1］［英］E. 菲利普·戴维斯，贝恩·斯泰尔. 机构投资者［M］. 北京：中国人民大学出版社，2000.

［2］弗雷德里克·S. 来什金，斯坦利·G. 埃金斯. 金融市场与金融机构（第 8 版）［M］. 北京：中国人民大学出版社，2004.

［3］Lee A D, Choy S. Contracts for Dummies? The Performance of Individual Investors in Contracts for Difference［J］. *Accounting & Finance*, 2012.

案例 7

XY 银行绿色债券发行研究

一、引言

随着全球经济的迅速发展，气候变化、能源枯竭等环境问题伴随着 GDP 的增长纷纷显现。政府间气候变化专门委员会（Intergovernmental Panel on Climate Change，IPCC）在其第五次评估报告中明确指出人类对气候变化有显著影响，解决气候变化等环境问题已经成为人类必须面对的挑战之一。为了改善生态并实现可持续发展，全球经济发展的重点逐步向绿色经济和循环经济等方面靠拢，采用经济手段推动生态环境保护工作已成为时代发展的大潮流。

我国曾长期采用粗放型的经济增长方式，虽然实现了快速增长，但是伴随利益而来的是环境的破坏。自 20 世纪 90 年代开始，我国的金融体系进行了大幅度的变革和发展。在变革的过程中，尤其加大了对绿色资金的投入和需求，通过各项政策的出台来助力我国绿色经济的发展。初期金融机构的绿色融资渠道主要是通过绿色信贷业务来开展，但由于绿色项目增长较快，单一的融资渠道很难满足业务的需求，因此我国开始建立绿色债券市场，鼓励企业发行绿色债券，丰富绿色项目融资工具。

2015 年 7 月，我国第一只绿色债券成功发行。2015 年 12 月 22 日，中国人民银行出台了《关于在银行间债券市场发行绿色金融债券有关事宜的公告》，并配套发布《绿色债券支持项目目录》，对绿色金融债券的发行进行了引导，自上而下建立了绿色债券的规范与政策，中国的绿色债券市场正式启动。2016 年 8 月，我国发布了具有里程碑意义的《关于构建绿色金融体系的指导意见》。在政策支持与融资需求的推动下，我国绿色金融迅速发展，绿色债券等绿色金融工具纷纷涌现并取得了长足的进步。2020 年，随着"碳达

峰、碳中和"目标的提出，关于绿色债券的多项政策密集出台。2020 年 7 月
8 日，中国人民银行会同国家发改委、中国证监会联合出台《关于印发〈绿
色债券支持项目目录（2020 年版）〉的通知（征求意见稿）》，统一了国内绿
色债券支持项目和领域；同年 11 月 27 日，上交所、深交所先后发布公告规
范了绿色公司债券上市申请的相关业务行为。2021 年 4 月，《绿色债券支持
项目目录（2021 年版）》正式发布，新版目录统一了绿色债的标准及用途，
对分类进行了细化，新增了绿色装备制造、绿色服务等产业，剔除了煤炭等
化石能源清洁利用等高碳排放项目，采纳国际通行的"无重大损害"原则。
随着绿色债券定义和相关规范的明确，绿色债的顶层设计不断完善，绿色债券
透明度逐渐加强，信息披露越发完善，中国绿色债券质量逐步为国际所认可。

经过多年发展，我国绿色债券市场逐步趋于完善，发行量及净融资额逐年
递增，债券类别日益丰富，发行人参与意愿显著提高，市场容量实现快速增长。

从发行量角度来看，2016～2021 年各年度累计发行绿色债券 24112 亿
元，共计 2177 只绿色债券。其中，2019 年发行量同比增长 65%，为 2017～
2021 年发行量同比增速顶峰，其后在 2020 年及 2021 年也实现了双位数增长，
分别同比增长 42% 及 46%（见图 7 - 1）。

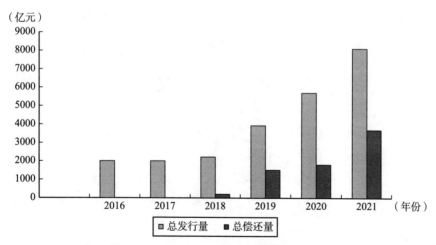

图 7 - 1　2016～2021 年绿色债券发行规模

资料来源：http：//www.ccdc.com.cn。

从发行主体行业分布来看，金融机构作为绿债市场最早期参与者，其占
比随监管政策的放宽逐步降低，而地方政府和企业的加入则导致工业及公用

事业占比增加。2020 年绿色债券的前三大发行方类型分别是非金融企业（22.3%）、政府支持机构（22.1%）和金融公司（19.2%）①。

从发行品种角度来看，创新品种不断推行。2021 年，国内绿债市场推行了碳中和债，其募集资金专项用于具有碳减排效益的绿色产业项目，项目领域包括风电、光伏、水电等清洁能源和绿色建筑。交易商协会明确了碳中和债的 3 个特征：资金用途更加聚焦；需第三方专业机构出具评估认证报告；加强存续期信息披露管理。图 7 - 2 描述了 2021 年碳中和债发现的基本情况。从债券类型来看，中票的数量占比和规模占比分别为 59% 和 46%；从行业来看，公用事业、银行、城投和交通运输的规模占比居前 4，其中，公用事业的比重接近一半。

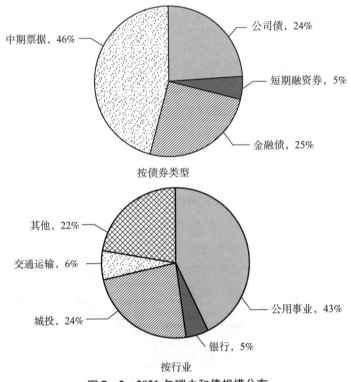

图 7 - 2　2021 年碳中和债规模分布

资料来源：http://www.ccdc.com.cn。

---

①　笔者根据中央结算公司中债研发中心历年绿色债券市场年报计算得出。

二、XY 银行绿色债券发行情况

XY 银行成立于 1988 年 8 月，2007 年 2 月于上海证券交易所上市。伴随着绿色金融热潮的兴起，XY 银行凭借着敏锐的商业洞察力和对社会负责的商业精神，意识到绿色金融在我国发展的必要性和宽阔前景。2008 年，XY 银行成为中国首个加入赤道原则的银行，在我国绿色发展中处于行业领先的地位。2016 年 1 月，XY 银行第一批获准发行 500 亿元绿色金融债券，分 3 期发行，获得 2 倍以上的认购，市场认可度较高。截至 2019 年已经成功发行 6 期国内绿色金融债，1 期境外绿色金融债。其中，2018 年发行的境外绿色金融债券取得了境外投资者的大力认可，也让 XY 银行成为中资商业银行中第一家完成境内境外 2 个市场绿色金融债发行的银行。2018 年末，XY 银行以 96 亿美元的绿色金融债券发行量成为中国第一、全球第二大发行人，境内绿色金融债券的详细情况如表 7 - 1 所示。

表 7 - 1　　　　　　　　　XY 银行境内绿色债券发行情况

发行时间	债券简称	发行规模（亿元）	认购倍数	年限	票面利率（%）	募集用途
2016 年 1 月 28 日	16XY 绿色金融债 01	100		3 年	2.95	
2016 年 7 月 14 日	16XY 绿色金融债 02	200	超过2 倍		3.20	专项用于绿色产业项目
2016 年 11 月 15 日	16XY 绿色金融债 03			5 年	3.40	
2018 年 10 月 30 日	18XY 绿色金融债 01	300	超过3 倍	3 年	3.99	绿色债券支持项目目录项目
2018 年 11 月 22 日	18XY 绿色金融债 02		超过2 倍		3.89	专项用于环保以及9 清洁能源交通等支持环境改善或应对气候变化的绿色项目
2019 年 7 月 16 日	19XY 绿色金融债 01	200	—	3 年	3.55	综合

资料来源：https：//www.cnfin.com。

三、XY 证券绿色债券发行：动因与效果

（一）绿色债券发行动因

1. 政策支持

在经济发展过程中，越来越多的人意识到"不仅需要金山银山，也得要绿水青山"。为了让保护生态环境与经济发展齐头并进，政府倡导社会绿色发展，希望社会能够自发地追求可持续性的发展。我国通过借鉴西方发达国家的经验，引入绿色债券来丰富我国的绿色金融工具。自 2015 年开始发行以来，我国政府不断完善绿色债券发行过程中的相关政策，鼓励企业发行绿色债券，支持我国绿色经济的建设。和西方发达国家相比，我国关于绿色债券的相关政策基本上都是由政府来制定并实施的。政府通过不断制定各种政策（见表 7-2）帮助和完善我国绿色债券市场的运行，并通过有效的政策支持和引导以提高机构的发行积极性和投资者的投资热情，积极建设绿色金融政策体系。根据调查结果显示[①]，截至 2021 年，我国是首个建立起系统化绿色金融政策体系的国家，可见我国在发展绿色信贷上具有政策上的优势，有利于银行开展绿色债券等业务。

表 7-2 我国绿色债券相关政策一览

时间	发布机构	文件名称
2015 年 4 月	中共中央国务院	《关于加快推进生态文明建设的意见》
2015 年 9 月	中共中央国务院	《生态文明体制改革总体方案》
2015 年 12 月	中国人民银行	绿色金融债券公告（中国人民银行 ［2015］第 39 号公告）及《绿色债券支持项目目录》（2015 版）
2015 年 12 月	国家发改委	《绿色债券发行指引》
2016 年 3 月、4 月	上海证券交易所、深圳证券交易所	《关于开展绿色债券公司债券试点的通知》
2016 年 8 月	中国人民银行等七部委	《绿色债券发行指南》

---

① 2022 年，气候债券倡议组织和商道融绿共同发布了《中国绿色金融政策 2021 分析报告》。

续表

时间	发布机构	文件名称
2017 年 3 月	中国证监会	《关于支持绿色债券发展的指导意见》
2017 年 3 月	中国银行间市场交易商协会	《非金融企业绿色债务融资工具业务指引》
2017 年 12 月	中国人民银行、中国证监会	《绿色债券评估认证行为指引（暂行）》2017 年 20 号公告
2020 年 7 月	中国人民银行、国家发改委、中国证券监督管理委员会	《关于印发绿色债券支持项目目录（2020 年版）的通知征求意见稿》
2020 年 11 月	上海证券交易所、深圳证券交易所	《上海证券交易所公司债券发行上市审核规则适用指引第 2 号——特定品种公司债券》《深圳证券交易所公司债券创新品种业务指引》
2021 年 4 月	中国人民银行、发展改革委、证监会	《绿色债券支持项目目录（2021 年版）》

资料来源：https：//www.cnfin.com。

同时，政府会自发地与优质的发行机构进行战略合作。合作协议一旦签订之后，银行跟政府之间就会建立起优先合作的关系，这就对金融机构尤其是商业银行释放出一个信号：由于政府部门支持金融机构发行绿色债券，并且发行者能够享受政策优惠补贴，因此绿色信贷等业务发展优秀的机构便会获得政府的认可，优先取得政府相关项目的开发权，从而提高机构响应开展绿色金融业务的积极性。

2. 先发优势

随着 2015 年人民银行颁布了《在银行间债券市场发行绿色金融债券有关事宜的公告》，呼吁金融机构在市场上发行绿色债券，发展绿色信贷的呼声由此变得越来越高，参与者也越来越多。而在这些参与的机构当中，XY 银行有着更为丰富的绿色金融业务开展经验，以及天然的市场发行优势。XY 银行债务的发行、承销的规模以及市场占比的份额都占据商业银行前列。另外，XY 银行还参与了绿色金融委员会发行的绿色债券相关目录标准的制定工作，这代表 XY 银行受到了一定程度的官方认可，其发行的绿色债券也会因此更受市场青睐。由此可见，在发行绿色金融债券上，XY 银行既有良好的市场基础，也具有一定的市场影响力。在初期市场的氛围中，"处于窗口期"发行绿色债券，能够受到市场管理者的政策引导以及优惠补助，配额也更加宽松。拥有市场发展基础的 XY 银行能更好地在绿色金融债券市场上占领份额，打响绿色金融债券的产品招牌。

3. 战略定位

对于企业而言，只有确定一个符合发展潮流且对企业和社会均有积极意义的战略定位，才能保持企业的稳健发展。作为我国第一个赤道银行，也是我国最早接触绿色信贷的金融机构，XY 银行察觉到绿色以及可持续理念的价值意义。发行绿色金融债券不仅是 XY 银行支持业务发展的内生动力，也是承担社会责任的外在表现，是 XY 银行对绿色理念发展自我实现的具体行动。无论是在年报还是在责任报告中，XY 银行都将绿色金融业务列为三大主打业务之一，并通过彩铃等形式将绿色金融作为 XY 银行的名片和招牌去宣传，将"XY 银行＝绿色金融先行者"的信号传递给公众，这些都是 XY 银行为了企业战略定位而做出的举措。这一战略定位不仅有利于银行提高企业公众形象，向利益相关者展示银行对社会的担当，提高企业声誉，还有利于通过长期的声誉输出，形成"XY 银行是绿色金融领域标杆企业"的核心竞争力。

（二）XY 银行绿色债券发行效果分析

1. 创新公司业务

在经济新常态的背景下，国内经济由高速增长步入中低速增长，我国商业银行的经营业绩和国内经济的增速步调一致，自 2021 年之后开始处于一个中低速增长的状态。随着利率市场化改革的完成，金融市场进一步放开，行业准入的标准逐步降低，金融市场的竞争进一步加剧，这些都给商业银行的经营带来了巨大的冲击与压力。同时，开放的金融市场也倒逼商业银行进行自身的革新，传统的银行业务已经无法满足现阶段人民的需求，在这样的市场状态下，XY 银行发行的绿色债券，不仅为其开辟了新的业务门类，也为自身经营转型开辟了新的道路。银行的业务不再局限于传统的存贷款业务，而是给予投资者更多的选择，发行绿色债券从另一个角度来看是为客户提供绿色金融服务，有利于提升客户的长期盈利能力和风险管理能力。

2. 降低融资成本

在债务融资方面，商业银行通常通过发行商业次级债和混合资本债券等来募集资金，从而解决商业银行因为业务发展对资金不足和期限不匹配的问题。自 2016 年 XY 银行首次发行绿色债券至今，绿色债券正逐渐成为银行进行债务筹资的主要方式。从发债成本角度来看，短期融资券、中期票据、企业债、金融债的绿色债券发行成本较同类一般债券整体发行成本低，分别低41BP、55BP、18BP、8BP，[①] 这表明市场对中短期限或违约风险较低的绿色债券风险补偿需求相对较低，该类债券相对其他券种享有更大的融资资金成本优势（见图 7 - 3）。总体来看，绿色债券发行成本存在一定优势，未来监管政策的密集出台将有利于促进绿色债券市场的规范与成熟，发行成本方面的优势则会更为明显。

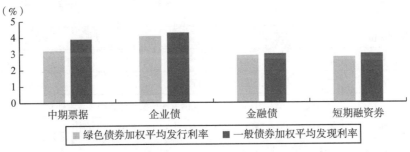

图 7 - 3　2021 年绿色债券发行利率与一般债券发行利率比较

3. 提高企业形象

绿色债券的发展使得 XY 银行绿色金融体系日臻完善，其发行绿色债券也得到了社会的广泛认可，并先后获得"最佳碳金融创新奖""绿色环保奖"，XY 银行董事长也因此获得了"CFV 十年绿色金融领军人""最具社会责任董事长"等多个奖项，赢得了社会的认可。发行绿色债券不仅是 XY 银行自身业务的需要，也体现着一个企业的社会责任担当，有利于提升 XY 银行的社会地位与企业形象。

四、XY 银行绿色债券个案介绍

商业银行在发行绿色债券的时候，除了向投资者公布债券的期限、规模

---

① 数据来源于中国金融信息网：https：//www.cnfin.com。

和票面利率外，还应当通过募集说明书向公众说明本期绿色债券更加细致的情况，包括债券性质、票面价值、付息次数、资金投向等内容。由于市场环境的变化，绿色债券各期的基本性质会有所差异，下面将 XY 银行 2018 年发行的第一期绿色债券作为背景。XY 银行 2018 年第一期绿色金融债券的基本信息如表 7 - 3 所示。

表 7 - 3　　　　　　　　XY 银行 2018 年第一期绿色金融债券

名称	XY 银行 2018 年第一期绿色金融债券
发行人	XY 银行股份有限公司
发行规模	300 亿元
债券种类	三年期固定利率品种
发行价格	人民币一百元
票面利率	3.89%
发行方式	本期债券采用簿记建档方式发行
发行对象	全国银行间债券市场全体成员（国家法律法规禁止购买者除外）
发行期限	本期债券的发行期为 2018 年 10 月 30 日～2018 年 11 月 1 日，共 3 天
发行首日	2018 年 10 月 30 日
起息日	2018 年 11 月 1 日
计息期限	自 2018 年 11 月 1 日～2021 年 10 月 31 日
还本付息方式	本期债券按年付息，到期一次还本，最后一期利息按本金的兑付一起支付
付息日	本期债券的付息日为债券发行期内每年的 11 月（如遇节假日或休息日，则付息日顺延至其后的第一个工作日）
债券信用级别	本期债券的信用级别为 AAA 级

资料来源：XY 银行股份有限公司 2018 年第一期绿色金融债券募集说明书。

主要条款设计由付息兑付办法、清偿顺序、认购与托管、募集资金用途等环节组成（见表 7 - 4）。

表 7 - 4　　　　　　　　XY 银行 2018 年第一期绿色金融债券清算顺序

付息兑付办法	根据我国绿色债券发行的相关规定，绿色债券发行人应当在相关的媒体上公布本次债券的付息兑付办法，具体分为付息公告和兑付公告；同时，债券的发行要确保所公布信息准确无误

续表

清偿顺序	本次发行的绿色债券评定为一般负债，因此在具体清偿环节，本次债券的优先级要高于XY银行的股权和长期次级债券
认购与托管	①由主承销机构承销团组员根据记账管理员簿记建档，同时在全国银行间债券销售市场公开发行；②债券的登记和托管组织为中央国债登记企业；③申购当期债券的金融企业投资者应在中央国债登记企业设立托管账户，或根据全国性银行间市场债券销售市场中的债券清算委托人在中央国债登记企业设立托管账户
募集资金用途	本期债券所募集的资金将按照相关规定投向绿色产业项目，具体包括绿色支持目录所规定的资源节约与循环利用、顺应环境变化、污染防治、可再生能源、清洁交通、生态保护、环保节能六大绿色支持项目

资料来源：XY银行股份有限公司2018年第一期绿色金融债券募集说明书。

　　本次绿色债券所筹集的资金将严格按照相关规定，全部投向《绿色债券支持目录》所规定的资源节约与循环利用、顺应环境变化、污染防治、可再生能源、清洁交通、生态保护和环保节能六大绿色支持项目，以期能够完善我国金融体系，推动绿色产业的发展。为了确保资金的合规使用，发行人会定期公开本期债券的资金使用情况。拟投放的具体项目储备情况如表7-5所示。

表7-5　　　　　　　　　　　　绿色债券支持项目

绿色债券支持项目目录	分类项目数量（个）	拟投放金额（亿元）
节能	29	70.83
污染防治	57	319.95
资源节约与循环利用	56	152.11
清洁交通	26	138.50
清洁能源	23	56.17
生态保护与适应气候变化	30	91.35
合计	221	828.91

资料来源：XY银行股份有限公司2018年第一期绿色金融债券募集说明书。

五、总结

　　本案例以XY银行发行绿色债券为研究对象，试图对XY银行发展绿色金融的历程、发行绿色金融债券的动因、效果等问题进行研究。我国从 2015 年开始建立绿色债券市场，发展速度较快，短短几年的时间，发行总量已跃居世界第一。绿色金融债券作为一项新型的融资工具，为金融机构通过在市场发行绿色债券募集资金开辟了新的筹资渠道，解决了部分企业融资难、融资成本高的问题；同时，绿色债券的推行也会帮助培养一批更具有责任心的投资者，更好地承担社会责任，从而引导一部分社会资金向绿色项目上投入。XY 银行的绿色债券实践向其他参与者展示了自己的成功做法并提供了经验启示，这也将有助于我国绿色债券市场的进一步发展。

思考题

1. 什么是绿色债券？它与普通债券有什么区别？
2. 简述绿色债券推行的必要性。
3. 简述 XY 银行推行绿色债券的动因。
4. 绿色债券发行对 XY 银行有哪些影响？

六、涉及知识点

本案例涉及的知识点主要包括可持续发展理论、外部性理论、声誉理论和金融创新理论。

绿色债券是遵循和发展可持续发展理论的体现。早在 20 世纪 80 年代初，国际自然和自然资源保护联合会（简称国际自然保护同盟）在《世界自然资源保护大纲》中提出，必须研究自然生态的、社会经济的以及自然资源利用过程中的基本关系来保证全球的可持续发展。这是可持续发展概念首次在文件中被提及。1987 年，挪威首相格罗·哈莱姆·布伦特兰（Gro Harlem Brundtland）针对当时发展中国家经济快速发展和生态环境遭到严重破坏的事实，与联合国环境与发展委员会（World Commission on Environment and Development，WCED）在报告《我们的未来》中提出了"永续发展"的概念，并将可持续发展定义为：既满足当代人的需要，又不对后代人满足其需要的能力构成危害的发展。在《经济、自然资源不足和发展》一书中，耶鲁大学学者巴比尔（Barbiel，1997）认为可持续发展是指"在维持自然资源质量和其所提供的服务的前提下，使经济发展的净利益增加到极限"的发展形式。

"外部性"这一概念最早由学者马歇尔（Marshall，1890）提出，可以理解为：一个经济主体的活动影响到其他经济主体，其结果可能产生有利影响，却也可能带来不利后果。而无论结果带来的是效益还是损失，由经济主体产生的影响最后均会由其他经济主体来承受。其中，当其他经济主体受到有利影响并因此获益，而无须支付任何成本的结果，称为正外部性；当其他经济主体受到不利影响并蒙受损失，但造成这种结果的一方却不需要因此承担代价或是给予补偿，则称为负外部性。在市场环境中，无论是正外部性还是负外部性，如果不能得到有效的解决，都会导致市场无效或失灵。从环境的角度来看，高污染企业为了获得内部经济利益不惜牺牲、污染外部生态环境，但却并没有因此承担相应的代价，而是将代价转移到社会公众身上，这便是负外部性的体现。这种行为既不利于生态建设，也不利于企业履行承担社会责任的义务；而利用绿色金融债券等绿色金融产品，则可以一定程度规避此类负外部性事件发生。银行作为发债机构，要求融资企业在利用绿色金融债券贷款获得经济利益的同时，兼顾对外部环境的保护。一旦出现了污染环境的行为，融资企业需要因此承担环境污染的经济后果。银行发行绿色金融债券，即发行以经济与环境协调发展为目的的金融产品，通过驱使高污染企业朝着绿色减排的方向转型升级，以达到改善环境的目的，为社会塑造良好的生态环境，具有正外部性。

佛姆布兰（Formbrun，1996）在研究企业品牌、建立声誉的过程中最早定义了声誉理论，目前被学者广泛接受。他认为企业的品牌价值和声誉是由企业发展战略和社会责任以及媒体正面渲染而形成的。企业的发展战略吸引着投资者的目光，有利于增强投资者对企业未来发展的期望；企业的社会责任，有利于增强社会公众对企业的好感度和信任度；媒体的正面渲染能够进一步提升社会各界对企业信任和期望，进而提升企业的市场价值。

金融创新是指金融内部通过各种要素的重新组合和创造性变革所创造或引进的新事物。金融创新大致可归为三类：金融制度创新、金融业务创新、金融组织创新。

对于金融创新的理解可以从三个层面来阐述：

（1）从宏观层面来说，整个金融业的发展史就是一部不断创新的历史，金融业的每项重大发展都离不开金融创新。其创新范围主要包括技术、服务、产品、市场等层面，以及组织形式、管理方式和业务结构等。除此之外，还对银行业产生了重大影响。金融创新促进了银行业各方面的数次变革，使银行日常的业务处理、支付、清算以及资本管理、货币制度等方面都发生了较大的改变。

（2）从中观层面来说，金融创新指金融机构特别是银行中介功能的变化。金融创新是指为了改善环境问题，降低风险和成本而去改变金融机构运营方式和体系的过程，可以分为技术创新，产品创新以及制度创新，其主体是政府和金融机构。它的目的除了改善环境之外，还希望打造出更加有效率的经营模式，在获取利润的同时，能够更加安全、环保。

（3）从微观层面来说，金融创新仅指金融工具的创新，大致可分为四种类型：信用创新型、风险转移创新型、增加流动创新型和股权创造创新型。

七、要点分析

（一）绿色债券定义

2007年世界银行（Word Bank）和欧洲投资银行（European Investment Bank）首先提出了这一概念，后来逐渐被采用。欧洲投资银行于2007年发行了气候意识债券，这是开发性金融机构第一次发行以环境保护为主题的债券，由于被视作绿色债券发行的先河，这只债券后来也被引用为绿色债券的定义：明确募集资金将被用于绿色环保项目，同时设定了严格的专款专用标准的债券。随后，世界银行于2008年发行了被认为是全球第一只的"绿色债券"，这只债券的募集资金明确规定用于减缓和适应气候变化的项目。自此之后，国际上很多政府、开发性金融机构、企业开始参与和发行绿色债券。2015年，在中国人民银行制定的《全国银行间债券市场金融债券发行管理办法》中，将绿色金融债券定义为"能为金融机构筹集资金以支持绿色产业项目的创新型筹资渠道，同时也是有利于增加绿色信贷尤其是中长期绿色信贷有效供给的绿色金融工具"。

与传统债券不同的是，绿色债券所募集资金的投向必须与发行目的保持一致，同时应产生良好的环境保护效应。作为现阶段新兴债券品种，绿色债券通常必须具备精简、透明、可对比、流动性高等特点，同时要求发行单位进行信用评级，以达到吸引投资者的目的。在绿色债券品种和数量不断发展的同时，不同的金融机构和组织分别对绿色债券做出了自己的定义。根据中央结算公司中债研发中心所给出的绿色债券市场年报，世界银行将绿色债券定义为收益率固定的普通债券，投资者通过绿色债券投资绿色项目，以帮助适应和缓解当代气候环境；经济合作与发展组织对绿色债券的定义是：一种为低碳经济和环境保护项目募集资金，发行主体为政府、跨国银行等机构的固定收益类债券。作为绿色债券领域最具权威性的组织，气候债券倡议组织将绿色债券定义得更加复杂和严格，即绿色债券是一种金融债券，其收益应当具有排他性，且投向以减缓气候问题或可持续发展问题为目的的项目和活动。这一定义也是目前最精准和专业的绿色债券定义。从各个组织对绿色债券的定义可以看出，虽然定义不尽相同，但是对于绿色债券的主要特征描述基本一致，即属于债券型金融工具、收益率固定、募集资金投向要求是绿色项目。从募集资金的投向的角度看，最典型的绿色债券一般资金都是投向规模相对较大、资本密集度较高的基础绿色项目。相对于其他绿色项目来说，这类项目的现金流更为稳定，可以通过长期、缓和的方式偿还。根据绿色债券定义，绿色项目或者潜在绿色项目应该是以应对全球气候变化、物种保护、环境防护、地球资源有限性等为目的。虽然在对"绿色债券"定义之前，一些传统债券的收益投向也包括了应对气候变化、环境污染治理等方面，但是"绿色债券"定义的出现还是具有跨时代意义的。它对绿色债券的特点，尤其是收益投向只能用于绿色项目的规定，从根本上与传统债券做出了明显的区别性标识，在一定意义上扩大了投资者的范围。绿色债券的投资者不仅包括投资传统债券的国有单位和机构投资者，还包括一些对减缓气候变化以及环境污染治理特别感兴趣的投资单位和个人投资者。

（二）绿色债券种类

1. 气候债券倡议组织标准划分

按照募集资金投向和偿还顺序的不同，气候债券倡议组织将绿色债券划分为四种不同的类型，如表 7 - 6 所示。

表 7 - 6　　　　　　　　　　　　债券类型

类型	募集资金投向	债务清偿顺序
绿色资金投向债券	要求投向特定绿色项目	对发行者有标准或完全追索权；与发行者其他债权适用同等信用评级
绿色资金投向收入债券	要求投向特定绿色项目	对于发行者无追索权；收入来源于发行者；信贷风险来自收入流、税、费等抵押现金流

续表

类型	募集资金投向	债务清偿顺序
绿色项目债券	限定投向特定项目	只对特定项目的资产和资产负债表有追索权
绿色证券化债券	指定用于某些绿色项目；直接用于未来的绿色项目	对共同抵押的一组项目享有追索权（包括资产担保债券，抵押债券等）

绿色"资金投向"债券最容易被人们见到和了解，归属于信用债券的范畴。以欧洲投资银行2007年发行的气候意识债券为例，它是发行主体用信用担保，与世界银行的"绿色债券"类似，这一种类绿色债券的信用评级往往较其他绿色债券要高。绿色"资金投向"收入债券相对而言更为复杂。以美国夏威夷州发行的绿色债券为例，该州的政府以非常低的价格发行这种收入债券，债券所募集到的资金归属一个第三方的绿色基金监管，第三方基金机构借贷给消费者，收取较低的利息，最后消费者利用借到的资金购买特定的环保和节能设施。该绿色"资金投向"债券的清偿首先来自贷款的消费者，该债券的担保由该州环保节能社会福利收费提供，所以这类债券的担保不需要发行人，清偿时也没有对发行人的追索权。美国阿尔塔风能控股责任有限公司发行的绿色债券较有特色，可以作为一个典型绿色项目债券的范例，这种债券的担保为项目本身。绿色证券化债券的担保可以是发行人现有的项目，也可以是发行人未来规划中的绿色项目，其中较为特殊的一种债券是资产担保债券，它的特点是具有对特定资产抵押权和追索权的"双追索"。

2. 根据发行主体划分

绿色债券的发行主体最初多为开发性金融组织，包括国家开发银行、亚洲开发银行、国家投资银行等。绿色债券出现的前四年时间，国际上所有绿色债券都是由开发性银行发行的。随着时间的推移和绿色债券被普遍认知，各个国家的政府单位、商业银行和企业渐渐参与到绿色债券的发行中。根据这些发行主体的不同，绿色债券可以分为发展银行绿色债券、市政绿色债券、企业绿色债券、商业银行绿色债券四类。发展银行绿色债券通常的投向为发展中国家的绿色项目，由于担保为发展银行自身，信用评级一般较高。市政绿色债券通常的发行主体为地方政府及其附属机构，该类债券的担保为政府机构，信用评级也较高。企业绿色债券是近几年新兴的一种类型，这类绿色债券一般规模小、数量多、评级不等。商业银行绿色债券的发行主体为各国的商业银行，所募集资金投向节能环保和应对气候变化等项目。

3. 根据募集资金投向划分

绿色债券募集资金可投向适应气候变化、节能环保、物种保护、环境治理等不同方面，因此可以根据债券收益的投向对绿色债券进行划分。根据募集资金投向的不同，气候债券倡议组织将绿色债券划分为 7 种，分别为交通、建筑与工业、废物与污染处理、农林业、能源类、水处理以及综合性绿色债券。

4. 其他分类方式

以上分类方式是根据绿色债券的基本特征进行的，较为常见。除此之外，还可以借鉴传统债券的分类方式对绿色债券进行划分。根据债券的计息方式，传统债券可以分为固定收益类和浮动收益类债券，同样，绿色债券也可以分为固定收益绿色债券和浮动收益绿色债券。绿色债券中的绝大部分属于固定收益类，但是也有个别债券属于浮动收益绿色债券。另外，根据债券发行方式的不同，可以将绿色债券划分为公募绿色债券和私募绿色债券。

（三）我国发行绿色债券的意义

对于政府部门来说，我国从 2013 年开始，加快了绿色环保产业的发展速度，相应地，这些产业发展所需的资金投入量也同步快速增加，仅仅依靠国家政策的扶持是远远不够的。同时，银行作为我国金融行业的绝对龙头，在我国产业发展的过程中起到了举足轻重的作用。然而，在绿色产业的发展中，由于银行受到自身经营状况的限制和监管的要求，在对绿色产业的扶持中仅靠信贷是无法满足的。在这种情况下，绿色债券的出现很好地解决了这一问题。通过筹集绿色债券支持企业发展绿色项目，不仅可以筹集到大量的资金，还可以降低这些产业融资的成本，为政府支持发展绿色业务提供强有力的支持。

对于企业来说，发展绿色环保业务需要购置专业的设备、投入大量的人力，并且由于这些产业的高、精、尖特质，一般投资期比较长、成本的回收比较缓慢，因此这类企业在融资过程较为困难，融资成本也比较高。而绿色债券的出现则完美解决了这些难题，对于企业发展绿色业务是一种极大的支持。

对于绿色债券的发行主体而言，绿色债券是一种先进的金融工具。在发行绿色债券的同时，发行主体一方面可以积极拓展自身在绿色金融领域的业务种类和服务水平，另一方面也能够在合法合规的情况下通过筹集资金的闲置期改善自身资产负债的结构，提升自身的经营管理水平。

从以上三点可以看出，绿色债券在我国的诞生一方面顺应了我国现阶段对环境保护、节能减排等绿色发展的战略要求，另一方面对我国金融业在支持发展绿色经济方面也起到了积极的促进作用。第一，我国正处于产业结构升级的重要时期，绿色债券的出现对我国实现这一经济目标有极大的促进作用。第二，我国很多金融机构在资产配置的过程中存在金融资产期限不匹配的问题，绿色金融债券的不同期限对这一问题而言，则是很好的解决方案。第三，绿色债券的出现使我国环境保护、节能减排等绿色投资者有了投资途径，可以更好地引导我国的投资方向。第四，虽然这几年我国的绿色金融概念较受关注，但是真正具有专业发展绿色金融业务的机构还较少，绿色债券的出现为我国金融机构参与绿色金融业务实操提供了路径，有利于较快提高我国金融机构在绿色业务方面的专业度。总而言之，绿色债券在我国的发展具有极强的理论和现实意义。XY 银行发行的绿色债券也为其他金融机构提供了较好的借鉴作用，为我国的绿色产业发展起到积极的推动作用。

八、案例教学使用说明

（一）教学目的与用途

本案例教学适用于"商业银行经营管理学""金融学"等课程。如将本案例用于其他相关课程，本案例说明可做相关调整。

本案例以 XY 银行发行绿色债券为研究对象，试图对 XY 银行发展绿色债券的历程、发行绿色债券的动因、效果等问题进行研究。通过此案例的学习，使学生了解我国绿色债券的由来与发展，以及商业银行发行绿色债券的具体实践。在分析案例的过程中，培养学生利用相关理论知识分析我国金融市场实际问题的能力。

（二）课程安排

本案例可以作为专门的案例讨论课来进行。课堂安排大致如下：

（1）整个案例的课堂时间控制在 80 分钟左右。

（2）课前计划：布置思考题，要求学生在课前完成相关材料的阅读。

（3）课中计划：

①案例回顾（10 分钟）。

②分组讨论（20 分钟）。

③小组发言（每组 5 分钟左右，控制在 30 分钟）。

④集体讨论、归纳总结（20 分钟左右）。

（4）课后计划：请学生以小组为单位搜索该案例的相关资料，撰写案例分析报告。

参考文献

[1] 爱德华·B. 巴比尔. 经济、自然资源：不足和发展 [M]. 北京：社会科学出版社，1997.

[2] 党登辉. 兴业银行绿色债券发行案例研究 [D]. 兰州：兰州财经大学，2017.

[3] 耿洁. 商业银行发展绿色金融支持供给侧结构性改革研究——以兴业银行为例 [J]. 统计与管理，2020，35（11）：57 – 61.

[4] 金佳宇，韩立岩. 国际绿色债券的发展趋势与风险特征 [J]. 国际金融研究，2016（11）：36 – 44.

[5] 区颖怡. 发现绿色债券的动因及问题研究 - 以兴业银行为例 [D]. 广州：暨南大学，2020.

[6] 王波，董振南. 我国绿色金融制度的完善路径——以绿色债券、绿色信贷与绿色基金为例 [J]. 金融与经济，2020（04）：84 – 90.

[7] 王波，岳思佳. 我国绿色金融激励约束保障机制研究 [J]. 西南金融，2020（10）：1 – 9.

[8] 王峰娟，李日强. 绿色金融债券的发行经验与建议——以浦发银行、兴业银行为例 [J]. 财务与会计，2017（09）：25 – 27.

[9] 王静. 我国绿色金融发展驱动因素与进展研究 [J]. 经济体制改革，2019（05）：136 – 142.

[10] 谢岩. 绿色债券的国际比较与借鉴 [J]. 上海金融，2017（03）：79 – 84.

[11] 闫柯旭. 我国绿色债券的需求、特性及实践分析 [J]. 金融发展研

究，2018（07）：37 – 41.

［12］杨希雅，石宝峰. 绿色债券发行定价的影响因素［J］. 金融论坛，2020，25（01）：72 – 80.

［13］余海斌. 商业银行绿色债券风险管理研究 – 以兴业银行为例［D］. 南昌：江西财经大学，2020.

［14］余青青. 我国城市商业银行绿色金融债券发行研究［D］. 昆明：云南财经大学，2019.

［15］詹小颖. 我国绿色金融发展的实践与制度创新［J］. 宏观经济管理，2018（01）：41 – 48.

［16］赵美华，张飒. 兴业银行发行绿色金融债券的经验研究及启示［J］. 金融纵横，2016（02）：39 – 44.

［17］周亮，陈小芳. 我国商业银行发展绿色信贷的现状和建议［J］. 西南金融，2017（08）：9 – 16.

［18］Fombrun C J. *Reputation*：*Realizing Value from the Corporate Image*［M］. Boston MA：Harvard Business School Press，1996.

［19］Marshall A. *Principles of Economics*［M］. London：Macmillan，1890.

案例 8

JX 银行排污权抵押贷款

一、案例背景

（一）基本背景

JX 银行在全国首创排污权抵押贷款，把排污权变成了企业"流动的资产"。JX 银行依托污染物排放权提供贷款的创新举措，有效缓解了企业"担保难"问题，更为企业做好节能减排工作奠定了扎实的基础。截至 2017 年末，JX 银行排污权抵押贷款累计发放户数 129 户，累计发放金额 10.13 亿元，排污权抵押贷款余额 2.27 亿元，涉及企业 22 户。

与此同时，JX 银行还不断探索绿色金融组织、绿色金融产品、绿色融资模式等方面的创新。例如，先行建立完善绿色金融创新发展的统计指标体系、评价评估体系、政策引导体系以及绿色资源交易机制等制度，让绿色发展理念深入融合到生产制造、生活出行等各个环节。此外，在试验区建设期间，力争每年创新绿色项目不少于 3 个，为推动绿色金融改革提供可复制的模式。

创新是绿色金融发展的核心动力。自 2016 年以来，JX 银行始终坚持创新理念，大力发展绿色小微信贷产品，推行小微批量业务。据调研，JX 银行于 2017 年着力推广绿色金融批量授信项目，以此来加大对经济转型升级和生态文明建设的信贷支持，为当地绿色金融发展提供信贷支持。

JX 银行鼓励各分支行根据当地实际需求进行绿色金融创新。以 JX 银行 HZ 分行为例，"CX 农家乐贷""AJ 民宿贷""AJ 茶商贷""CX 铁鹰电气批量贷""环保自卸车批量贷""砂洗印花行业批量贷"等小微绿色批量项目陆续推出，进一步密切了银企合作的粘连度。如针对茶农茶商量身定制的绿色信贷产品——"茶商贷",定向解决农民在生产经营过程中的资金短缺、周转困难问题。只要是符合条件的茶农、茶商,即可申请办理贷款,一般在资料齐全的情况下,3 天就可放款。该产品推出后,经过短短半年时间,截至 2017 年末,AJ 支行已完成"茶商贷"授信 88 户、授信金额 2667 万元,户均贷款 25 万元。数据显示,绿色小微批量项目占 JX 银行 HZ 分行全部小微批量项目的 87.5%;绿色小微批量户数为 365 户,占全部小微批量户数的 82.58%;绿色小微批量贷款余额为 9085 万元,占全部小微批量贷款余额的 92.69%。

(二) 案例简介

2016 年 2 月初,SX 市先后对 KQ 区和 PJ 开发区 76 家存在重大隐患和问题的印染企业实施停产整治,整治力度空前。印染产业作为 SX 经济的支柱产业,淘汰落后产能对整个行业来讲并非一件坏事,反而能够扩大在位或存活企业的发展空间,其未来发展前景将趋于更好。为此,JX 银行授信政策也从谨慎介入转为积极介入。从客户类型上,重点选择区域内大型印染龙头企业,特别发展从事印染行业时间长、环保控制严、有产业提升或更新改造需求的大中型企业,贷款主要投向滨海搬迁集聚企业。

如何才能支持传统优势产业通过绿色改造重塑优势?JX 银行不断完善环境和社会风险管理的政策、制度和流程,明确绿色信贷的支持方向和重点领域,对国家重点调控的限制类行业以及有重大环境和社会风险的行业制定专门的授信指引,实行有差别、动态的授信政策,实施风险敞口管理制度。在行业信贷政策中,JX 银行对存在重大环境和社会风险的客户实行名单制管理,要求其采取风险缓释措施,包括制定并落实重大风险应对预案,建立充分、有效的利益相关方沟通机制,寻求第三方分担环境和社会风险等。在流程上,JX 银行明确"绿色信贷"的政策要求和市场准入标准,将绿色信贷执行标准嵌入贷前尽职调查、授信方案制定、项目评估、授信审批、贷后管理等信贷业务管理环节,切实提高绿色信贷执行能力,全流程控制淘汰落后产能信贷风险,对不符合环保要求的企业实行一票否决制。在信贷投向方面,重点支持支柱产业、重点行业、战略性新兴产业等领域的产业升级,以及"五水共治"、绿色经济等领域。通过实施差别化管控,JX 银行腾出更多的贷款规模以更好地用于支持现代农业、信息经济、高端装备、健康产业、休闲旅游、循环经济、清洁能源、特色文化(特色小镇)等"生态+"产业;同时，创新融资模式，支持绿色园区建设，积极推动"五水共治""四边三化""三改一拆"等环境治理项目的开展。

本案例以浙江 YX 印染有限公司的贷款问题为切入点，结合 JX 银行首创的排污权抵押贷款的多年实践经验，深入分析 JX 银行与绿色企业探索创新出的绿色信贷模式的机制和意义，以期理清绿色金融政策背景下金融机构的绿色创新思路及其对企业和社会产生的综合效益。

（三）本案例分析的意义

JX 银行深入贯彻《绿色信贷指引》《关于推进绿色信贷工作的指导意见》等要求，推进绿色金融倒逼印染产业转型升级，对一些低质低效、无法转型、发展前景渺茫的印染企业，坚决予以退出；对一些向集聚搬迁和转型发展，升级改造传统设备、工艺、产品，采用新技术、新工艺、新设备、新材料，开发具有自主知识产权、高附加值产品的印染企业，JX 银行予以大力支持。基于此，本案例分析的研究具有很强的理论和现实意义。

1. 理论意义

绿色金融是实现生态、经济、社会可持续发展的新途径，具有重要的理论意义和政策价值。我国绿色金融的研究起步较晚，但在国内发展现状和国际研究热潮的共同推动下呈加速跟进之势，集中涌现出一大批成果。通过跟踪学习前人研究，基于绿色金融案例研究绿色金融的发展必要性、绿色金融的实践效益、绿色金融的发展问题；通过细致梳理，力图理清该领域的研究现状与发展态势，并对其研究趋势进行展望。

2. 现实意义

绿色信贷是 JX 银行的一大特色业务，曾登上《金融时报》版面。多年以来，绿色信贷一直是 JX 银行坚持的道路，在《JX 银行 2012 年度授信政策指导意见》中再一次明确了节能减排项目的信贷支持方向，充分发挥地方性商业银行作用。由此可见，为了家乡的蓝天绿水，JX 银行坚定不移地走绿色信贷道路。

JX 银行一直致力于支持地方经济、服务中小企业，此次排污权抵押贷款的推出，旨在充分实现排污权的经济价值，推动了排污权交易制度的健康发展，是该行加大金融创新力度的成果体现。排污权抵押贷款产品的推出，既有效缓解了企业融资的实际困难，拓宽了企业融资渠道，又进一步推动了全市排污权交易工作的健康发展，优化了公共环境资源配置，促进了绿色信贷，开创了金融与环保相互结合、相互促进的新局面。

二、案例介绍

（一）JX 银行概况及排污权抵押贷款情况

JX 银行是一家具有法人资格的地方性股份制商业银行。2020 年，全行资产总额突破 1000 亿元大关；2021 年 12 月末，JX 银行总资产为 1223.88 亿元，各项存贷款余额分别为 887.51 亿元和 702.97 亿元，核心经营指标实现稳健较快上升，资产质量优良。

2008 年 9 月，为解决推出排污权交易制度后不少企业因购买排污权而造成流动资金短缺的难题，以及更好地推广这项在全国具有独创性的制度，JX 银行联手 JX 市环保部门推出了排污权抵押贷款。排污权抵押贷款推出后，企业可以用有偿取得的排污权作为抵押物，在遵守国家有关金融法律法规和信贷政策的前提下，向银行申请获得贷款。纳入排污权抵押贷款的对象为全市持有《污染物排放许可证》且排污量未超过规定的企业。贷款主要用于企业生产经营和环保项目，期限一般为 1 年，最长不超过 5 年，贷款的最高额度不超过抵押排污权评估价值的 70%。企业在环保部门办理排污权证抵押登记，并与 JX 银行签订授信合作协议，就可将排污权证以抵押授信的担保方式向 JX 银行申请贷款。由于此项产品有效缓解了企业融资的实际困难，拓宽了企业融资渠道，优化了公共环境资源配置，促进了绿色信贷，开创了金融与环保相互结合、相互促进的新局面，因此其一经面世便引起广泛关注，全国"2009 年银行绿色金融创新大奖"、JX "2011 年度绿色信贷工作先进单位"等荣誉接连不断。

党的十七大后，调整经济结构、转变经济发展方式成为经济工作的重点，但经济发展与资源环境之间的矛盾却日益突出。如何运用经济、行政、法律等手段实施综合监管、有效推进节能减排，同时又要积极推进、支持企业的发展，最大限度地实现经济又好又快发展，是当前各级政府共同关注的问题。JX 市是全国排污权有偿使用和排污权交易的试点，2007 年 11 月 1 日在全国最先建立起了排污权交易中心。截至 2008 年 8 月，全市排污权交易机构已实现全覆盖。排污权有偿转让开始从单个企业行为向规模化、制度化迈进。排污权交易制度有力促进了污染控制办法由过去的"排污收费"向排污权交易制度所体现的"总量控制"转变。

一方面，排污企业理解这一制度是一项实现可持续发展的好政策，利国利民；另一方面，在目前的经济环境下落实这一制度，排污企业会面临较重的经济负担，有的企业无力购买排污权指标，有的企业在购买排污权指标后流动资金比较紧张。这些情况给了 JX 银行经营者新的启迪：既然排污权指标是通过购买取得的，而且可以通过储备交易中心实现有偿转让，那么其实际上是企业有价值的资产，这就具有抵押物的基本属性，因此银行完全可以以此为抵押物发放贷款。当环保局和储备交易中心知道 JX 银行的这一想法后，表现出了浓厚的兴趣，双方很快达成共识。JX 银行的这一关于绿色信贷的创意正是为排污企业解决实际困难的一剂良方。

自 JX 市在 2007 年率先推出排污权交易制度以来，取得了良好的社会和环境效应，受到了广大企业的热烈欢迎。但在实施过程中，有不少企业反映其自身因为购买排污权而造成了流动资金短缺。为了帮助企业解决难题，更好地推广这项制度，在产品创新上，JX 银行与 JX 市环保局合作，在全国率先推出了排污权抵押贷款，加大对循环经济、环境保护和节能减排技术改造项目的信贷支持力度，实实在在为中小企业解决融资难问题，减轻企业负担。

一本排污权证能像房产证一样，除了作为排污权使用人的合法凭证，还能用来申请抵押贷款，这在当前的经济背景下，对于资金短缺的企业来说无疑是雪中送炭。这种排污权交易与金融业"联姻"的做法受到了社会各界的普遍关注。截至 2009 年末，JX 银行排污权抵押贷款业务已拥有客户 8 户，累计发放贷款 1330 万元；截至 2012 年 1 月末，该行累计发放排污权抵押贷款共 18295 万元，累计发放 41 户。据了解，截至 2013 年 9 月末，JX 银行已累计发放排污权抵押贷款共 15012 万元，累计发放 65 户；截至 2017 年末，JX 银行排污权抵押贷款累计发放户数 129 户，累计发放金额 10.13 亿元，排污权抵押贷款余额 2.27 亿元，涉及企业 22 户。

（二）支持企业整治提升案例介绍

浙江 YX 印染有限公司成立于 2011 年 12 月 16 日，位于 SX 市 KQ 区，注册资本 5000 万元。根据 2017 年 JX 银行绿色金融创新案例申报表，公司占地面积约 50 亩，建筑面积约 4 万平方米，拥有定型机 10 台、高温高压溢流染色机 74 台、高温气流染色机 15 台等主要机器设备，日排污指标 6968.3 吨，年加工针织印染 1.5 万吨、纺织布印染 12000 万米。

1. 停产整顿

2016 年 1 月底，KQ 政府进行了印染行业"亮剑行动"，对该企业提出停产整顿的要求，2017 年该企业处于停产状态，公司部分订单转移至浙江 YX 印染有限公司。

根据 KQ 区政府要求，截至 2017 年底，KQ 区所有印染企业要全部搬迁至滨海集聚区，因此，由浙江 YX 印染有限公司与其他公司进行合并，合并后以浙江 YX 印染有限公司的名义进行年产梭织印染面料 2.11 亿米、针织印染面料 1.76 万吨集聚升级迁建项目（其实浙江 YX 印染有限公司已全部收购上述合并企业）。

集聚升级迁建项目位于 KQ 区滨海工业区，新征土地约 91.5 亩，东至规划东七路，南至规划地块，西至滨海大道，北至北十一路。厂区内建设生产车间、办公大楼等建筑及建筑物 13.8 万平方米。厂区内分别布置生产区、原辅材料及成品仓库区、综合办公区等。生产区分为人棉染色车间、涤纶染色车间、混纺及交织染色车间、印花车间 4 个生产车间，合计企业设备总量约为 497 台，其中，定型机有 37 台、染色机有 174 台，搬迁后的项目产品将减少常规品种产能，增加附加值较高的产品产能，以提升企业产品的整体档次，提高企业利润率。项目建设期为 2016 年 5 月～2017 年 12 月，2018 年 1 月正式投产。根据 2017 年 JX 银行绿色金融创新案例申报表，项目达产后企业营业收入 73180 万元，净利润 7000 万元。项目总投资在 38100 万元左右，项目自有资金包括自用设备搬迁价值约 8000 万元，滨海土地购入价值约 2621 万元，其余工程建设及其他费用为 1133 万元，另外购买关联企业浙江 ZY 染整砂洗有限公司设备预付款约 4000 万元，合计自有资金 15754 万元，自有资金占比 41.34%；后续建筑工程费需支付 15600 万元，设备安装费 1000 万元，建设期利息 1434 万元，购买关联企业浙江 ZY 染整砂洗有限公司设备尾款约 4312 万元，合计 22346 万元，其中，15000 万元向 JX 银行申请项目贷款，缺口 7346 万元由企业自有现金及经营产生的现金流补足。

2. 申请排污权抵押贷款

企业向 JX 银行新增项目贷款 15000 万元，贷款期限 5 年；其中，10900 万元由浙江 YX 印染有限公司位于 SX 市 KQ 区滨海海涂九七丘 59560 平方米土地及该地块在建工程抵押，4100 万元由浙江 YX 印染有限公司名下 4100

吨/天的排污权抵押。

截至 2017 年 8 月 4 日，企业滨海新厂区内生产车间、办公大楼等建筑物已结顶，JX 银行根据项目进度，已投入信贷资金 6300 万元。

3. 面临的困难与问题

在支持印染产业整治提升以及支持传统产业改造提升过程中，滨海集聚项目要求日排污指标在 1 万吨以上，并且往往是几家企业拼在一起成立一家新公司，由此带来的问题是：原来企业的银行贷款如何处理？因为原企业都关停了，新公司是按股份比例成立的，如要移入贷款也只能按比例移入，那剩余的银行贷款如果还不掉该怎么办？

（三）排污权抵押贷款原则及业务推进

1. 原则

根据 YX 印染有限公司的金融需求，结合 JX 银行在贷款产品、账款管理、资金管理以及其他一系列金融产品，实现资金管理流程和综合服务的优化再造。

（1）安全性原则。

在方案设计上充分考虑体系结构、贷款流程、现金管理、账款管理平台设计等方面的安全可靠性，确保贷款业务、日常结算业务、对账服务及其他合作领域安全、有序进行。

（2）便利性原则。

针对 YX 印染有限公司资金流转快和贷款服务时效急等特点，结合 JX 银行现有相对完善的融资类产品，创新金融产品，优化内部审批流程，提高贷款发放时效，提供完善的配套融资服务。

（3）流动性原则。

通过 JX 银行金融产品的最优组合与高效便捷的"专属通道"，及时为 YX 印染有限公司提供快捷高效的金融服务，减少人工的重复操作，提高贷款资金管理速度。

2. 业务流程

（1）贷款申请。

符合排污权抵押贷款条件的借款人申请贷款，除符合贷款基本条件外，还应提供以下资料：

①贷款申请书;

②借款人营业执照、机构信用代码证、开户许可证、公司章程、验资报告或实收资本入账依据;

③借款人前三年度（如有）和当年最近一个月财务报表和纳税申报表;

④法定代表人和主要股东个人身份证明（或营业执照）和签章样本;

⑤《排污许可证》《主要污染物排放权证》复印件;

⑥借款人授权排污权储备交易部门处置排污抵押权的《授权委托书》;

⑦需要提供的其他资料。

借款人申请环保项目贷款的,还应提供下列资料:

①项目涉及的土地征用、环境保护、供电、供水、消防等有关正式批文或证明;

②项目可行性报告、扩初设计（实施方案）;

③经有权单位批准的立项文件及项目投资计划;

④出资方承诺出资的一次认缴投资项目资本金的文件以及当年应到位资本金已存入贷款行的证明,其他来源资金的落实证明。

对申请环保项目贷款的,经办行应严格准入条件,控制比例。

借款人应对所提供材料的真实性和合法性负完全责任。

（2）贷款调查。

排污权抵押贷款实行授信双人调查制度。经办行收到借款人提交的贷款申请书、排放权证等相关资料后,调查核实借款人的资信状况、借款用途、还款来源和还款能力情况,并重点掌握该排污权的市场价值,组织开展价值评估。

（3）贷款审查。

贷款审查人员应审查资料的完整性以及借款人贷款对象和条件的合规性,分析授信的风险状况,贷款金额、利率、用途、期限等的合理性,对排污权的权属、价值、有效性等进行确认,并提出审查意见。

（4）贷款审批。

排污权抵押贷款的审批权限参照本行授权管理相关规定执行。授信审批人员应出具审批意见,并对审批意见负责。

（5）贷款发放与贷后管理。

授信审批通过后,经办行与借款人签订借款合同、抵押合同,由经办行委派专人会同经办客户经理及时到抵押登记机构办理抵押登记手续并取得

《抵押物登记证》。已办理抵押的《主要污染物排放权证》由抵押登记机构代为保管（具体以经营机构当地抵押登记机构要求为准）。

在办妥排污权抵押登记后，取得抵押登记机构出具的《抵押物登记证》后经办行方可发放贷款。其中《抵押物登记证》应明确以下内容：抵押人、抵押权人、抵押物权证编号、抵押物名称、权利价值、对应的抵押合同号、履行债务的起止日期等。

排污权抵押贷款出账时应向放款审核岗提供以下资料：

①业务审批书；

②抵押合同、借款合同等合同文本；

③核保书、面签记录单；

④借款借据；

⑤借款人征信报告；

⑥抵押物登记证、排污权抵押登记机构出具的抵押状态正常的证明材料或在业务周转审批表上明确已进行查询且状态正常（业务周转时提供）；

⑦同意提供排污权抵押的股东会或董事会决议；

⑧送达地址确认书。

根据借款人规模（是否为银监标准小微企业），排污权抵押贷款贷后管理参照公司或小微贷后管理相关要求执行。

经办行应关注市场行情变化，定期评估排污权价值，从环保行政主管部门处了解借款企业的污染物排放情况。

当环保政策发生变化或法律等其他因素影响排污权抵押的有效性及价值时，JX 银行有权要求借款人追加新的担保方式，否则有权停止发放贷款或提前收回贷款本息，并可采取相关保全措施。

贷款期间，如抵押登记事项发生变化依法需办理变更登记的，原则上在3 个工作日内到抵押登记机构办理变更登记手续。

借款人债务履行完毕，或抵押权实现等其他原因，导致抵押权消灭的，抵押人和抵押权人应当及时到抵押登记机构申请办理排污权抵押注销登记。

3. 审批推进

（1）组织调研。

为进一步贯彻落实银监会的《进一步改进小企业金融服务的通知》，市银监分局要求 JX 银行重点支持小企业和"节能减排"项目的贷款需求，鼓励对小企业的金融服务创新。在市政府和银监分局的全力支持下，JX 银行积极组织调研工作，由于这项创新业务是自下而上设立的，在各级政府都没有出台任何管理规定和操作办法的情况下，这使得 JX 银行在初次办理该业务时无章可循，只能主动上门，进行调研，并专程到市中级人民法院就操作中遇到的困难请教专家，为排污权抵押授信的实施奠定基础。

（2）多次研讨。

JX 银行在开展此项业务时，曾多次与环保局和储备交易中心领导及相关人员就最高授信金额如何确定、排污权在办理抵押登记后是否允许出租、抵押权实现的方式等内容进行讨论，在此基础上，由 JX 银行召集人行领导、市环保局、储备交易中心人员、律师、高校专家参与研讨，研讨会上大家对"排污权作为一种抵押物存在法律效力"的看法一致，同时也看好排污权抵押贷款的前景，并从绍兴的某一司法实践中推断出排污权指标的价值增值走势。

通过此次研讨会，大家对排污权抵押贷款业务的成功运作更有信心，JX 银行负责排污权抵押贷款的操作流程，并作相关制度的建设；而市环保局则通过市政府确定排污权的抵押登记机构，并研究制定了排污权抵押登记管理办法，突破了法律空白点，为办理该项新业务扫除了最后一个障碍。

（3）紧密合作。

JX 银行与 JX 市环保局在支持节能减排和环境保护领域紧密合作，先后建立了产业政策指导机制、环保信息沟通机制、征信系统环保查询机制、绿色信贷评价机制等，与监管部门、环保部门形成了环保信息沟通共享机制，将企业环保守法情况作为审批贷款的必备条件之一，有效引导信贷投向，严格控制贷款，防范信贷风险，增进信贷政策与产业政策契合，确保绿色信贷工作持续有效展开，推进产业结构的调整和优化升级。

同时，JX 银行建立健全了绿色信贷分类标准，根据不同的分类给予了不同的信贷支持以及管理的要求，在此基础上初步建立了包括风险偏好、企业准入标准、项目评估标准、信贷审批标准、贷后管理和信贷退出为主的绿色信贷管理体系。2012 年初制定的"风险管理政策""授信指导意见"中就明确加大了对"两高一剩"行业的信贷控制，积极支持绿色、低碳、环保经济的发展；严格要求新建企业，将环评审批作为信贷投放的先决条件之一，对获得环境友好企业、绿色企业、环境行为信用等级评价结果为绿色或蓝色的企业给予积极支持。

（四）排污权抵押机制创新性分析

对于这类小企业而言，购买排污权无形中多了一块额外支出，增加了企业负担，有的微小企业甚至无力购买排污权指标。排污权抵押贷款的推出不但解决了这类企业的流动资金缺口和担保难问题，其利率也比一般贷款优惠10%～20%。

据 JX 银行杨某介绍，排污权抵押贷款成功的关键在于排污权要有变现能力和一定的增值能力。在 JX，有限的排污权总量要求企业无论规模大小都要有偿使用排污权。新开立的企业已经全部实施，老的排污企业也正在纳入进来。如果企业通过技改实现减排，或者撤出，都可以通过储备交易中心卖出去。

活起来、动起来的排污指标真正体现出了一种宝贵环境容量资源的价值和使用价值。企业一旦购买扩大生产所需的排污权后，使用年限可达 20 年。现在，不少小企业主已经认识到这种无形资产的宝贵价值。

由于指标非常少且越来越紧张，购买手续很严，企业一开始还不想花费170 多万元换来一张纸，并且排污权指标权利可以交易增值的。据统计，截至 2009 年 9 月，JX 市共有 890 家企业参与排污权有偿使用和交易，总交易额达 1.49 亿元。

企业把减排后剩余的排污权指标拿到交易所挂牌后，储备交易中心会向社会公示，这也提升了企业形象和竞争力，JX 银行也由此了解了企业。经过一段时间的磨合后，排污权抵押贷款运作已比较顺畅，由储备交易中心登记抵押后，以排污权证换取抵押权证。JX 银行为此制定了专门的产品流程和操作细节。

如果真正发生风险怎么办？企业特别困难时，可以动员企业卖掉一部分排污指标，企业少生产一些，再回租一点。通过储备交易中心流转变现非常容易，而且不需要全部卖掉，否则企业将面临停产，只需卖掉相应部分即可。

而经过技改减排和市场运作后，最早拿到排污权的那批企业手中的指标大部分已经增值，JX 银行发放抵押贷款已经不在乎其原始价值，而是关注市场评估价值，抵押价格以近期交易价格为准，贷款额度控制在70%。

1. 实施差别管控，护航绿色金融项目

JX 银行不断完善环境和社会风险管理的政策、制度和流程，明确绿色信贷的支持方向和重点领域，对国家重点调控的限制类行业以及有重大环境和社会风险的行业制定专门的授信指引，实行有差别、动态的授信政策，实施风险敞口管理制度。

2. 创新金融产品，助力绿色产业发展

JX 银行不断探索绿色金融组织、绿色金融产品、绿色融资模式等方面的创新，希望能与科技企业、政府职能部门和监管机构一道，共同携手，齐抓共管，借"十三五"规划的东风一起谱写城市建设的美好篇章。

（五） 排污权抵押机制收益性分析

在当前经济下行压力加大的形势下，排污权抵押贷款确实可比作挽救企业的一剂良方。该产品不仅有效缓解了企业因购买排污权而出现的流动资金短缺问题，而且进一步深化了排污权交易制度，使企业从中得到经济效益，深得广大企业好评。这一产品把排污权变成了企业"流动的资产"，可以兑现为银行认可污染物排放权，并可以依托此权提供贷款，这意味着排污权具备了资产和资本的功能，企业购买排污权，就等于买进了类似土地、厂房、设备一样的固定资产，为企业做好节能减排工作奠定了扎实的基础。

排污权抵押贷款在全行推广后，各分支机构积极响应，截至 2011 年 7 月底，排污权抵押贷款全行余额为 10230.16 万元，其中以 HY、MW 支行为主。该贷款品种不仅为企业拓宽了融资渠道，为企业节能减排、结构调整和转型升级提供了有力的支持，而且给自身带来了存款和资源效应，受到了政府和企业的一致好评，实现了自身效益和社会效益的双丰收。首创于 JX 银行的排污权抵押已经走出 JX，已经有很多地方的银行来这里学习取经，浙江也已经有很多地市推出了排污权有偿使用。

这个产品的推出因其实现了政府、银行、企业等的多方共赢而备受关注和推崇。一是排污权抵押贷款使排污权"活"了起来，中小企业既可以通过购买排污权获得生产许可，又可以通过抵押排污权获得银行信贷支持，还可以将超额减排量在排污权交易市场出售获利。这使排污权的财产属性得到了比较完整的实现，企业参与排污权有偿使用和交易的积极性大大提高，有力地推动了节能减排工作的开展。随着绿色经济、循环经济和低碳经济的不断

发展，以及减排力度的不断加大，排污权交易市场将进一步活跃和扩大。可以这样说，排污权抵押贷款的尝试找到了一个金融介入低碳经济领域的切入点。二是排污权抵押贷款增加了企业的融资渠道。排污权变成了企业"流动的资产"，企业购买排污权，相当于买进了土地、设备、技术等资产，丰富了担保方式。三是排污权抵押贷款有利于促进银行绿色信贷投放，服务经济转型升级，这正是政府所希望的。

自 1997 年成立以来，JX 银行始终坚持中小企业银行的市场定位，不断推动中小企业融资产品担保方式创新，不断满足中小企业的信贷需求。JX 银行认真贯彻落实国家关于转变经济增长方式、发展绿色信贷、支持低碳经济要求，一方面严格控制对高耗能、高污染企业的信贷投入；另一方面加大对循环经济、环境保护和节能减排技术改造项目的信贷支持力度，优化信贷结构。

排污权抵押贷款的推出是 JX 银行支持小企业发展的一个阶段性成果。开展排污权抵押贷款不仅可以解决中小企业的资金周转问题，促进前景良好的中小企业的发展，还可以推进排污权交易，优化市场配置环境资源与 JX 市的产业结构，推进金融产品创新，促进绿色信贷。排污权抵押贷款是政府与金融部门共同推进污染减排、促进经济又好又快发展的新举措，是金融创新的完美体现。

JX 银行推出的合同能源管理贷款，正是顺应新的经济形势、推动企业转型升级、促进节能减排的一项有力举措，也是 JX 银行贯彻落实绿色信贷理念、推进产业结构调整、优化金融服务的创新措施。合同能源管理贷款的推出，既能满足客户的需求，又能促进地方经济和绿色产业的发展。

三、案例总结及改进措施

（一）案例总结

JX 银行始终坚持贯彻落实国家绿色信贷政策，深化绿色信贷理念，防范信贷环保风险，支持节能减排、淘汰落后产能，推动各项环保政策措施的有效实施，努力促进地方经济转型升级和经济金融的协调、健康、可持续发展，为 JX 市环保事业做出了自己应有的贡献。JX 银行继续围绕"绿色高端、世界领先"的产业目标，支持印染产业整治提升以及传统产业改造提升，积极介入需搬迁集聚的印染企业，重点发展原始积累厚实、负债合理、设备先进、环保达标、产品有特色，且在区域内具有一定行业地位的印染企业，大力支持排污权抵押。

JX 环保部门在排污权交易工作方面先行先试所取得的好成绩，以及 JX 银行在绿色信贷上所推出的重大创新举措，体现出支持节能减排、承担社会责任的双赢模式值得推广。国家环保部门应充分了解研究实施过程中的具体问题，保持政策的稳定性，通过市场手段推进减排工作，为地方环保部门和金融机构支持环保事业营造良好的政策环境。

基于目前印染企业排污权抵押贷款的实际效用，拟提出 2 项建议和具体的改进措施：

（1）建议政府对"去产能、促转型"的印染企业提供缓冲期，限定期限退出，最好由企业制订退出计划，报主管部门审批。

（2）建议政府对一些没有实力搬迁的印染企业划定一个区域，采用租赁的方式，给予其正常生产经营，这样企业、银行都不会遭受很大的损失。

（二）改进措施

1. 制定具体实施方案、规章制度和奖惩措施

一是建立环保信息通报机制。为有效开展绿色信贷工作，畅通环保信息沟通渠道，JX 银行与人行、环境保护局建立了环保信息沟通和共享机制，由人行、各环境保护局定期向 JX 银行提供相关环保环境信息。

二是完善企业环保信息体系建设。JX 银行和环保部门不断完善企业环保信息库建设，利用人民银行企业信用信息基础数据库，加强对企业环保行为的监管。在向企业或个人发放贷款时，均要求登录企业和个人信用信息基础数据库及其他涉及环保的信息平台，详细查询企业环境违法、环保审批、环保认证、清洁生产审计、环保先进奖励等信息，并将企业环保守法情况作为审批贷款的必备条件之一。不断加强授信管理，对发现有环境违法行为的企业及时采取措施，严格控制贷款，防范信贷风险。

2. 及时反馈政策执行情况

按时定期向银监、人行上报绿色信贷月度执行情况，动态分析辖内绿色信贷开展的总体进展、实施方法，了解融资企业对绿色信贷支持的反馈信息，及时反馈 JX 银行开展绿色信贷政策的效果和工作进度。

3. 加强信贷管理，严格信贷准入，依法合规开展绿色信贷业务

（1）JX 银行在制定的《JX 银行公司授信贷前调查指引》《JX 银行 2016 年度信贷政策指导意见》中就明确了授信风险管理工作重点，对符合环保要求、节能减排效果明显的产业给予重点支持，同时加大对"两高一剩"行业的信贷控制。对"两高一剩"行业，一是要严格准入，对不符合产业政策及环保要求的新客户，不得准入；二是要加强"两高一剩"行业贷款监控，密切关注贷款增量、增速，严控行业贷款总量。

（2）JX 银行对新建企业严格要求，将环评审批作为信贷投放的先决条件之一，对未通过环评审批、环保设施未验收的建设项目不提供贷款；对国家产业政策名录中列入鼓励类的项目和环境监测能力建设、城市污水处理等环保工程建设项目，在符合贷款条件的前提下，给予重点支持。

（3）对获得环境友好企业、绿色企业、环境行为信用等级评价结果为绿色或蓝色的企业给予积极支持。对曾有环境违法行为但已经完成整改的企业、环境行为信用等级评价结果为黄色的企业，视情况谨慎授信。对曾有环境违法行为且未完成整改的企业、环境行为信用等级评价结果为红色的企业或按规定应取得排污许可证而未取得的企业，以及有减排任务未完成减排指标或位于"限批"区域的企业，严控新增贷款。

4. 开展多种形式宣传教育

积极与新闻媒体协作，营造良好舆论氛围，开展绿色信贷政策宣传。排污权抵押贷款是 JX 银行首创的一种支持低碳经济发展的贷款模式，也是 JX 银行支持绿色信贷的拳头产品。JX 银行一向重视对排污权抵押贷款的推介宣传工作，并组织信贷人员学习排污权抵押贷款等绿色信贷政策；各分支行也积极与当地环保局合作，与环保局一起下乡，对企业进行排污权抵押贷款的宣讲活动；编印信贷宣传资料，开展绿色信贷政策咨询活动。

5. 金融支持绿色信贷创新工作

积极开展金融产品和信贷管理制度创新，建立信贷支持节能减排技术创新和节能环保技术改造的长效机制。JX 银行首创排污权抵押贷款为金融促进低碳经济发展提供了借鉴意义，真正找到了一条金融介入低碳经济领域的切入点。同时，排污权抵押贷款开了金融促进环境资源优化配置的先河。排污权作为贷款抵押品，在成为企业有价值的资产后，既能减轻企业负担，又能顺利推进排污权交易，促进企业开展节能减排工作。

伴随着现代经济的发展，人们的环境和生态意识也随之不断提高，一类新型的企业——节能服务公司也由此应运而生。节能服务公司是通过为客户提供节能项目改造，从而使客户的生产成本和能耗得以降低，然后节能服务公司再从客户降低的成本中收取一定比例的费用作为项目回报。这是一种融合了新能源、新材料和环保技术的新型公司，通过技术改造和服务，既降低了能耗，又减轻了客户的生产和经营成本，具有广泛的市场空间和前景。为此，政府也加大了对此类公司的政策倾斜和扶持力度，从中央到省、市、地方都出台了一系列的优惠和补贴政策。然而，节能服务公司在发展过程中也遇到了项目前期投入大、资金回收周期长、融资缺乏有效抵押担保等问题。为了支持这类新型企业的发展，更好地促进绿色产业和实体经济发展，JX 银行通过反复的调研和探讨，制定专项方案，成功推出了《JX 银行合同能源管理授信办法》，解决了节能服务公司融资的燃眉之急。

思考题

1. 绿色信贷创新的参与者有哪些？

2. 排污权抵押贷款创新的优势有哪些？

3. 为什么说绿色金融需要"创新"这把火？

4. 推动绿色金融创新可以从哪些方面入手？

四、涉及知识点

本案例涉及的知识点主要包括本科生和硕士生课程中有关银行创新、绿色金融、绿色信贷、排污权抵押贷款等知识点。

五、要点分析

（一）绿色金融

绿色金融是指"金融部门把环境保护作为一项政策，在投融资决策中考虑环境因素影响，把环境条件相关潜在回报、风险和成本都归并到银行日常业务当中"。

从广义上讲，绿色金融既体现为金融业构建绿色金融的产品和信贷政策体系，也包括自身经营的低碳环保。前者主要指的是银行等金融机构用优惠的信贷资金支持低耗能低污染行业，借助高利率、控规模、严准入等手段限制高污染高耗能产业融资等；后者主要指金融机构自身厉行节约，如用电子账单替代纸质账单、网点减少水电消耗等。从狭义上看，由于银行信贷的影响力更大，常将"绿色信贷"直接视为"绿色金融"。

绿色金融的定义包括以下几层意思：一是绿色金融的目的是支持有环境效益的项目，而环境效益包括支持环境改善、应对气候变化和资源高效利用；二是给出了绿色项目的主要类别，这对未来各种绿色金融产品（包括绿色信贷、绿色债券、绿色股票指数等）的界定和分类有重要的指导意义；三是明确了绿色金融包括支持绿色项目投融资、项目运营和风险管理的金融服务，说明绿色金融不仅包括贷款和证券发行等融资活动，也包括绿色保险等风险管理活动，还包括了有多种功能的碳金融业务。

作为绿色发展的重要组成部分，绿色金融通过发挥资本积累和资本流动的基本作用、资本配置的核心作用以及宏观调控，来有效识别和防范环境因素导致的金融风险的保障作用，推动绿色经济长足发展。

2020 年 9 月，我国明确提出 2030 年"碳达峰"与 2060 年"碳中和"目标，"双碳"战略倡导绿色、环保、低碳的生活方式。加快降低碳排放步伐，有利于引导绿色技术创新，提高产业和经济的全球竞争力。中国持续推进产业结构和能源结构调整，大力发展可再生能源，在沙漠、戈壁、荒漠地区加快规划建设大型风电光伏基地项目，努力兼顾经济发展和绿色转型同步进行（陈琪，2019）。

（二）绿色信贷

作为绿色金融的重要组成部分，绿色信贷一般是指金融机构在贷款融资过程中充分考虑环境因素和社会影响，通过金融手段达到降低能耗、减少污染、支持环保产业和新能源产业发展的目的，促使社会和自然的和谐发展。

绿色信贷政策作为将项目环境因素融入信贷决策的制度安排，旨在通过信贷资源的合理配置，推动经济绿色转型。2012 年原中国银监会出台的《绿色信贷指引》首次针对银行业金融机构和监管机构如何共同推进绿色信贷发展提出了详细指导意见，被认为是中国绿色信贷政策体系的核心。具体地，该指引要求银行业金融机构有效识别、计量、监测、控制信贷业务活动中的环境和社会风险，对环境和社会表现不合规的客户应当不予授信，并加大对绿色经济、低碳经济、循环经济的支持。区别于《赤道原则》的自愿参与，该指引对中国境内所有银行业金融机构均具有很强的约束力（钱立华，2016）。

（三）排污权抵押贷款

排污权抵押贷款是指借款人以有偿（支付对价）取得的排污权为抵押物，在遵守国家有关金融法律、法规及本行信贷政策的前提下，向贷款行申请获得贷款的融资活动。纳入排污权抵押贷款的对象为全市持有《污染物排放许可证》且排污量未超过规定的企业。贷款主要用于企业生产经营和环保项目，期限一般为 1 年，最长不超过 5 年，贷款的最高额度不超过抵押排污权评估价值的 70%。企业在环保部门办理排污权证抵押登记，并与 JX 银行签订授信合作协议，就可将排污权证以抵押授信的担保方式向 JX 银行申请贷款。

六、案例教学使用说明

（一）教学目的与用途

1. 适用课程

本案例适用"货币银行学""商业银行经营与管理"等财经类课程。

2. 适用对象

本案例的适用对象包括金融学、经济学的本科生与研究生。

3. 本案例教学目标规划

（1）知识点。

绿色信贷的概念、银行信贷创新的动因、银行绿色创新的经济可行性分析、绿色创新的基本思路等。

（2）能力训练点。

学会分析商业银行绿色创新的动因，从政府、环境、企业排放和社会等多方利益相关者的角度看金融事件。

基于案例中的财务信息，深入挖掘银行的绿色创新能力及其带来的影响，培养学生的数据分析处理能力。

（二）课程安排

本案例可以作为专门的案例讨论课来进行。课堂安排大致如下：

（1）整个案例的课堂时间控制在 80 分钟左右。

（2）课前计划：布置思考题，要求学生在课前完成相关材料的阅读。

（3）课中计划：

①案例回顾（10 分钟）。

②分组讨论（20 分钟）。

③小组发言（每组 5 分钟左右，控制在 30 分钟）。

④集体讨论、归纳总结（20 分钟左右）。

（4）课后计划：请学生以小组为单位搜索该案例的相关资料，撰写案例分析报告。

参考文献

［1］陈琪. 中国绿色信贷政策落实了吗——基于"两高一剩"企业贷款规模和成本的分析［J］. 当代财经，2019（3）：118 - 129.

［2］钱立华. 我国银行业绿色信贷体系［J］. 中国金融，2016（22）：70 - 71.

案例 9

企业基本面与证券表现

一、引言

金融市场是整个经济运行系统的一部分，证券投资的成败在很大程度上取决于投资者能否根据经济运行的变化做出相应的投资决策。影响证券价格的因素错综复杂，既有经济因素，又有政治、社会、文化、心理等非经济因素；证券投资分析在于明确这些诸多因素与证券价格波动之间的作用机制。证券投资基本面分析侧重于从影响证券未来收益的因素角度出发，从而发现那些价格偏离其价值的证券。宏观经济体系是证券市场运行的基本平台，对证券价格的影响是根本性、全局性和长期性的。宏观经济及行业运行状况是影响证券价格波动的基本原因。事实上，宏观经济运行和行业周期的任何变化，都会在证券市场有所反应。

二、案例介绍

GL 电器股份有限公司（以下简称 GL 电器）成立于 1991 年，1996 年 11 月在深交所挂牌上市。该公司是一家集研发、生产、销售、服务于一体的国际化家电企业，主营家用空调、中央空调、空气能热水器、手机、生活电器、冰箱等产品。公司在家用空调和中央空调领域在国内处于行业领先地位，根据公司年报，2020 年 GL 空调以 36.9% 的国内份额排名行业第一，26 年领跑行业。

（一）GL 电器股价走势

近 10 年来，GL 电器经营业绩良好，是典型的白马股，股价一路走高（见图 9 - 1）。

图 9 - 1　GL 电器股价走势（2015 ~ 2022 年）

　　从 2021 年第二季度初开始，GL 电器股价一路走低，截至 2021 年底最低价格较年初高点下跌约 50%，市值蒸发超 1900 亿元，股价走势如图 9 - 2 所示。

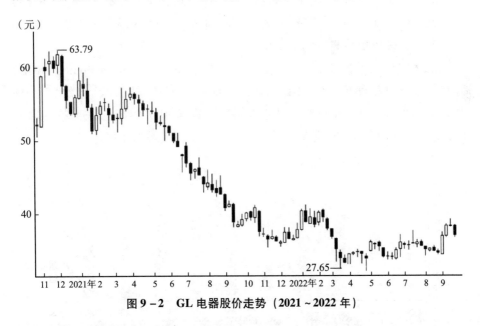

图 9 - 2　GL 电器股价走势（2021 ~ 2022 年）

（二）GL 电器经营表现

　　2021 年前三季度，GL 电器营收为 1395.5 亿元，同比增长 9.48%，归母净利润为 156.45 亿元，同比增长 14.21%（见表 9 – 1）。

表 9 – 1　　　　　　　　　　　GL 电器经营绩效

报告期	2021 – 9 – 30	2020 – 12 – 31	2019 – 12 – 31	2018 – 12 – 31	2017 – 12 – 31
营业收入（亿元）	1395.5	1705.0	2005.1	2000.2	1500.2
同比增长（%）	9.48	– 14.97	0.24	33.33	36.24
归属母公司股东净利润（亿元）	156.45	221.75	246.97	262.03	224.02
同比增长（%）	8.82	18.89	5.25	6.22	12.31

资料来源：Wind 资讯。

分拆来看，2021 年第三季度营业收入 475 亿元，同比下滑 16.4%，归属母公司净利润为 61.88 亿元，同比下滑 15.66%，较 2019 年第三季度下滑 26%，该季度盈利绝对值回到 2017 年同期水平。

2021 年第三季度毛利润率为 24.13%，较 2020 年末下滑 2%，较历史最高的 36.1%（2014 年）下滑 11.97%。净利润率为 11.36%，较 2020 年末下滑 1.89%，较历史最高点的 15.18%（2017 年）下滑 3.82%。

2021 年第三季度末，GL 电器净资产收益率（Return on Equity，ROE）为 15%。从财务数据来看，GL 电器的 ROE 逐年下降，从 2017 年的 37.44% 下降到 2020 年的 18.88%，下滑非常明显。截至 2021 年第三季度末，GL 存货高达 396.75 亿元，同比大幅提升 92%，位于历史最高水平。

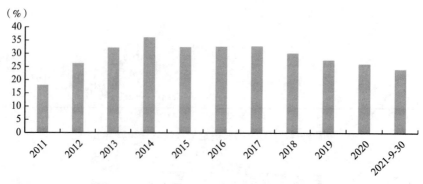

图 9 – 3　GL 电器毛利率变化（2011 ~ 2021 年）

资料来源：Wind 资讯。

GL 电器 2021 年第三季度末长期借款高达 88.41 亿元，创下历史新高，与 2020 年同期相比增长 460%；另外值得注意的是，GL 电器资产负债表上的货币资金仍然高达 1195 亿元。从以上核心错误数据来看，GL 电器的盈利能力在最近几年出现了明显下滑，并且还在持续之中，企业基本面发生了较为深刻的变化。

（三）行业周期

家电行业是房地产行业的后周期行业，家电行业周期受房地产行业影响明显。

过去 15 年，受地产周期影响，家电板块股价大幅调整的时间分别是 2010 年第二季度、2011 年第三季度、2014 年第一季度、2018 年上半年以及 2021 年。在市场判断地产周期出现下行拐点的时候，地产、家电板块会出现明显调整，并领先于地产销售数据的调整。

2021 年以来，房地产景气度迅速转冷。前 9 月，房地产开发投资 112568 亿元，同比增速 8.8%，相较于 2019 年同期增长 14.9%，两年平均增速仅为 7.2%，较 2019 年之前下了一个台阶。而 9 月房地产投资同比增速为 -3.5%，是自 2020 年 3 月以来首次从正转为负。

2021 年 3 月以来，全国累计房屋新开工面积同比增速快速回落，7 月由正转负，9 月降幅进一步扩大。2021 年 1～9 月全国土地购置面积同比下降 8.5%，房屋新开工面积同比下降 4.5%，相比 2019 年同期下降 7.7%。

2021 年 10 月 23 日，《全国人民代表大会常务委员会关于授权国务院在部分地区开展房地产税改革试点工作的决定》正式发布。这个文件意义重大，表明政府从最顶层制度设计方面已经在着手推进房地产税改革实施了。讨论多年的房地产税改革正式落地，远超市场预期。对于未来房地产行业是否还有较大幅度的上行周期，投资者的态度明显发生了一些变化，悲观情绪渐浓。

房地产行业如此，那么下游的家电行业自然大受影响。中国空调市场规模从 2017～2018 年见顶之后，一路下滑（见图 9-4）。这与 GL 电器的 ROE 表现一致。

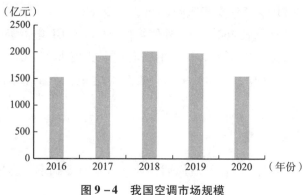

（亿元）

图 9 - 4　我国空调市场规模

对于有较高回报率要求的股票投资者而言，家电行业已经不具备长期配置价值。GL 电器 7 成营业收入，9 成利润来源于空调。但现在家电行业已经追随房地产步入下行周期，市场空间增长受限。相比竞争对手，GL 电器在空调领域的竞争优势并不明显，并且在多元化、全球化战略方面还显劣势。因此，投资者抛弃 GL 电器的原因不难理解。

思考题

1. 如何进行行业周期分析？

2. 结合案例，分析家电行业的产业环境。

3. 处于不同产业生命周期阶段的行业各有哪些特征？

4. 结合案例，说明处于不同行业生命周期阶段的企业证券表现有何特征？

三、涉及知识点

本案例涉及的知识点主要包括"证券投资分析"等课程中有关证券投资基本面分析方面，包括宏观经济分析、行业分析和财务分析等知识点。

四、要点分析

教师可根据自己的教学目的来灵活使用本案例，这里提供的本案例分析思路，仅供参考。

（一）经济周期对证券市场的影响

任何企业的经营都处于一定的经济体系之中，宏观经济的周期性波动不仅会影响企业的经营表现，还会影响投资者对未来的预期。因此，宏观经济运行的周期性波动必然带来证券价格水平的波动。

宏观经济周期一般经历四个阶段：萧条、复苏、繁荣和衰退。这种周期性变化表现在许多宏观经济统计数据的波动上，如 GDP、消费总量、投资总量、物价水平、失业率等；其中，GDP 是最常见、综合性的衡量宏观经济运行情况的指标，宏观经济的周期性波动通常用 GDP 数据来衡量和反映。

就经济周期不同阶段证券市场的表现来讲，通常存在以下的关系：①萧条阶段：百业不兴，投资者离场观望，股市低迷；②复苏阶段：公司业绩上升，投资者信心增加，部分投资者介入，股价开始上升；③繁荣阶段：公司业绩亮眼，证券市场人气旺盛，股价快速上升；④衰退阶段：投资者对经济衰退形成共识，越来越多的投资者卖出证券，证券价格快速下跌。这种证券市场波动的周期通常与经济周期的波动一致，并且先行于经济波动，又比经济波动的幅度大。但是，也有一些证券的价格波动与经济周期的波动并不一致，这取决于经济周期波动对不同行业的影响程度。

（二）宏观经济波动与行业表现关系

宏观经济波动通常对不同行业的运营表现有不同的影响，依据二者之间的关系，可以将行业分为以下三类。

1. 增长型行业

增长型行业的运营表现与宏观经济运行的水平和波动无关，这些行业收入的增长通常不受经济周期波动的影响，主要依靠技术进步、新产品的推出及更优质的服务，使其在一个较长的时期中保持明显的增长状态。

2. 周期型行业

周期型行业的运行状态与经济周期相关。当经济处于上升期时，这些行业会随之扩张；当经济衰退时，这些行业也随之收缩。其主要原因是这些行业的产品的需求与居民收入水平有较强的关系，当经济衰退时，这些行业产品的购买被推迟。

3. 防御型行业

这些行业的产品需求相对稳定，不受宏观经济波动的影响。这主要是因为需求对其产品的收入弹性较小，所以这些行业的收入相对稳定。

通常增长型行业的企业能够保持较高的收入增长速度，证券价格通常有较好的表现，而周期型行业的证券价格随经济周期波动比较明显，防御型行业证券的回报主要来源于其收入，而非资本利得。

本案例中，就我国目前情况来看，家电制造行业受宏观经济波动影响明显，属于周期型行业；但是家电制造行业中的部分细分领域，受技术进步和新产品推出的推动，可能处于增长阶段。

（三）行业生命周期与证券表现

通常，每个行业的发展都要经历一个由成长到衰退的一边过程，即行业的生命周期。处于不同生命周期阶段的行业，行业内企业的经营特征和证券价格变现不同。行业的生命周期可分为四个阶段，即初创阶段、成长阶段、成熟阶段和衰退阶段。

1. 初创阶段

处于初创阶段的行业市场规模小，制约了销售收入的增长，市场认同度低封杀了产品价格的上涨空间，同时成本较高，企业收益较少甚至亏损。企业间竞争较弱，风险主要为市场风险和技术风险。这一时期，企业股票价格波动较大，投资者投机性较强。

2. 成长阶段

经过初创阶段的技术积累和市场开发，技术成熟化、产品多元化使得成本降低，产品受到普遍认可，企业收入增加，行业业绩优良。在成长阶段，不仅具有较高的增长速度，而且此时的成长较为稳定；在产业内部，产业集中程度低，市场容量急剧扩大，行业内企业都能获得一定的份额。这一时期的企业股价基本保持稳定上升趋势，投资者收益会随企业绩效的增长而上升。在这一阶段，资本和技术力量雄厚，管理水平较高的企业将占有优势。

3. 成熟阶段

在这一时期，竞争中生存下来的少数厂商垄断了行业市场，行业产品技术成熟，产品价格、企业业绩稳定，行业利润保持较高水平，分红派息较高，企业股价一般不会大幅度波动，而是比较平稳地上升。在成熟阶段，产业的发展很难保持与国民经济同步，在宏观经济衰退时，产业可能遭受较大的损失。然而，由于技术的进步，产业的某些领域可能会有新的增长机会。

在本案例中，2020 年以前，GL 电器表现出了较为典型的成熟阶段企业股票的特征。

4. 衰退阶段

在衰退阶段，行业市场开始趋向饱和，替代产品出现，产业的生产规模扩大开始受阻，甚至出现萎缩，企业利润停滞甚至出现下降。企业面临的主要是生存风险，证券价格也难以有较好的表现。但是，大多数进入衰退阶段的产业也不会很快被淘汰，行业难以有较大的技术创新，多数情况是进入一个发展停滞、行业由少数寡头占据的状态。

（四）公司财务表现与证券表现

公司财务数据是企业提供给投资者关于企业经营成果的基本信息，是企业过往经营业绩的反映，也是投资者对公司未来经营趋势预测的基础。对于股票投资者来讲，损益表反映了企业的收入和成本费用，是企业经营优劣的直接体现，是上市公司财务分析中的重点。在对企业损益数据进行解读时，主要关注以下几个方面。

1. 利润来源分析

通常，主营业务利润是企业利润的主要来源，一家企业主营业务利润的高低与其是否有好的产品及成本、费用控制水平高低密切相关，间接反映了企业经营管理水平的高低。对企业利润的分析要对比关联交易收入、存货变动等是否存在异常，防止企业操纵利润，同时还要对企业主要成本构成进行分解，关注企业收益和成本的时序变化情况。

2. 利润质量分析

利润质量分析主要考察企业收入可持续性以及成本结构和变化，是投资者分析一家企业运营状况不可缺少的环节，是企业财务分析的重要方面。利润质量分析要重点关注不良资产变动、关联交易情况和非经常性损益等。将经营活动产生的现金流与主营业务利润进行比较，是判断企业利润质量的一般方法。一般而言，没有现金流量的利润，其质量是不可靠的。

3. 企业盈利能力分析

通常情况下，反映企业盈利能力的指标有：

（1）销售毛利率：指销售毛利占销售收入的百分比，反映企业营业活动的初始获利能力。

（2）销售净利率：指净利润占销售收入的百分比，反映企业经营管理水平。

（3）营业利润率：指营业利润与营业收入的比例，反映企业盈利能力。

（4）总资产收益率：指企业净利润与平均资产总额的百分比，反映企业资产利用的综合效果。

（5）净资产收益率：指企业净利润与净资产的比率，其从所有者权益角度考察企业盈利能力，体现企业经营活动的最终成果。

（五）企业经营环境分析

企业经营环境指影响企业经营的外部因素和内部因素总和，是对企业未来经营业绩进行预测的重要基础。外部环境可分为政治、经济、社会和技术等，外部环境包括企业自身硬件条件和软件条件等。

1. 外部环境

（1）政治环境。

政治环境包括国内环境因素和国外环境因素，前者指国内的经济方针和政策，其决定宏观调控政策方向和力度，从而影响投资和消费，进而影响社会总需求；后者主要表现为政治权力和政治冲突两方面。

（2）经济环境。

经济环境是企业面临的外部经济条件总和，具体包括经济运行状况、发展趋势、产业结构、物流条件、资源禀赋等，还包括影响消费者购买能力和支出模式的因素，包括居民收入变化、消费者偏好变化等。其中，销售市场、原材料市场、劳动力市场等，与企业的业绩关系紧密。

本案例中，近年来 GL 电器毛利率下滑，与上游原材料包括铜、钢、塑料等价格猛涨而需求疲弱不能转嫁给下游有关。

（3）社会文化环境。

社会文化环境指企业经营所在地的社会结构、风俗习惯、信仰和机制观念、行为规范、生活方式、文化传统、人口规模和地理分布等因素的总和。企业价值必须与社会文化相适应，如果脱离社会文化环境，企业就难以有较大发展。

（4）技术环境。

技术环境指与企业产品有关的技术现有水平、发展趋势和发展速度，以及新技术、新材料、新工艺、新设备对产品生命周期、生产成本及竞争格局的影响。技术环境会影响企业能否及时获得新的竞争优势。

2. 内部环境

企业内部环境是组织内部的一种共享价值体系，是有利于保证企业正常运行并实现企业利润目标的内部条件的总和，它由企业家精神、企业物质基础、企业组织结构、企业文化构成。

（1）企业家精神。

企业家精神主要包括创新精神、冒险精神、合作精神、敬业精神和诚信品质等。成功的企业家需要具备全面的素质，这是企业核心竞争力的主要来源。

（2）企业物质基础。

企业物质基础主要是企业所拥有的用于实际生产的各种生产要素的集合。物质基础是企业发展的硬件设施，是影响企业效率的重要约束条件。

（3）企业组织结构。

企业组织结构是指组织内部构成方法，是企业内部纵向部门和横向部门之间的相互关系。企业组织结构是否合理，决定着企业执行效率与企业运营效率。

（4）企业文化。

企业文化是由价值观、信念、处事方式等形成的其特有的文化现象，包括文化观念、价值观念、企业精神、道德规范、行为准则、历史传统、企业制度、文化环境等。其中，价值观念是企业文化环境的核心。

企业经营环境对企业的影响，对于判断企业在未来是否具有竞争优势和成长能力具有重要的意义。

五、案例教学使用说明

（一）教学目的与用途

本案例主要适用于本科生课程"投资分析"中"宏观经济分析""产业分析""公司财务分析"等内容的学习，适用于金融学及经济管理等相关专业本科及研究生证券投资基本面分析等相关课程教学使用，也可适用于"财务报告分析"等其他相关课程。

本案例是一篇关于"证券投资基本分析"方面的案例，其教学基本目的首先在于使学生通过案例所给的基本背景了解股票"GL 电器"在特定时段的价格走势，其次结合案例财务资料分析股票价格变现与财务表现之间的关系，最后结合行业及宏观经济运行资料分析该企业运营表现的宏观和行业原因，从而使学生深刻理解宏观经济运行、行业周期变化与企业运营表现和证券价格走势之间的关系。

（二）课程安排

本案例可作为专门的案例讨论课来进行，在"证券投资分析"课程中可安排在证券投资基本面分析内容之后。若在其他课程中使用，可根据需要选取部分内容酌情安排。以下是按照时间进度提供的课堂计划建议，仅供参考。

（1）整个案例的课堂时间控制在 80 ~ 90 分钟。

（2）课前计划：安排学生对相关理论教学内容进行复习。

（3）课中计划：

①教师介绍 GL 电器及其股价走势、宏观经济及行业运行情况介绍（20 分钟）。

②告知讨论要求，展开分组讨论（20 分钟）。

可按照以下主题分组展开讨论：

案例期我国宏观经济运行状况对家电行业及该行业企业绩效的影响及作用机制；

家电行业在我国的发展历程、行业的生命周期演变过程及其对该行业绩效的影响；

该企业的财务绩效与证券价格表现之间的关系；

该企业的核心竞争力。

③小组发言，并对每组发言进行评价（30 分钟）。

④引导学生从该企业的经营前景及证券价格表现方面进一步展开讨论，并进行总结（10 分钟）。

（4）课后计划：可以让学生对讨论情况写一篇投资分析报告，对该证券给出投资建议。

参考文献

［1］吴晓求. 证券投资学（第四版）［M］. 北京：中国人民大学出版社，2014.

［2］张庆君. 证券投资学［M］. 北京：北京大学出版社，2018.

案例 10

南湖基金小镇之 A 私募股权投资公司

一、案例介绍

（一）引言

国家为了宏观经济的发展"修路"，地区修建符合自身特点的"道路"，而企业就好像道路上行驶的列车，满载着对于美好生活充满向往的追求者，它们懂得为社会创造财富，实现自身价值。在这样的发展态势下，社会财富越来越多，管理好财富已经成为时代的热点话题。从 20 世纪 90 年代起，我国的私募股权投资基金作为没有金融牌照垄断管理和逐步对外开放的子金融行业，在借鉴国外先进经验的基础上逐渐稳步发展，无论在数量还是募集金额上，都保持了快速增长的态势，究其原因还是在于高净值客户的增多，也就是大家越来越富有，手中可支配的钱也越来越多。这样一来，怎么理财便成了大家共同面对的问题。私募股权投资基金是指通过非公开方式向特定对象募集而来的资金，经过专业化运作，以投向非上市企业股权或上市公司非公开交易股权为主要投资渠道，通过上市、管理层回购等方式实现获利退出的一种投资方式。设立在南湖基金小镇上的嘉兴 A 私募股权投资公司打造的国内第一家私人理财顾问式服务的金融机构，服务于广大高净值客户，真正诠释了"人生需要规划，财富需要打理"。

（二）我国私募股权投资基金的"国道"及"省道"建设

1. "国道"的建设——继往开来，周道如砥

（1）出资引导私募股权基金建设。

在政府引导的举措中，其一是政府建立产业引导基金，其二是一些地方

政府出面搭建多方对接平台。由政府推动和出资的产业投资基金，充分发挥财政资金杠杆放大作用，吸引社会资金投入政府支持领域和产业。股权基金采取阶段参股、跟进投资和提供融资担保等多种金融手段。

私募股权基金主要在企业预备并购重组或上市之前进入企业，这就需要基金对企业的战略和企业运行态势判断清楚，尽职调查，坚持长期投资而不是"临门一脚"。因此，一些地方政府出面搭建了多方对接平台：设立股权投资项目专栏、创建股权投资项目对接会、开发私募股权资本和项目网上对接平台，以对私募基金的投资理念和技能进行引导。

（2）放宽机构投资者准入条件。

对于私募股权基金的发展，国家出台了一系列相关政策。一方面，国家实行了税收优惠政策，如《财政部、国家税务总局关于促进创业投资企业发展有关税收政策的通知》以及地方层面各类《促进私募基金业发展规定》等，推出了一些税收优惠措施。例如，在投资高新技术企业的所得税征收方面，投资未上市中小高新技术企业 2 年以上，可按投资额 70% 抵扣应纳税所得额。对于 GP、LP、法人股东，在所得税征收上都有相应的优惠规定。

另一方面，各地政府都制定了本地区的相关扶持政策。北京市、青岛市、深圳市给予私募股权类投资基金机构注册补贴、办公租房或购房的补贴；江苏省各级政府设立创业投资风险补偿基金，当创业投资企业发生损失或企业破产清算时，实行风险补助；江苏省和深圳市还出台了相关人才引进和激励政策，分别对高层次创新创业人才和股权投资基金及管理企业的高级管理人员给予优惠政策。此外，为促进聚集发展，江浙沪一些地区建立了区域性金融中心，如杭州的梦想小镇、嘉兴的南湖基金小镇。

（3）国内私人理财顾问式服务发展情况。

私人理财顾问起源于美国，强调财富管理能力，通过客户提供资产管理服务，确保私人资产保值升值，为客户提供全方位与专业化的理财服务与产品，设计综合性的解决方案，满足客户特定理财需求；同时，注重个人关系，成为客户信赖的理财者，针对客户需求提供产品及解决方案。私人理财顾问在美国的发展主要经历了 3 个阶段，从代理客户进行投资收益分析到理财业务的产品化，再到现在成为客户信赖的理财顾问。

私人理财顾问服务在我国发展迅速，已经从一开始雏形期的以产品为核心简单的一站式服务，发展到过渡期的以客户为中心"人生设计"理念贯穿其中的多元化金融咨询服务，再到成熟期的完全站在客户角度的全面综合的个性化理财（成熟期的私人理财顾问式服务具有中国特色）。金融理财是经济高速增长到一定阶段的必然现象，私人理财顾问业务正在成为公司业务、零售业务和资金业务的集合点，私人理财顾问式服务已经成为经济发展中不可或缺的一环。

2. "省道"的建设——八街九陌，锦上添花

（1）江浙地区私募股权基金发展情况。

根据中基协公布的《私募基金管理人登记及产品备案月报（2022 年 7 月）》，截至 2022 年 7 月末，我国已登记的私募基金管理人数量主要集中在上海市、北京市、深圳市、江浙地区和广东省（除深圳）5 个区域，5 个区域基金管理人总占比为 76.3%。其中，江浙地区有 4042 家，基金管理人数量占比 16.7%。从管理的基金规模看，5 个基金重地总占比为 78.8%。江浙地区管理的基金额为 29227.6 亿元，占比 14.34%。

首先，江浙地区私募发展越来越好得益于政府对私募给予的较大支持，如杭州打造的私募小镇，对入驻小镇的企业进行扶持；其次，江浙地区毗邻私募云集的金融中心上海，氛围浓厚；最后，江浙地区经济发达，人民生活较为富裕，私募有丰富的客户资源。随着更多江浙私募开始跻身全国优秀私募之列，未来江浙地区私募的作为将值得更多期待。

（2）南湖基金小镇。

2010 年 12 月，在浙江省委、省政府的关心支持和省级相关部门的帮助指导下，南湖区积极申报并获批成为全省首批七个金融创新示范区试点单位之一。在成功申报省级金融创新示范区后，区委、区政府决定将要素需求较少、产出效应明显的股权投资业作为推进金融创新示范区建设的主导产业，并提出打造实体基金集聚地——"基金小镇"。南湖基金小镇总规划面积 2.04 平方公里，位于嘉兴市东南区域核心地块，长水路以南、三环南路以北、三环东路以西、庆丰路以东地块，距嘉兴高铁站、沪杭高速公路出口均约 2 公里，区位优势明显。经过近几年的发展和培育，南湖基金小镇在吸引投资产业集聚、服务区域实体经济发展等方面取得了一定的成效。

南湖基金小镇致力于打造中国首个基金小镇，创建"基金小镇＋财富聚集区"两个中心，配合"金融服务支持＋综合服务支持"两个配套，建设成为长三角地区汇集高端元素的金融创新示范区，从而形成南湖基金小镇集新型化、品质化及专业化为一体的全方位品牌战略，满足金融行业人员对南湖基金小镇推出产品及提供服务的需求。

南湖基金小镇重点以汇集创业投资企业、私募股权投资机构、投资人 LP 为主要招商目标，以生产类融资企业作为招商辅助。建立以股权投资基金为主体，银行、证券、保险、信托以及互联网金融等创新型金融机构并存的多元化金融组织体系。南湖基金小镇通过金融产业发展，带动基础设施联动，形成"基金小镇＋财富聚集区"两个中心，配合"金融服务支持＋综合服务支持"两个配套，着力承接上海金融服务业转移，打造长三角地区特色金融服务业集聚高地。

南湖基金小镇作为全国首家私募基金小镇，已连续多年跻身全国基金小镇前五名。2022 年，南湖基金小镇荣获融中"2021～2022 年度中国最佳基金小镇"。扎根行业 12 年，南湖基金小镇在省区市各级、各相关部门的大力支持下，不断完善基金招商和风险防控体系，做深做细做实私募基金产业"募投管退"的各个方面，积极承接各项创新试点，加快启动实体产业招引和培育，努力提升对长三角乃至全国的实体经济辐射能力。根据金融小镇官网所披露的数据，截至 2022 年 3 月，南湖基金小镇已累计引进投资类企业 9303 家，目前存续投资类企业约 7100 家，实缴超 6000 亿元，累计实现税收超 89 亿元，发展规模在全国居前列。

（三）嘉兴 A 私募股权投资公司发展概况

1. 嘉兴 A 私募股权投资公司整体概况

嘉兴 A 私募股权投资公司（以下简称 A 公司）成立于 2015 年 6 月 1 日，坐落于嘉兴市的"华尔街"——南湖基金小镇，注册资金 1000 万元，是一家集投资银行、资产管理、财富管理为一体的创新型综合金融服务平台，定位于为企业及高净值客户提供全面金融解决方案的投资管理机构，致力于高端客户的资产管理，为客户的资产增值保值，无论是从资金管理规模还是管理效率上来说，它都是南湖基金小镇上当之无愧的"金英"。A 公司是中国证券投资基金业协会私募基金管理人，同时是嘉兴市南湖区基金小镇会员单位。公司秉着"汇世界金融，守绿色投融"的宗旨，喊着"我们的成立是为了你"的口号，更好地为客户服务。为了让公司更好地运行，公司各部门各司其职，部门间沟通协作。

2. 嘉兴 A 私募股权投资公司发展战略

A 公司集多元化投融资、高层次人才、创新服务理念等多个特色于一身，具有丰富的经验和专业化的管理。近几年，公司正实行市场逐步扩张的拓展战略，有望成为全国排名领先的私募基金管理人。

A公司的发展总战略方案为3年内成为嘉兴规模最大的基金公司，10年内成为中国排名前三的私募基金管理人。目前该公司一直在这条主线上不断发展，把握主战略，不断地加强和完善；结合现代经济发展趋势及相关的技术服务，不断创新经营模式，增强核心竞争力。该公司的人才战略是打造一支符合国际化运作要求，拥有专业技能、良好经营业绩和良好商业业绩，能够面向社会融资、投资和为投资项目提供专业化增值服务的知名投资管理团队。该公司基于在市场中对自身的定位，推出有特色、适应性更好的多种理财产品，向特定的目标客户提供特定的金融产品和金融服务。该公司现行的主要目标为实现产业扩张和保值增值，加快实施品牌攻坚战略，迅速提高公司知名度，加快实施投资机制创新战略与人才战略，培育符合国际化运作要求的团队。

（四）嘉兴 A 私募股权投资公司的经营情况分析

1. 列车硬件配置——全面、安全、高效

（1）私人理财顾问式服务的 SWOT 分析。

S——优势：①理财专业性强，拥有强大的投资团队，理财能力较强。随着资本市场的发展，投资的专业性日益显现，对于投资标的的价值判断也日渐增强，而私人理财顾问仍能凭借自己的专业知识为客户创造丰厚的利润收益。因此，投资者则会更倾向于把财富交给私募基金的私人理财投资顾问来打理。②最大限度地满足客户的需求。投资者与私人理财顾问签订的合约是互相商定的结果，客户的需求与风险承受能力等基本要求都会在合约中有着明确的界定，甚至会相互制定投资战略，有时会将项目细分，最大限度地反应投资者的需求，协商也都会得到较为一致的满足。

W——劣势：①目前相关法律不完备，风险防范机制不完善。私募基金的私人理财顾问式服务有别于其他传统的投资理财服务，一般来说，私募基金的风险较高，由于契约自行商定，因此使得一开始便存在着一定的违约风险，加上一些合约的不规范性，制定和完善相关法律并做好长期的监管指导就会显得尤其重要。②专业水平的评估缺乏一定的判断标准。投资收益一般来说取决于私募基金投资收益的高低，市场本身存在着不确定性风险，而投资

顾问的业务能力则决定着能否合理地规避这些风险，由于缺少一定的判断标准，投资者选择一家值得信赖的私募基金和基金经理就会存在着一定的困难。

O——机遇：①高净值客户数量与质量的提高。在社会财富增加的同时，个别群体的财富也得到了快速的增长，成为高净值客户。由于自身缺乏专业的投资理财知识，于是，把财富投向可以为自己量身定制理财计划的私募基金便成了最好的选择，大量的社会财富会重新分配，分配给私募基金的也会越来越多。②相关法律承认并支持私募基金的发展。缺少相关法律的承认是最不稳定的风险因素，而现在大力支持发展私募基金行业、挖掘民间财富的价值已成为时代的主旨，使私募基金从地下金融变为地上金融，是证券市场健康发展的客观要求。

T——威胁：①外资证券投资机构的冲击。随着我国资本市场的发展，投资价值逐渐体现出来，从而吸引了外资的进入，无论从客户还是证券市场的博弈方面，都会给境内的私募基金带来一定的竞争与威胁。②社会认同不足。我国尚未形成一种主流的投资观念，无论是机构投资者还是个人投资者都存在着一定的从动性与盲目性，但更多的投资者则偏好于收益稳定、风险较低的投资。这并不符合私募基金的投资特点，可见私募基金被社会大众认可还需要一定的时间。

（2）私人理财顾问式服务加持下的产品差异化。

基于私人理财顾问式服务，A公司针对不同的客户人群特点开发了多种多样的基金理财产品，分为以下几类：赢通胀类、股权类、精品类、新客户专享类，从而为理财客户提供更大范围的选择。不同的产品种类，不一样的定价与投资期限，在私人理财顾问式服务的加持下，更加精准地帮助客户选择符合其自身特点的理财产品，使得资产配置更为合理。

（3）私人理财顾问式服务的分层模式。

针对不同客户群体，A公司的私人理财顾问式服务，分为初级服务、中级服务和高级服务，并分别配备团队。针对一般客户群体，提供初级服务。理财顾问将在全球范围内为客户寻找符合其特点的产品，并每年为其进行理财规划。对于更高级别的客户，A公司将提供中级服务，为其配备会计师和律师，核算资产状况和处理理财合同与风险；特别地，针对机构客户，A公司专门推出了高级理财顾问服务，在企业上市、企业资产配置、企业公关形象设计、财务制度的搭建等方面提供指导与服务。服务的分层，不仅能够更好地满足不同客户群体的需要，还可以使得公司内部团队更加专业化和精英化。

（4）私人理财顾问式服务的 SCP 分析。

结构—行为—绩效（Structure – Conduct – Performance，SCP）模型是由美国哈佛大学产业经济学权威人士贝恩、谢勒等于 20 世纪 30 年代建立的。该模型提供了一个既能深入具体环节，又有系统逻辑体系的市场结构（Structure）—市场行为（Conduct）—市场绩效（Performance）的产业分析框架（见图 10 – 1）。

图 10 – 1　SCP 模型分析

A 公司作为国内第一家私人理财顾问式服务机构，打造 VIP 私人化服务模式，在私募基金行业中脱颖而出；这种服务方式的产生源于高净值客户对私人理财顾问服务的需求，是一种金融服务性质的增强。

①外部冲击：A 公司作为南湖基金小镇的会员之一，在抓住了政府对南湖基金小镇建设机遇的同时，追求自己的个性理财模式，致力于高端客户的资产管理，为客户的资产增值保值。

②行业结构：随着社会的发展与人们收入水平的提高，对于提供个性化理财专属服务的需求日益凸现。而私人理财顾问作为一项全新的理财机构及其 VIP 私人化服务模式，更能满足高净值客户的多样化需求。在现实的世界中，企业间的竞争不可避免，尤其在适者生存的残酷社会里，要想在行业中站稳脚跟就必须有自己的优势与特色，A 公司致力于多种理财产品研发和个性化理财服务模式，打造了国内第一家理财顾问服务机构。

③企业行为：公司通过量身定制式理财顾问服务，为高净值客户提供了高质量服务。为进一步完善私人理财顾问式服务模式，A 公司通过大数据 + 模型全面分析客户资产数据、3 个月"感情交往"以及对服务进行分层，来满足不同的客户需求。

④经营结果：A 公司在多种类理财产品研发、优质产品采集、风险控制、资产管理计划等方面均有着优异的成绩。丰富的理财产品满足了客户的多样化需求，也为客户提供了更多的选择空间。A 公司基于自身的定位，向特定的目标客户提供特定的金融产品和金融服务，运用特定的管理和营销策略，

更大程度地提高了客户的满意度。

2. 列车软件服务——客户利益最大化

私人理财顾问式服务以客户为中心，通过研究不同客户的不同特点，由专业化的投资团队为其选择适当的理财产品和投资组合策略。这种理财顾问式的服务弥补了投资者的非专业性和一定程度上的盲目性，使得理财更安全和稳健。基于此，A 公司在投资前和投资后都设立了相应的机制去维护客户利益最大化。

（1）投资前——投顾团队精挑细选，对理财客户全面了解。

①投顾团队精挑细选——A 公司拥有一支专业且经验丰富的投顾团队，在产业类投资、创业类投资等多个投资方向上具有丰富的经验。公司采用全球顶尖的 MOM 模式（见图 10 – 2），组合各优秀投资团队，利用不同纬度、不同市场、不同策略的优秀团队，分散投资风险，帮助客户实现资产的长期保值与增值。

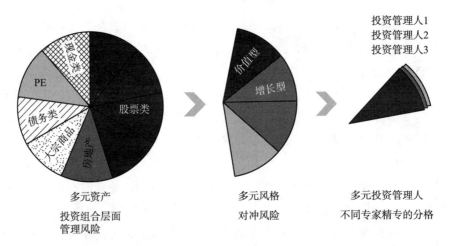

图 10 – 2　MOM 模式图解

注：MoM（Manager of Managers）模式，即管理人的管理人基金模式，也被称为精选多元管理人，通过优中选优的方法，筛选基金管理人或资产管理人，让这些最顶尖的专业人士来管理资产，而自身则通过动态地跟踪、监督、管理他们，及时调整资产配置方案，以收获利益。简而言之，MoM 是找最优秀的投顾组成团队、分配资金、操盘投资，既发挥团队力量，又不限制个人风格。MoM 模式是一种较为新兴的资产管理策略，始于 20 世纪 80 年代，美国罗素是 MoM 的创始机构。

一个 MoM 基金的基金经理并不是直接管理基金投资，而是将基金资产委托给其他的一些基金经理来进行管理，直接授予这些基金经理投资决策的权限。MoM 基金经理仅负责挑选优秀的受委托基金经理和跟踪监督这些受委托基金经理的表现，并在需要的时候进行更换。MoM 基金与受委托基金经理签订相应的委托合同来实现这种委托代理关系。

②对理财客户全面了解——分 3 个阶段全面了解客户（见图 10–3）。

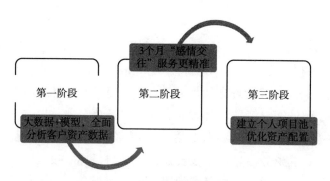

图 10–3 客户精准定位模式

第一阶段：大数据＋模型，全面分析客户资产数据。在这一阶段，公司结合自身的大数据平台和得到客户允许嫁接其他金融机构对其数据和每个理财客户所有第三方收集来的相关数据信息导入模型，进行全面分析。系统主要对客户的投资喜好、风险承受能力、信用状况、资产配置情况等进行基本的了解与分析。

第二阶段：3 个月"感情交往"，使服务更精准。在此阶段，理财专员会对 VIP 客户进行 3 个月"感情交往"，主要了解客户的生活习性、不开发票支出、现金馈赠占比、是否有他人名义资产和私下对外借款、爱好、固定出入场合、交友情况等私人问题。

第三阶段：建立个人项目池，优化资产配置。在经过第一阶段客户资产状况的基本了解和第二阶段私人情况的进一步了解后，公司将根据前面的分析，为客户建立个人项目池。并由专业投顾团队为每个客户量身制定不同的资产配置组合。

（2）投资后——及时跟踪理财成效，定时规划理财方案。

A 公司设立了反馈与激励机制，即客户对理财顾问进行考核。每个理财顾问将在全球寻找适合这个客户风格的理财产品，并且每年都将对该客户的资产配置情况进行重新规划，以维护资金的安全性和收益率。同时，客户每年都会对每一个理财顾问设定一个理财额度和考核指标，按照理财顾问的指标完成率每年增加额度；若客户对完成率不满意，公司将补全额度并更换理财专员。

这种反馈与激励机制既能有效地保障客户的资金安全与收益，也对理财顾问形成了监督与激励，从而保持整个投顾团队的高质量与精英化。

（3）结论——量身定制式理财顾问服务。

"全球资产配置之父"布林森的实证研究表明，我们投资收益的90%以上来源于成功的资产配置。成功的资产配置是严谨的科学，更是讲求平衡的艺术，因此A公司的经营理念就是量身定制式理财顾问服务。

首先要了解的客户信息即财务信息和非财务信息，是做好资产配置方案至关重要的第一步。财务信息包括客户的财富水平、税收状况、收入需要、资本再生能力；非财务信息包括投资意图、理财目标、投资时间范围、风险承受力、投资信心。做好成功资产配置的重要前提是：理解每项资产的固有特质，评估各类资产的风险和收益特征，懂得在各种市场情绪（乐观、温和、悲观）和宏观环境（通胀、紧缩、快速发展等）中如何配置某一特定资产，以及该资产与其他资产的相关性如何，从而思考哪些资产类别会被纳入投资组合，哪些资产类别不予考虑，以及各类资产如何组成一个有效的投资组合。一般可为客户配置的资产类别主要包括现金、固定收益、国内权益投资、国外权益投资、私募股权、房地产、对冲基金、商品、外汇、保险。

A公司理财顾问式服务是指主要为客户提供专业化、个性化以及综合性的私人理财顾问式服务，讲究的是"量身定做"和"专属化"，充分体现出以"客户为核心"的服务理念，使客户得到高质量的私人理财规划服务。这种服务弥补了客户对金融机构的信息理解和信息利用的不对称地位，为客户提供规避风险、协助理财等全面的贴心服务。

这种理财顾问式服务模式能够直接为客户提供实现资产保值、增值的渠道，更重要的是可以帮助客户真正学会如何理财。财富管理包括创富、守富、传富，大多数客户虽然已经足够富有，但也仍停留在不断追求财富的阶段。因此，在提供资产配置服务的过程中，更要坚持客户的财富教育工作，不断与客户交流沟通：真正的幸福并非只源自财富自身，而是通过财富实现自己的人生追求。国内的理财业务现在还仅停留在为别人设定理财规划和方案的层次上，离私人理财顾问还有一段距离。当然，私人理财顾问对从业人员的要求非常高，在我国目前这方面的人才还很缺乏，所以培育综合性专业人才是未来第三方理财发展中必须抓的一个重点。理财顾问的重要工作职责就是帮助客户寻找贴近他们需求的问题，针对问题有效沟通，启发客户对目标进行深入思考，帮助客户总结提炼最真实核心的需求以及短期、中期、长期的投资目标。

（五）总结

私募股权基金是一个朝阳产业，在国家的既定道路上平稳快速地前行，为社会上财富的管理贡献自己的一份力量，A 公司作为国内第一家私人理财顾问式服务机构，打造 VIP 私人化服务模式，这种服务方式的产生源于金融服务性质的增强，是一种不可逆的大趋势。A 公司在发展中不忘初衷，始终致力于成为客户的财富管家，继续诠释着"人生需要规划，财富需要打理"的永恒真理。

思考题

1. 什么是私募股权基金？
2. 私募股权基金对企业的投资方式是什么？
3. 国家对私募基金的扶持政策有哪些？
4. 简述南湖基金小镇的发展历程。
5. 请对嘉兴 A 投资公司发展情况进行 SWOT 分析。

二、涉及知识点

本案例涉及的知识点主要包括委托代理理论、金融中介理论和投资组合理论。

（一）委托代理理论

企业经营管理过程中，所有权与经营权分离，产生委托代理问题。委托代理理论认为，为了建立现代企业公司治理模式，需让渡企业经营权。然而，委托代理形式出现，因信息不对称的存在，引发了一系列道德风险问题。作为企业的经营管理者即受托人，其目的是追求更高的收益并实现自身价值，从而采取有利于自身利益的行为，而有损企业投资者的利益。而委托人即企业投资者未参与企业实际经营，对企业经营情况并不了解，所以当发生受托人怠于维护委托人利益时，委托人将不能获取企业剩余价值。在私募股权投资基金中，基金投资者的重要目的是实现资金的增值，而私募基金管理人不仅是受托人，也是基金实际管理者，需维护基金投资者利益。因此，为减少因信息不对称产生的代理问题，需要基金投资者与基金管理人通过契约的形式，约束和制约双方的权责利关系。

（二）金融中介理论

在市场经济中，储蓄——投资转化过程是围绕金融中介来展开的，这使金融中介成为经济增长的中心。金融中介是从储蓄者手中获得资金并将它借给需要资金进行投资的企业。从根本上来说，金融中介是储蓄投资转化过程的基础性制度安排。金融中介既从最初资金供给者（储蓄者）手中借钱，又放贷给最终借款人，既是借款者的债权人，也是储蓄者的债务人，从而成为信用中介。金融中介也是对金融契约和证券进行转化的机构，金融中介发行的金融债权对普通储户来说远比直接由企业发行的债权更有吸引力。在充当资产转换的媒介过程中，金融中介以存款单和保险单等形式向居民投资者和其他部门募集资金，用于购买企业发行的权利凭证——股票、债券以及其他债券等所谓的一级证券。金融中介的金融形式权利可能被视为二级证券，因为这些资产以工商企业发行的一级证券为担保，企业反过来利用筹集来的资金投资于不动产。金融中介存在的根本原因，是为了降低交易成本以及解决储蓄者和资金需求者之间信息不对称的问题，有效匹配资金需求与供给。一方面，由于在金融市场上，随着交易规模的扩大，总的交易成本只以较小的数额增加。这样，金融中介就可以把众多投资者的资金聚合起来，发挥规模经济的优势。另一方面，由于金融中介的专业性，它们可以开发出专门的计算机网络技术，从而能以极低的交易成本完成交易。金融中介可以在企业和投资者间传递信息，代表投资者对企业活动进行监控，在一定程度上克服逆向选择和道德风险的发生。

（三）投资组合理论

美国经济学家马科维茨（Markowitz）于 1952 年首次提出投资组合理论（Portfolio Theory），并进行了系统、深入和卓有成效的研究，并因此获得了诺贝尔经济学奖。在发达的证券市场中，马科维茨投资组合理论早已在实践中被证明是行之有效的，并且被广泛应用于组合选择和资产配置。马科维兹的投资组合理论指出，人们进行投资，本质上是在不确定性的收益和风险中进行选择。投资组合理论用均值—方差来刻画这两个关键因素。所谓均值，是指投资组合的期望收益率，它是单只证券的期望收益率的加权平均，权重为相应的投资比例。所谓方差，是指投资组合的收益率的方差。我们把收益率的标准差称为波动率，它刻画了投资组合的风险。投资组合理论研究"理性投资者"如何选择优化投资组合。所谓理性投资者，是指在给定期望风险水平下对期望收益进行最大化，或者在给定期望收益水平下对期望风险进行最小化的投资者。由于组合投资可以降低非系统性风险，因此投资者总会选择构建投资组合来降低风险，提高投资效用。最优投资组合是指对某投资者而言，在可以得到的各种可能的投资组合中，唯一可获得最大效用期望值的投资组合。投资组合理论的根本思想是通过分散投资、降低风险，"不要将鸡蛋放在一个篮子里"，从而实现投资与风险最优组合，因此被广泛应用于金融业。

三、要点分析

（一）我国私募股权投资基金运作中存在的主要问题

1. 信息不对称问题

私募股权投资基金运作中的信息不对称现象主要表现在两个方面。其一，表现为私募股权投资基金管理者与投资者之间的信息不对称。投资者无法准确了解基金管理者的真实能力，基金管理人为了吸引投资者很有可能会隐瞒自身的真实能力或夸大自身的能力。其二，表现为私募股权投资基金与被投资企业之间的信息不对称。由于私募股权投资基金的投资对象一般为未上市公司，通常为中小型企业，不是通过公开的市场进行投资，而这一类企业往往公司治理结构不够完善，信息披露程度较低，从而导致基金管理人对被投资对象的市场前景、盈利能力等了解有限而无法做出正确的投资决策。信息不对称常常导致交易发生前的逆向选择或交易发生后的道德风险问题，并引发内幕交易、操控股价等侵害投资者利益的违法违规现象。

2. 退出机制不健全

私募股权基金退出方式主要有四个：首次公开募股（Initial Public Offering，IPO）、并购、股份回购以及破产清算。私募股权投资的回收方式主要是采取投资目标公司在境内外资本市场发行上市，即向不特定的公众首次公开出售股份上市（IPO），上市后投资者将持有的不可流通的股份转变为可交易的上市公司股票，从而实现股权资本向现金形态转变而退出。IPO 退出方式是回报率最大的一种；然而，IPO 退出的成本和门槛都比较高，一旦被投资企业无法上市，投资资本就无法通过 IPO 退出。并购、股份回购以及破产清算的投资回报率都比较低。对于并购，由于我国现阶段的相关法律法规不够健全，因此以并购方式退出市场可能会导致企业的价值被低估，也可能存在管理层为了自身的利益而对并购持反对意见的现象。对于股份回购，这种退出方式的前提是企业本身的资金相对比较充裕，否则，很可能由于企业资金周转困难而导致回购失败。对于破产清算，这是私募股权基金最不愿采用的方式，因为破产清算意味着私募股权投资的失败，可能收不回投资成本或者无法获得投资回报。

（二） 对策措施

1. 完善信息披露机制

在不违反相关法律法规的前提下，私募股权投资基金须定期向基金投资者与监管部门披露其经营状况和管理资金规模、投资计划、拟投资项目风险和已投资项目状况、基金管理费、投资收益分配方案等。对于因隐藏相关信息、拖延信息披露、披露虚假信息等情形而给基金投资者造成的损失，私募股权投资基金须向基金投资者承担利益赔偿责任。

2. 完善私募股权投资基金的市场退出机制

私募股权投资公司应根据自身的实际情况不断探索适合自身的退出方式。首先，在投资之初就要高度重视如何把握退出的主动权，私募股权投资公司可在投资之初即与被投资企业在合约中明确约定退出方式的选择权问题。其次，要积极探索私募股权投资基金的创新退出方式。近年来，一些新的退出方式也被创设并开始运用，如买壳上市和借壳上市。再次，要积极发展私募股权交易市场，私募股权合伙人可以通过该市场将自己出资份额出售给其他投资者，能够在较短时间内实现退出。最后，要完善境内新三板的转板制度，新三板企业是私募投资的重要客户，及时出台规范化的转板制度，能够拓宽私募投资的退出渠道。

四、案例教学使用说明

（一）教学目的与用途

本案例教学适用于"个人理财学""货币金融学""证券投资基金"等课程。如将本案例用于其他相关课程，本案例说明可做相关调整。

本案例以南湖基金小镇上设立的 A 投资公司为例，对 A 私募股权投资公司的私人理财顾问式服务进行 SWOT 分析，揭示其优势、劣势、机遇和挑战。通过此案例引导学生了解私募股权投资公司提供的个人理论业务运作方式和特点，探讨我国私募股权基金整体运行中存在的主要问题及解决对策。通过该案例分析，培养学生利用相关理论知识分析我国金融投融资领域问题的能力。

（二）课程安排

本案例可以作为专门的案例讨论课来进行。课堂安排大致如下：

（1）整个案例的课堂时间控制在 80 分钟左右。

（2）课前计划：布置思考题，要求学生在课前完成相关材料的阅读。

（3）课中计划：

①案例回顾（10 分钟）。

②分组讨论（20 分钟）。

③小组发言（每组 5 分钟左右，控制在 30 分钟）。

④集体讨论、归纳总结（20 分钟左右）。

（4）课后计划：请学生以小组为单位搜索该案例的相关资料，撰写案例分析报告。

参考文献

[1] 刘芳. 我国私募股权投资基金发展中存在的问题及对策 [J]. 中国市场，2019（21）：51－52.

[2] 何伟. 我国私募股权投资基金的现状问题及对策 [J]. 金融经济，2017（11）：10－12.

［3］刘晨.J私募股权投资公司投后管理优化研究［D］. 南昌：江西财经大学, 2021.

［4］熊俊龙.D私募股权投资基金公司业务发展对策研究［D］. 南昌：江西财经大学, 2021.

案例 11

数字经济税收与反垄断

一、案例介绍

（一）引言

当前我国经济已由高速增长阶段转向高质量发展阶段，正处在转变发展方式、优化经济结构、转换增长动力的攻坚期。《中国数字经济发展白皮书（2021）》显示，2020年我国数字经济规模达到39.2万亿元，占GDP比重为38.6%，位居世界第二，数字经济为经济高质量发展注入了强劲动力（郭蔷，2017）。财政税收是国家治理的基础和重要支柱，在推进数字经济加快发展进程中可以发挥重要的促进作用。然而，目前我国数字经济相关财税制度并不完善，财税政策没有充分体现促进数字经济发展的内在需求，现行税制和税收征管体系与数字经济之间的适应性有待提升。在新经济及互联网的大背景下，需要通过财税政策手段加快构筑我国数字经济发展的优势，积极促进我国数字经济核心竞争力的形成，同时进一步完善财税政策，使之与数字经济产品形态和价值链条流转更为匹配，研究如何更好地分配数字经济相关的财税收入，探索构建财税助力数字经济提质增效的新机制。

2020年底，中共中央政治局会议上首次提出"强化反垄断与防止资本无序扩张"这一工作重点，随后中央经济工作会议提出完善数字企业垄断认定等一系列数字企业反垄断工作议题。2021年2月7日，国务院反垄断委员会制定发布《国务院反垄断委员会关于平台经济领域的反垄断指南》，强调《中华人民共和国反垄断法》及配套法规规章适用于所有行业，公平公正对待各类市场主体，一视同仁，旨在预防和制止平台经济领域垄断行为，促进平台经济规范有序、创新且健康发展。该指南的发布拉开了数字平台反垄断的序幕。

（二）数字经济税收与反垄断提出的背景

数字经济正以前所未有的速度改变着人们的生产生活方式，正朝着产业数字化、数字产业化、治理数字化和数据价值化四个方向高速发展（周文，2021），已成为新时代经济的重要支撑和增长的推动引擎。世界范围内，各个领域涌现出大量优秀的数字平台知名企业，如美国著名的GAFA[①]和中国著名的BAT[②]。数字平台产品涉及如社交、出行、电子商务、搜索引擎和互联网金融等众多传统平台替代品数字新兴领域，在提供丰富多彩、触手可及、便捷易用的传统和新型产品或服务的同时，也存在诸多风险隐患和监管漏洞。我国是数字经济发展大国，截至2020年我国数字经济规模已居全球第二（中国互联网发展报告，2021）。不可否认的是，数字经济近年来呈现平台化趋势，在我国快速发展并急速扩张，其GDP占比逐年提升，已渗透到衣食住行、信息交互等方面。数字平台已成为人民生活不可或缺的重要基础设施之一，正逐渐肩负起重要的社会责任。我国数字平台的集中快速崛起已成为我国经济强劲的推动引擎，在提升我国经济运转效率、改善社会治理方式以及提升人民幸福感等方面做出了重要贡献。与此同时，数字平台的公共属性随着平台的扩张愈发凸显。这一快速发展的新经济形态遵从着不同于传统工业的经济规律，导致了企业所涉传统风险行为的改变，给监管当局带来富有挑战的监管难题。

数字平台垄断问题是全球化背景下，数字经济崛起之后的全新议题与全新挑战。世界范围内，对数字平台反垄断的呼声越发强烈。近年来，对"GAFA"四巨头的反垄断调查和反垄断罚单从未间断。根据《互联网平台竞争与垄断观察报告（2020）》2017~2020年，"GAFA"在全球范围内已遭遇逾百起反垄断调查，世界各国尤其是欧洲对其屡开巨额罚单。例如，谷歌在2021年5月中旬被意大利反垄断监管机构竞争和市场管理局处以1.02亿欧元的罚款，紧接着又因"在科技领域利用市场垄断地位打压对手，损害竞争对手利益"，被法国竞争管理局处以2.2亿欧元罚款。传统的垄断法规通常认

[①] GAFA 指谷歌（Google）、苹果（Apple）、脸书（Facebook）和亚马逊（Amazon）。

[②] BAT 指百度（baidu）、阿里巴巴（Alibaba）和腾讯（Tencent）。

为，企业是否具有垄断行为主要从以下三点进行判断，即经营者是否达成垄断协议，是否滥用市场支配地位，以及经营者是否集中。然而，由于数字平台企业发展过程遵循新的经济学理论和互联网特有的外部性等新特征，因此致使其具有天然的市场支配地位等必然特性，从而导致判定数字平台是否具有滥用市场支配地位的情况越发困难（谢平，2014）。

世界各国不断对数字平台企业展开反垄断调查，其目的是排查是否存在实际的垄断行为而非仅仅关注其是否具有市场支配地位。例如，判定其是否存在滥用市场支配地位进行价格歧视、掠夺性定价、数据接入共享限制、以扼杀潜在竞争对手或强化市场支配地位致使市场集中度过高为目的的企业兼并等涉嫌垄断的行为。然而，世界范围内对于是否应对数字平台进行监管和如何监管存在着大量争议和激烈讨论（熊鸿儒，2019）。从各国数字平台经济发展的实际情况和自身利益出发，产生了两种截然不同的观点，并形成了两大阵营。第一阵营主张采取审慎态度对可能涉嫌垄断的企业进行严格监管和积极干预；而第二阵营则主张采取开放包容的态度对数字平台企业尽量减少干预，避免由于过多干预抑制数字平台经济的高速发展。第一阵营以欧洲国家为主，而第二阵营则以美国为首。1890 年美国颁布《谢尔曼法》，时至今日，反垄断已有 130 多年的历史。

美国普遍认同现行反垄断法仍适用于当下数字经济等新经济领域。美国高层一度提出拟采取传统反垄断手段对数字平台类企业进行强行拆分以达到反垄断的目的。但在反垄断司法实践上，美国却拓展了以传统保护消费者和维护市场竞争为主的规制目标而强调和鼓励创新（熊鸿儒，2019）。然而，迫于国际压力等原因，第二阵营的监管态度在 2020 年已开始逐渐转向垄断式数字平台。截至 2020 年，"GAFA" 四大巨头依靠美国本土的人才、技术、市场和资本优势形成了从生产研发到消费服务的全链路近乎垄断式的数字平台全球化布局，依靠互联网技术，通过数字服务贸易等形式，从世界各国特别是欧洲国家持续获取超额利润，而在极少支付税费的情况下将利润一举转移到税收洼地进行避税，从客观上强化了其世界范围内的垄断地位。这一现象直接导致欧洲出现普遍的 "税基侵蚀和利润转移（Base Erosion and Profit Shifting，BEPS）" 等严重涉税问题，导致了跨国 "数字鸿沟" 的出现并表现出加速趋势，进而引起世界范围内由 "数字鸿沟" 引起的财富分配不均和贫富差距激增现象。

2020 年 10 月美国众议院司法委员会发布了《数字市场竞争状况调查报

告》，报告指出"GAFA"四大科技巨头在智能终端、搜索引擎、数字广告、社交媒体、电子商务等领域处于绝对统治地位，并通过滥用市场支配力量，实施自我优待、歧视性行为、排他性交易、搭售、纵向并购等反竞争行为来维持和扩大自身的垄断地位。另外，该《报告》给出了多项建议举措，旨在维护并恢复数字经济竞争，从而达到有效预防、制止垄断和保护创新的多重目标。与此同时，数字税逐渐登上了数字平台全球治理的舞台，其关于如何规制数字平台的反垄断正处于积极探索阶段，但仍面临着诸多挑战和不确定性。

由 2019 年起，法国要求对包括 GAFA 在内的数十家在法国提供应税服务的跨国数字平台企业征收其营业收入 3% 的数字税，来解决处于垄断地位的数字平台企业导致的 BEPS 等相关问题，开辟了对跨国垄断数字平台征收数字税的先河。然而，美国随即便对法国政府的征税行为进行了报复并发起 301 调查。在 2013 年 G20 圣彼得堡峰会上，G20 授权经济合作与发展组织（Organization for Economic Co-operation and Development，OECD）针对包括数字税收在内的全球税基侵蚀和利润转移（Base Erosion and Profit Shifting，BEPS）进行了多项经济政策研究（励贺林，2019；闫境华，2021）。直至 2018 年，OECD 研究初步形成了两个关键支柱，一是数字经济税收问题；二是源自美国 GILTI 规则的全球最低税率问题。数字平台垄断所引起的税收问题已在国际社会引起了强烈重视，各国在 G20 和 G7 框架下持续开展政策研究并逐步推出创新税制改革。国际税收体系改革经历多年谈判，于 2021 年 7 月初由 OECD 协调形成了双支柱的最新方案。"支柱一"是要确保包括数字产业在内的大型跨国企业在其所有实施商业活动并取得利润的市场缴纳公平的税额；"支柱二"则是通过设立全球最低公司税率来管控各国之间的财税竞争。表面上看，BEPS 和垄断并无直接关联，但实际上几乎所有具有垄断地位的数字平台均已涉及或将涉及 BEPS 等税收问题。若能够在 G20 主导全球税收改革进程中利用数字税这一新税种解决 BEPS 问题，那么这将会是反垄断进程中的一个重要里程碑。数字税将成为解决全球范围内数字平台垄断问题工具箱中的重要工具之一。

（三）数字经济税收与反垄断的困难与挑战

数字经济遵从新经济学原理和价值规律，导致形成垄断的原因发生了根本性变化，所涉及的反垄断措施及数字税征收依据和准则需要新经济原理和价值规律进行解释，在政策制定和实施上仍存在困难和挑战。

1. 数字化垄断与物质化垄断的差异性

数字平台的垄断是数字经济时代的产物，区别于工业经济时代的物质化垄断。一是数据作为数字平台最关键的生产要素，不存在客观自然的稀缺性，对数据权属主观故意的约束限制是数字化垄断的成因之一。物质化垄断源于物质资源客观自然的稀缺性；作为生产资料的物质资源通常具有明确且唯一的权属。与此不同的是，数字化垄断则是基于对数据、信息、数字化工具等生产要素的人为主观垄断。数据、信息等具有可无限复制性，其在复制过程中本身不发生损耗，技术层面上允许共有和共用。因此，数字化垄断并非基于数据、信息等本体的稀缺性，而是基于对其权属主观故意的约束限制。基于这种约束限制，平台独占数据资源达到数字化垄断。二是物质化垄断通常由供给侧决定垄断地位，而在数字经济时代，用户是决定数字平台数字化垄断地位的重要因素之一。

物质化垄断的垄断工具通常为大规模投资产生的物质产品，数字化垄断的垄断工具是数字产品。一方面，工业经济时代供给侧可利用信息不对称等优势使用户被迫接受其垄断产品促成其垄断地位。数字经济时代的用户可同时获取多个平台的产品和服务并择优选取为其提供质优价廉服务的数字平台，用户在客观上参与确立了其数字化垄断地位。另一方面，数字产品起初通常是轻资产运营模式下的产物，并且在其投入使用时并不足以成为垄断工具。其成为垄断工具的关键在于不断汲取数字产品使用者的使用过程数据与信息，来不断强化其数字产品并使之成为垄断产品。由此可见，数字产品使用者是决定其是否成为垄断产品的重要因素之一，即存在着用户决定垄断的客观规律。但数字经济时代特有的这种客观规律并不代表着数字平台可以逃避监管。其根本原因在于，在基于使用者数据强化迭代而来的垄断产品中，最初开发者的贡献度呈现下降趋势，而源源不断的增量数据和历史全量数据并非平台所有，因此数字产品的使用者和数据信息的权属人应有理由主张其权益。

2. 数字化垄断的观念制约

数字平台达成垄断的过程离不开"消费创造价值"规律（郭天序，2021）。数字平台本身即是一种数字产品或数字服务，而且数字平台销售的部分产品和服务具有数字属性。而具有数字属性的数字产品和数字服务，其价值和价值增长由消费端决定，即满足"消费创造价值"的新经济规律。在工业经济时代，无论是产品还是服务均需要再生产过程，其边际成本不存在趋近于零的可能。当进入数字经济时代之后，可无限消费的数字产品或数字服务（如软件、游戏、电影、购物平台、金融服务等）在完成首次生产开发后可随时响应、及时满足消费需求而无须再生产过程。由于互联网的外部性，数字经济时代的数字产品和服务，其价值更多取决于用户对商品的认同度。因此，已研发生产的该类产品或服务无须再生产过程，再次提供消费时的边际成本趋近于零，其价值与价值增长主要取决于认同消费。若消费者对某产品或服务具有强烈的观念认同，则该产品或服务就能够在不增加生产成本的前提下创造更高的价值，即消费创造价值。这种基于观念认同的消费创造价值规律在数字经济时代将逐渐成为经济活动的重要组成之一。如果数字平台销售的产品或服务无须再生产过程，那么基于消费者认同的消费行为即可转化为价值并最终使数字平台获得超额利润。

数字平台利用超额利润来快速拓宽市场渠道，再利用新渠道获取更多的超额利润，如此循环往复，甚至不惜采取不正当竞争的手段来打压竞争对手，最终确立其平台的垄断地位。值得注意的是，当前监管部门应着重排查数字平台是否存在实际的垄断行为，而非仅仅关注其是否具有市场支配地位。如果数字平台持续提供质优价廉的服务和产品而并无垄断行为的发生，那么监管部门就应当积极促进数字平台有序健康发展。

近年来，数字平台涉嫌垄断的行为屡见不鲜，如滥用其市场支配地位进行价格歧视、掠夺性定价、数据接入共享限制等涉嫌垄断的行为。这些垄断行为主要缘起三类风险行为，即涉及公民隐私的个人风险行为，涉及自有资本金严重不足的金融风险行为，涉及企业暴利的社会风险行为。对这 3 类风险行为的深入分析有利于从源头上把控垄断风险，完善反垄断监管依据和规制路径以促进数字平台在公平竞争环境下健康、有序、高速发展。

（四）数字经济税收与反垄断的实践案例

作为借助互联网平台及新经济形态的发展，我国现阶段出现了多个互联网平台企业，大有垄断之势，但是对于从事新经济领域的人群税收却缺乏相关的税收制度。

1. 基本情况介绍

云账户技术（天津）有限公司是一家以经营电子信息技术的开发、咨询、服务、转让、商务信息咨询等为主的数字化互联网公司。云账户于 2016 年 8 月在天津成立，是服务零工经济的线上人力资源公司。根据《2021 中国民营企业 500 强调研分析报告》与"2021 中国民营企业 500 强"榜单，2020 年 9 月 10 日，云账户入选全国工商联发布的 2020 中国服务业民营企业 100 强榜单，排名第 80 位。同日，2020 中国民营企业 500 强榜单发布，云账户技术（天津）有限公司位列第 261 位，2019 年营业收入 3527621 万元。2021 年 9 月，云账户技术（天津）有限公司入选"2021 年中国民营企业 500 强榜单"，排名第 243 位。2021 年 9 月 25 日，云账户技术（天津）有限公司入选"2021 中国企业 500 强"榜单，排名第 469 位。

2. 云账户技术（天津）有限公司的数字化税收与反垄断模式

第一，一般化概括式保障模式。这种模式致力于将零工经济劳动者确立为一个主体性法律概念，在准确概括并描述其概念的内涵与外延的基础下，建立起对这一概念范围下主体的一般性保护制度。这种模式最大的优点在于立法的节约性，如果能够对调整对象进行合理的抽象，抽取出一般特征并加以描述，从而建立起标准化的概念，那么只需建立一套适合对象范畴的规则，该对象范畴下的所有问题由此就都获得了一体化的解决方案。实践中，在零工经济劳动者概念界定方面，主要体现为第三类劳动者范畴，如德国的类雇员、西班牙的经济依赖性自雇者、意大利的准从属性劳动者、加拿大的依赖性承包商等。但是，该路径下至今还没有统一明确第三类劳动者的身份认定标准，从某种程度上反映出，当前阶段绑定于身份认定的劳动权益保障很难行得通。

第二，个别化开放性保障模式。这种模式并不以立法的方式建立起零工经济劳动者这一法律概念，而是将标准劳动关系之外的所有劳动者视为同一概念，即只存在是否成立劳动关系的两元判断。对于所有排除于标准劳动关系之外的人，只要有获得保障的主观意愿与客观需要，就可以根据不同行业的特点和实际情况，设计不同的有针对性的保障性权利，以满足不同行业与工作方式的不同保障需求。云账户则是后面这种模式，其主要特点是：

（1）以行业为主体。

根据行业差别实行差别化的保障，同时发挥行业性管理机构及自治机构的作用。不同行业零工经济劳动者，由于其工作内容、方式与环境不同，对权利保障的需求也不相同，而且这种差别的行业性特征相对明显。当前，我国部分地方结合不同行业兜底保障需求的差异性，针对网络约车、网络送餐、快递物流等领域，率先出台了具体的兜底保障措施，先行先试经验让以行业为主体的保障制度成为可能。

（2）社会义务为主，企业义务为辅，行业协会监督。

标准劳动保障是用人单位对劳动者劳动力支配权的一种对价，而零工经济劳动者的保障则是基于社会必要性——社会稳定以及劳动者生存权的保障需求，满足这一需求的义务主体主要是社会。2021年，在实体权利方面，由地方政府或头部平台企业推动设立，主要通过建立开放性工伤保险和部分医疗保险的途径来提升劳动者的权益保障。

（3）横向调整与纵向调整相结合。

从定性上看，不符合确认劳动关系情形的零工经济劳动者与平台之间很可能仍被视为民事合同关系，采取以横向调整为主的方式。但这种民事调整方式并不排斥国家对这一关系的纵向干预，而是可能采取制定针对行业的行政法规以及行业格式合同条款。

（五）云账户数字经济税收与反垄断的金融经验借鉴

在个别化开放性保障模式下，权益保障的路径出发点建立在我国劳动法的相应保障标准基础之上。我国现行劳动法中的劳动权利，除解约限制及其补偿属于劳动关系下的特有权利外，主要有平等协商与集体对话谈判权利、薪酬保障权利以及对相应社会保障体系的融入。实现这些权利的核心问题在于议价能力的补偿。零工经济劳动者权利之所以开始为人们所关注，是因为存在经济从属性这一导致议价能力缺失的原因。

一般而言，影响议价能力的因素包括：知情权、话语权、经济地位。缺乏对价格形成机制的知情权，合理薪酬、合理劳动时间、带薪休假等或许就难以计算和争取；缺乏有效对话机制，议价行为缺乏有效平台和途径，单独个体的议价行为通常也很难产生效果；实际经济地位的严重不平衡可能会导致议价资格的根本性丧失。因此，下面围绕提升零工经济劳动者议价能力，建议设置以下路径：

一是制定零工经济劳动者权益保障相关的标准规范。平台企业是零工经济劳动者权益保障的重要责任主体，其自觉合规对劳动者知情权、话语权和经济地位的树立与维护具有重要影响。当前，标准化工作已经成为平台企业发挥行业自治作用的重要途径。例如，全国共享经济标准化技术委员会牵头制定《共享经济指导原则与基础框架》国家标准，平台企业委员直接参与了国家标准的制定，其中以"权益保障"为9个指导原则之一，明确"共享经济中的决策和活动应保障行业参与人员基本利益，包括但不限于保障用户资金安全和使用利益，保障从业人员用工制度、人身安全、福利、保险以及其他经济利益"。从行业自治角度看，建议在国家标准化管理委员会的统筹协调下，鼓励各细分领域平台企业发挥专业性优势，牵头参与国家标准和企业标准制修订工作，同时鼓励行业协会发挥自律管理职能，牵头制定行业内团体标准，系统提出平台算法等技术规范和平台用工规范，以标准善治规范平台用工规范，实现劳动者权益潜在风险的有效规避。

二是强化零工经济劳动者组织化建设。强化零工经济劳动者组织化管理，既有利于提升劳动者话语权和经济地位，也有利于建立归属感，满足其社会性需求。以工会为例，作为维护劳动权益的社会团体，近年来，各地各级工会积极推进劳动者建会入会。例如，根据2019年上海市静安区国民经济和社会发展统计公报，上海静安区仅2019年就有近6000名零工经济劳动者加入区总工会。广大劳动者正通过科学正当的组织建设，从零星分散的零工经济关注的末端逐渐走向前台，成为平台用工共治的重要主体之一。从劳动者组织角度看，建议赋予零工经济劳动者的党组织、工会或劳动者代表大会等反映劳动者真实意愿的代表组织相应职权，负责对平台制定修订订单分配、提成比例等直接涉及劳动者权益的制度规则和平台算法进行审议讨论，重大方案须经各组织代表表决通过方可执行。

三是确立零工经济劳动者权益的顶层机制。平台用工不能仅依靠自治规范，更需要监管部门的有效监管。当前，全国各地在零工经济劳动者权益保障方面的实践探索较多，为顶层机制的确立提供了有益参考。建议聚焦零工经济劳动者权益保障的特殊性，研究创设新的制度规则，分阶段稳步推进实施。从细分行业、保障类别、保障标准等角度，搭建劳动者权益保障的基本要求，以国务院行政法规方式落地执行，为行业层面、劳动者组织层面的相关规范提供指导。

零工经济迅速发展，创造了大量就业机会，随之出现的零工经济劳动者劳动保障权益问题的解决路径日益清晰。不断完善零工经济劳动者工资收入、社会保障等劳动保障权益，是落实习近平总书记重要讲话精神的必然要求，对维护社会公正稳定具有重要意义。采取个别化开放性保障模式，提升零工经济劳动者议价能力，将有助于建立符合我国实际的具有持续生命力的保障机制，推动《维护新就业形态劳动者劳动保障权益指导意见》提出的劳动保障权益相关措施落到实处，促进平台经济规范健康持续发展。

（六）总结

随着数字技术和数字经济的深入发展，数字平台在解决数字市场的信息、协调等基本问题，提高匹配市场供给与需求能力等方面展示出优势，但也给反垄断分析和监管带来了新的疑难问题。数字平台垄断既具有传统垄断的一般性，也具有由数字技术和数字经济特征引致的特殊性。从一般性上讲，数字平台垄断行为的危害同样需要考虑价格、质量和创新三个关键市场变量。垄断不仅会使市场偏离竞争均衡，导致价格上涨，降低产品和服务质量，削弱数字平台投资研发的动机，减缓整个行业的创新速度，损害消费者福利，还会恶化价值创造在平台与各参与方之间的分配（刘戒骄，2022）。从特殊性看，数字平台能够将多边市场中买方、卖方、广告商、软件生产商和用户、辅助服务提供商等相互依赖的各类参与者汇聚在一起，承担组织和协调资源配置、汇聚数据和控制算法、制定和执行交易规则等功能，由此形成的垄断具有许多不同于传统企业垄断的特征。

数字平台反垄断的目标是维护公平竞争市场秩序，云账户技术（天津）有限公司的快速发展说明新时期的零工经济得到了充分释放，数字平台通过与区域政府合作，为社会层面的灵活就业人员提供数字税收平台；然而，对于云账户而言，需要花费规模性的成本和高水平的数据体量才可以形成一定的垄断性，这也为其形成了一定的平台壁垒。实际上，《中华人民共和国反垄断法》据此做出的规定对数字化平台有一定的监管和规范作用，为中国形成开放共享的数字化平台有一定的促进作用。截至 2021 年，我国数字平台反垄断突出了创新在反垄断法价值追求等方面的实践，具备一定的参考作用。

思考题

1. 数字平台垄断产生的原因是什么？
2. 什么是反垄断？它的目标是什么？
3. 简述数字经济税收与反垄断提出的背景。
4. 简述云账户技术（天津）有限公司的数字化税收与反垄断模式。
5. 云账户技术（天津）有限公司的快速发展给我们提供了哪些经验教训？

二、涉及知识点

本案例涉及的知识点主要包括反垄断的理论基础、互联网反垄断的目标、数字经济保障制度、零工经济税收的顶层机制。

马克思主义的垄断理论最早源于马克思的资本积累理论，之后恩格斯、希法亭、列宁等马克思主义者对马克思的垄断理论进行了发展和创新，列宁是马克思主义垄断理论的集大成者。王世强（2021）总结了数字经济时代企业垄断的一些新特征，如垄断工具的极度高效性、对消费者与政府反垄断规制部门的较强隐蔽性、策略应用的高度组合性等。

互联网反垄断的目标是营造互联网公平竞争的市场环境、保护互联网市场的创新，这是互联网反垄断执法的重点。

数字经济保障制度建设是数据的所有权、使用权和流转权等内容，应通过法律条款进一步明确，形成权属清晰、反应灵活的法律制度体系。既要适时审查现有制度对于数字经济活动的包容性，及时废止有违市场规律的政策细则；也要顺应数字经济的发展潮流，鼓励新业态、新模式的发展，制定有利于创新的制度和规则，围绕数字经济发展的目标、方向，相应地构建与数字经济相匹配的财税政策体系。

现阶段，由于在线平台数量众多，零工就业群体庞大，加上平台交易的碎片化、虚拟化特征，使得税务机关缺乏对个人收入的有效监控。同时，由于用工模式的特殊性，以及劳动力与平台关系的模糊性，截至 2020 年，税企各方对零工就业者个人所得税的征收缺乏统一认识，各地税务机关在实际执行中也不完全一致。税收的不确定性为在线平台的运营带来了隐性风险，部分在线平台基于自身发展的内在需求和税收法律法规的外在压力，在各地税务机关的支持下，开始对零工就业者的缴税方式进行探索；以零工就业者为主要对象提供综合服务的专业平台也应运而生，以帮助在线平台解决灵活用工存在的合规风险，倒逼税务机关提出相应的征税解决方案来增强确定性。实践中，税务机关的解决方案大体可以分为以下三类。

1. 视同劳务采用劳务外包的征管模式

在线平台出于人力资源成本控制的考虑，可能会规避社会保险费缴纳等强制性规定，未与零工就业者签订雇佣合同，而通常以劳务外包方式，采用属地化管理，由派遣公司对其收入按照工资薪金或劳务报酬代扣代缴个人所得税。

2. 视同临时生产经营委托平台代征

平台为零工就业者提供综合服务，向接受服务的企业收取服务费，按规定全额开具增值税发票，为零工就业者按照临时生产经营支付其经营所得并代征税款。税务部门与平台签订委托代征协议，将服务对象视为未取得营业执照而从事临时生产经营的纳税人，委托其对服务对象的收入按月或按次代征增值税，并按照1.2%的征收率计算代征个人所得税。由于涉及的人数过多（个别平台达到千万级别），超过了税务委托代征系统的承载能力，平台将采用"明细计算、留存备查、汇总申报"的方式代征税款。

3. 推动零工就业者向个体工商户转化

平台为使用零工的企业提供人力资源服务，通过打通市场监管、税务等政府部门的数据接口，与地方政府共同合作等方式，简化个体工商户办理流程，个人只需通过微信小程序，即可提交材料，快速获得电子营业执照。将零工就业者转化为个体工商户的方式，可以享受国家相关免征增值税的优惠政策，并按照生产经营所得缴纳个人所得税。

三、要点分析

（一）数字化平台垄断的反思

当前世界已从传统的工业经济时代逐步进入数字经济时代，新时代的经济活动遵循不同的经济规律，随着观念产品数字化逐渐普及，数字化垄断应运而生。数字平台所涉及的数字化垄断行为区别于传统工业时代的物质化垄断行为，是新经济时代下观念垄断数字化的特殊形式。数字平台类企业的垄断普遍隐含着三种风险行为：涉及公民隐私的个人风险行为，涉及自有资本金不足的金融风险行为，涉及企业暴利的社会风险行为。

数字化平台模式已成为中国微观经济结构的重要特征，寻求平台交叉外部性使得互联网平台企业跨界成为常态。跨界可以提高经济效率，但在平台企业已经举足轻重的现状下，跨界也容易导致无序扩张、野蛮生长，冲击合理市场秩序，因此通过反垄断规制约束平台企业行为已成为无法回避的选择。

当然，平台经济领域反垄断，不是打压平台经济发展，而是通过限制垄断行为来促进竞争，从而推动平台经济规范健康发展。

（二）数字经济税收与反垄断的启示

1. 鼓励数字经济新业态发展

在数字经济发展初期，美国颁布《互联网免税法案》，明确表示了对互联网不开征新的税种，充分激励互联网行业发展。乌兹别克斯坦在塔什干建立"信息和通信技术创新中心"，免征该中心内的公司所得税和强制性国家预算收费。这些国家通过免税等激励性税制的制定，向公众传递了鼓励新业态发展的积极信号，促进了数字经济相关产业的发展。

2. 支持数字技术发展

俄罗斯在 2010～2023 年，对 IT 企业的社会保险费按 14% 征收，远低于其他行业 30% 的标准征收率。韩国对智能设备与信息、新一代软件与安全、新一代电子信息设备等 11 类符合法定条件的企业收入给予减税。亚美尼亚延长对员工人数不超过 30 人的新注册登记的 IT 企业免税，免税期为自注册之日起 5 年内。巴基斯坦对计算机软件、IT 服务或信息技术服务出口收入的免税期限延长至 2025 年。

3. 激励数字经济企业研发创新

罗马尼亚对专门从事创新研发及相关活动的纳税人，在其开始经营活动的前 10 年免征公司所得税；日本对新材料、尖端电子技术等研发资金，全部免征 7% 的税金；俄罗斯扩大研发费用加计扣除范围，将研发人员获得的奖励和缴纳的社会保险费，以及 2020 年以前取得的发明专利权、工业样品、模型的成本等纳入了扣除范围。

四、案例教学使用说明

（一）教学目的与用途

本案例教学适用于"财政与税收""货币银行学""国际金融学"等课程。如将本案例用于其他相关课程，本案例说明可做相关调整。

本案例以数字经济税收与反垄断为例，向学生展示现阶段数字化平台发展的缺陷，以及危机后数字经济税收制度的完善。通过云账户案例引导学生了解新经济形态发展零工经济的由来与发展，以及云账户数字化税收推行的实践。同时，在分析案例的过程中，培养学生利用相关理论知识分析我国金融市场实际问题的能力。

（二）课程安排

本案例可以作为专门的案例讨论课来进行。课堂安排大致如下：

（1）整个案例的课堂时间控制在 80 分钟左右。

（2）课前计划：布置思考题，要求学生在课前完成相关材料的阅读。

（3）课中计划：

①案例回顾（10 分钟）。

②分组讨论（20 分钟）。

③小组发言（每组 5 分钟左右，控制在 30 分钟）。

④集体讨论、归纳总结（20 分钟左右）。

（4）课后计划：请学生以小组为单位搜索该案例的相关资料，撰写案例分析报告。

参考文献

［1］蔡昌，赵艳艳．促进数字经济发展的税收政策选择与治理对策［J］．会计之友，2020（9）：107－114．

［2］郭蔷．聚焦国际投融资项目风险评估和管理——国际项目风险评估高峰论坛在京举办［J］．国际经济合作，2017（12）：52．

［3］郭天序．数字平台垄断及风险行为分析［J］．地方财政研究，2021（07）：89－96．

［4］国家税务总局科研所课题组．BEPS 行动计划：世界主要国家采取的措施和中国立场［J］．税务研究，2016（12）：58－62．

［5］李平．国际视角下的税收治理数字化探析［J］．税务研究，2020（4）：62－68．

［6］李蕊，李水军．数字经济：中国税收制度何以回应［J］．税务研究，2020（3）：91－98．

［7］励贺林．苹果的避税策略与欧盟"非法国家援助"的调查逻辑［J］．国际税收，2019（03）：34－41．

［8］刘戒骄.数字平台反垄断监管：前沿问题、理论难点及策略［J］.财经问题研究，2022（07）：38－47.

［9］刘禹君.促进数字经济发展的税收政策研究［J］.商业研究，2019（10）：86－90.

［10］彭有为，管永昊.应对数字经济发展的税收政策研究［J］.税收经济研究，2018（3）：15－20，47.

［11］妥云蔚，仇娟东.数字金融促进了包容性增长吗？——来自中国城市层面的经验证据［J］.宁夏社会科学，2022（01）：123－133.

［12］王世强.数字经济中的反垄断：企业行为与政府监管［J］.经济学家，2021（04）：91－101.

［13］谢平.完善银行信用风险管理［J］.中国金融，2014（22）：36－38.

［14］熊鸿儒.传统产业数字化转型大有可为［J］.中国工业和信息化，2019（06）：78.

［15］闫境华，石先梅.数字经济时代竞争与垄断的政治经济学分析［J］.经济纵横，2021（03）：18－26.

［16］姚丽.愿景与现实：OECD 应对经济数字化税收挑战的"统一方法"［J］.税务研究，2020（6）：70－78.

［17］张少华，陈治.数字经济与区域经济增长的机制识别与异质性研究［J］.统计与信息论坛，2021，36（11）：14－27.

［18］张勋，万广华，张佳佳，等.数字经济、普惠金融与包容性增长［J］.经济研究，2019，54（08）：71－86.

［19］中国国际税收研究会.世界税收发展研究报告.2019［M］.北京：中国税务出版社，2020：52－59.

［20］中国国际税收研究会.中国开放型经济税收发展研究报告（2019—2020 年度）：数字经济下的跨境税收问题研究［M］.北京：中国税务出版社，2020：107－153.

［21］周文.国穷国富的秘密在于国家治理能力［J］.上海经济研究，2021（10）：2，129.

［22］朱炎生.经合组织数字经济税收规则最新提案国家间利益博弈分析［J］.国际税收，2019（3）：5－13.

［23］Ambrose M L, Ausloos J. The Right to Be Forgotten Across the Pond［J］. *Journal of Information Policy*，2013：1－23.

案例 12

JX 市金融信用信息共享平台

一、案例介绍

（一）引言

中小企业作为我国经济发展的一大特色，多年以来在促进就业增长、科技进步以及社会稳定中发挥着重要作用。与此同时，中小企业融资难的问题一直难以从根本上得到解决，"融资难、融资贵"是目前我国中小微企业发展的最大瓶颈。

近年来，随着金融科技的广泛运用，各地尝试运用互联网、大数据等技术推出互联网"信贷超市"，以服务实体企业为导向，以缓解企业融资难为出发点，为企业提供更精准、更便捷的"一站式"综合性金融服务。在此背景下，JX 市金融信用信息共享平台应运而生。作为服务全市中小微企业融资的金融基础设施，以及 JX 市社会信用体系建设的重要组成部分，JX 市金融信用信息共享平台利用人工智能等技术为中小企业融资交易各方提供服务，平台信息在中小企业和金融机构之间进行双向传递，极大地解决了民营企业融资难背后的信息不对称难题，对中小企业融资难问题的解决开辟了广阔空间。

（二）平台基本运行情况

JX 市金融信用信息共享平台秉持"因信而融 共享普惠"的核心理念，不断推动平台应用扩面增量，拓展多跨应用场景，成功打造为横向数据共享集成、核心系统强化升级、应用场景拓展延伸的多跨协同数字化平台。JX 市金融信用信息共享平台以"一中心三平台"为主体结构。一个中心是金融信贷信息数据中心，三个平台是综合应用平台、银企融资对接平台和移动服务客户端。基于上述架构和功能，平台着力突破中小微企业融资难、融资慢、融资贵、体验差 4 个方面，打造平台特色亮点。其一，平台通过全面的信息集成解决融资难问题；其二，通过科学、高效撮合，解决融资慢问题；其三，通过信用全面评价解决中小微企业融资贵问题；其四，通过金融产品的精准展示解决金融服务体验差的问题。

JX 市金融信用信息共享平台建立银企双方互选机制，实现高效对接，"一站式"解决企业融资难题。平台通过"定向发布"与"抢单"相结合的方式，大幅降低贷前调查的成本，实现了高效审核；依靠定向释放机制，企业可以向感兴趣的银行发送融资申请，银行可以点对点选择接受或拒绝。同时，建立银行揽单机制，发布全网可见的融资应用，银行根据系统提示进行"抢单"，提高金融机构主动服务意识，引导市场化竞争，促进金融机构减费让利，通过多样化的产品选择、便捷化的办理流程，加速普惠金融扩面提质，有利于缩短贷款审核周期，缓解民营小微企业的融资慢问题。

平台还引入限时结算的工作机制和全程披露机制，为保证融资需求的及时响应，平台要求银行 4 小时内联网，7 小时内回访回复，银行受理、审批、放款等环节实时开放，企业可查询流程，督促银行提高贷款审核效率。平台上畅销的金融产品包括农业银行的小微网贷（贷款利率为 4.35%，贷款期限为 12 个月，还款方式为"随借随还，每月还息，一次性还本，在授信额度有效期内随借随还，循环使用"）、建设银行的抵押快贷（贷款利率为 4.57%，贷款期限为 36 个月，还款方式为随借随还）、嘉兴银行的小微企业流动资金贷（贷款利率为 5.22%，贷款期限为 12 个月，还款方式为"每月还息，一次性还本，按月付息、分期还本"）等。

JX 市金融信用信息共享平台自 2019 年 8 月上线运行至 2021 年末，累计企业用户 38529 家，服务企业 19019 家，促成融资总额 1930.73 亿元，加权平均利率 4.79%。其中支持首贷户 4388 家，解决融资需求 291.81 亿元；发放信用贷款 205.59 亿元。金融机构在线金融产品 464 个，开设用户 2776 个，运用平台信息查询 108.01 万次；平台访问量 146.22 万次，还为辖内 10 家金融机构及横向部门提供个性化特色应用延伸服务。2022 年 1 月 28 日，第三届"新华信用杯"全国信用案例和信用应用场景优秀微视频评选结果正式公布，150 个信用案例和 70 个微视频最终入围。经专家评审，人民银行 JX 市中心支行的《JX 市金融信用信息共享平台助力解决小微企业 "融资难、融资贵"》入选全国优秀信用案例获奖名单。

（三）平台作用分析

1. 促进中小企业与银行融资对接，改善银企信息不对称问题

JX 市金融信用信息共享平台运用大数据技术优势，利用平台信息集中化的特点，以管用、实用、有效为立足点，建立起跨区域、跨部门的金融服务信用信息共享机制，并鼓励金融机构围绕交易、结算、纳税等场景，为小微企业开发个性化信用产品。由于民营企业融资难的背后是信息不对称问题，因此平台设计了 "智能推荐" 和 "精准推送" 两种特色撮合方式，实现融资供求的直接对接，突出融资对接的效率。此外，授信银行可以通过查询平台储存的授信客户的信用情况，追踪客户贷前贷后经营发展的变化，挖掘潜在客户，全面发挥平台信用信息增值作用，缓解由于信息不对称带来的惜贷问题。JX 市金融信用信息共享平台以小微企业信用信息共享支持精准 "信用画像"，创新银企融资撮合服务模式，助力解决小微企业 "融资难" 问题的有益探索，为优化营商环境、赋能实体经济发挥了积极作用。

2. 促进金融机构上架丰富信贷产品，缓解中小企业融资困境

JX 市金融信用信息共享平台通过各种渠道，采取多种贷款方式，助力企业解决融资难题，促进企业与银行融资对接。平台为企业与银行的双向信息交换制定了银企双方互选机制，通过 "定向发布" 与 "抢单" 相结合的方式，实现了银企高效对接。JX 市金融信用信息共享平台的出现，为金融机构帮扶小微企业提供了新思路、新方法、新途径。

（1）TL 银行 JX 分行。

该行充分利用平台的便捷优势，在平台上架其信用贷款产品——信融通。该产品由借款人或借款企业（以下简称借款人）凭借其信誉向该行发起贷款申请，或通过与借款人具有道义关系的第三人（或第三方公司），如亲人、爱人、朋友等提供保证担保，由该行向借款人发放经营性贷款，该产品的上架在一定程度上缓解了中小企业的融资困境。在控制风险的前提下，"信融通" 进一步简化了企业的融资手续，并通过采用各种适合中小企业发展的还款方式来缓解中小企业的还款压力。正因为如此，该信用贷款产品受到了广大小微企业的喜爱。

（2）MS 银行 JX 分行。

该行依靠平台提供的信息为某光学科技有限公司办理"MS 科创贷"1760 万元。MS 科创贷无任何政府（或园区）风险补偿或其他政策性增信措施，采用组合担保方式向中小企业发放贷款，由该行独立提供类信用或弱担保的科创企业贷款，其贷款利率为 4.35%，贷款期限为 12 个月，最高贷款限额为 2000 万元，并且采取季度还息到期还本的还款方式，极大地缓解了中小企业的还款和贷款压力。

（3）TX 农商银行。

2021 年，TX 农商行发挥地方法人机构属地管理优势，以信用信息综合应用为核心，大力推进 JX 市金融信用信息共享平台（以下简称"平台"）服务小微企业。截至 2021 年末，该行在平台共上架 29 项贷款产品，累计服务企业家数 2298 户，累计放贷 176.33 亿元，首贷企业达 326 户，首贷企业融资金额 11.88 亿元，信用贷款笔数 688 笔，信用贷款融资金额 13.81 亿元。该行于 2021 年 8 月上线了以平台数据为依托的"数字小微企业服务平台"，通过该平台在 2021 年共向各支行（部）分配营销名单 8319 户，该营销名单包括"红色信用贷名单""无贷户名单""JX 市科创企业培育库""年纳税 2 万以上企业名单"，2021 年末实现授信户数 4885 户，授信总额 396.15 亿元，贷款户数 4435 户，企业贷款余额 308.01 亿元。

（4）NB 银行。

NB 银行通过电话访谈、视频连线、现场服务等，及时对接融资申请，全面了解申请人融资需求和生产经营状况，认真分析申请人面临的主要困难及诉求，在符合该行信贷准入条件的前提下，5 个工作日内完成授信审批手续，努力提升企业金融服务的可获得性和时效性。一是推进"平台 + 普惠金融"。截至 2021 年末，NB 银行 JX 分行通过平台对接企业 149 户，融资需求总额 21.18 亿元，实现放款 20.97 亿元，平台使用量在股份制银行中保持领先，加速普惠金融扩面提质，实现融资一键解决。二是实施"平台 + 创新产品"。为提高融资便利度，NB 银行 JX 分行围绕产品创新、特色政策、科技赋能 3 个方面推动小微企业"增量、扩面、提质、降本"。与平台创新联合，借助平台数据，推出"容易贷"产品，建立白名单准入，全线上操作，最快 10 分钟出结果，次日出账，助力中小微企业"容易"贷。截至 2022 年 3 月，已对接企业 408 户，融资金额达 1.9 亿元，让贷款不再难，不再慢，不再贵，有效提升对企业特别是民营小微企业的金融服务效率和水平。三是落地"平台＋有效风控"。为进一步有效把控客户的各类内外部风险，提高对客户日常经营的全面把握，依托平台企业360查询、批量搜索等功能，NB银行JX分行将平台信用报告运用落实到贷前、贷中、贷后各个阶段，将信用报告作为重点参考资料之一，充分运用平台信用打分及风险预警功能，直观、快速了解企业实际经营情况，并通过信用大数据给企业精准画像，为信用风险管理提供抓手。

（5）JX银行。

2021年，JX银行作为JX本土城商行，充分发挥总行优势，围绕JX市金融信用信息共享平台（以下简称"平台"）工作要求，积极推进"贷款码"专项工作，助力科技型企业入驻平台，服务企业793家，融资金额36.01亿元，服务首贷企业68家，取得了一定成效。在贷款码的推广上，为了更好地为小微企业和个体工商户等市场主体提供融资需求，为市场主体搭建融资"绿色通道"，该行坚持各经营机构绿色"贷款码"覆盖各网点和业务办公室，通过微信和经营机构各种渠道宣传，JS支行发放了全省首笔"贷款码"贷款。同时，该行在打造科创银行的大背景下，进一步扩大科技型企业入平台，公司银行部设置了专门的联系人定期走访科技企业，给予科技企业金融辅导，联合派驻所在行的风险总监，现场制定授信方案，依托平台的力量帮助企业解决融资难、融资贵问题。

3. 平台与信保业务发展相结合，促进了信保业务的发展

JX市金融信用信息共享平台为企业提供了保证、抵押、组合、质押等多种融资担保方式，各大信保机构充分应用JX市金融信用信息共享平台的信息优势，使平台与信保业务发展相结合，促进了信保业务的发展。信保公司及银行以平台为媒介，充分运用平台信息，促进了与企业的成功对接。例如，TX市诚信担保有限责任公司以平台发布的投资信息为导向，通过扩大担保覆盖面和降低担保贷款成本，从"精准支持"和"普惠扶持"双重发力，为解决企业融资难、融资贵问题提供渠道。

另外，JX市小微企业信保基金融资担保有限公司围绕中央"六稳""六保"要求，认真贯彻落实市委、市政府"两手抓、两战赢"的决策部署，积极发挥政府性融资担保机构增信分险作用，充分应用JX市金融信用信息共享平台信息优势，通过平台与信保业务发展相结合，旨在更高效地解决小微企业融资问题，助力小微金融发展。例如，JX市某医用辅料有限公司是南湖区

一家从事医用卫生材料、呼吸器具等生产及销售的企业，也是 JX 市具有生产防护级别达 KN95 标准防尘口罩资质的三家企业之一。新冠肺炎疫情暴发后，该企业在大年初六紧急重启口罩生产线，但由于短期需求量较大，企业采购原料急需紧急支付货款，资金存在一定缺口。该企业向公司申请了贷款担保，了解到企业的情况后，信保公司先通过平台已采集数据进行了完善的保前调查，结合实地走访了解情况后，为其 500 万元贷款提供了担保。

思考题

1. 什么是金融科技？它的主要特点和功能是什么？
2. 请分析一下全球金融科技的发展历程及未来发展趋势。
3. JX 市金融信用信息共享平台是如何运用金融科技服务中小企业的？
4. 请对目前国内的金融信用信息平台的优劣势做一下对比分析。

二、涉及知识点

本案例涉及的知识点主要为金融科技。

三、要点分析

（一）金融科技的内涵

按照国际权威机构金融稳定理事会（Financial Stability Board，FSB）的定义，金融科技是指技术带来的金融创新，它能创造新的模式、业务、流程与产品，既包括前端产业，也包含后台技术。[①] 金融科技是基于大数据、云计算、人工智能、区块链等一系列技术创新，全面应用于支付清算、借贷融资、财富管理、零售银行、保险、交易结算六大金融领域，是金融业未来的主流趋势。狭义的金融科技是指非金融机构运用移动互联网、云计算、大数据等各项能够应用于金融领域的技术重塑传统金融产品、服务与机构组织的创新金融活动。

---

① https：//baike. baidu. com/item/金融科技/23222298.

（二）金融科技的作用

金融的科技化是基本趋势，金融科技涉及的技术具有更新迭代快、跨界、混业等特点，是大数据、人工智能、区块链技术等前沿颠覆性科技与传统金融业务与场景的叠加融合，可以促进我国金融行业发展进入一个全新的时代。第一，基于人工智能与大数据的交易和投资策略可以重新定义金融市场的价格发现机制，提升金融市场的效率和稳定性，监管机构可以更高效地分析、预警和防范金融市场的系统性风险。第二，金融科技中的智能金融技术，可以利用大数据及人工智能技术帮助传统金融行业节省成本，提升金融机构运行效率。第三，随着大数据金融、互联网金融以及区块链技术的普及，可以让更多个人和实体以更低成本、更便捷地获得金融服务，实现金融普惠。

四、案例教学使用说明

（一）教学目的与用途

本案例教学适用于"金融学""互联网金融"等课程。如将本案例用于其他相关课程，本案例说明可做相关调整。

本案例以 JX 市金融信用信息共享平台为例，向学生展示金融科技的实际运用与普惠金融的实现。通过此案例引导学生了解金融科技的现实运用情境，在分析案例的过程中，培养学生将基础知识与实际问题分析相结合的能力。

（二）课程安排

本案例可以作为专门的案例讨论课来进行。课堂安排大致如下：

（1）整个案例的课堂时间控制在 80 分钟左右。

（2）课前计划：布置思考题，要求学生在课前完成相关材料的阅读。

（3）课中计划：

①案例回顾（10 分钟）。

②分组讨论（20 分钟）。

③小组发言（每组 5 分钟左右，控制在 30 分钟）。

④集体讨论、归纳总结（20 分钟左右）。

（4）课后计划：请学生以小组为单位搜索该案例的相关资料，撰写案例分析报告。

参考文献

［1］韩沂. 建议推动建议国家层面统一信用信息平台 ［EB/OL］. https：//mp. weixin. qq. com/s/ – O – – ZwNn_OiEJ0n7UrpfwQ \ .

［2］刘俊，陈瑛. 网上"信贷超市"的融资对接功能分析 ［J］. 北方经贸，2021，10.

［3］重视金融科技在金融发展中的作用 ［N］. 光明日报，2018 – 11 – 20.

附录

商业银行互联网贷款管理暂行办法①

第一章　总　　则

第一条　为规范商业银行互联网贷款业务经营行为，促进互联网贷款业务健康发展，依据《中华人民共和国银行业监督管理法》《中华人民共和国商业银行法》等法律法规，制定本办法。

第二条　中华人民共和国境内依法设立的商业银行经营互联网贷款业务，应遵守本办法。

第三条　本办法所称互联网贷款，是指商业银行运用互联网和移动通信等信息通信技术，基于风险数据和风险模型进行交叉验证和风险管理，线上自动受理贷款申请及开展风险评估，并完成授信审批、合同签订、贷款支付、贷后管理等核心业务环节操作，为符合条件的借款人提供的用于消费、日常生产经营周转等的个人贷款和流动资金贷款。

第四条　本办法所称风险数据，是指商业银行在对借款人进行身份确认，以及贷款风险识别、分析、评价、监测、预警和处置等环节收集、使用的各类内外部数据。

本办法所称风险模型，是指应用于互联网贷款业务全流程的各类模型，包括但不限于身份认证模型、反欺诈模型、反洗钱模型、合规模型、风险评价模型、风险定价模型、授信审批模型、风险预警模型、贷款清收模型等。

本办法所称合作机构，是指在互联网贷款业务中，与商业银行在营销获客、共同出资发放贷款、支付结算、风险分担、信息科技、逾期清收等方面开展合作的各类机构，包括但不限于银行业金融机构、保险公司等金融机构和小额贷款公司、融资担保公司、电子商务公司、非银行支付机构、信息科

---

① 中国银行保险监督管理委员会令（2020 年第 9 号）。

技公司等非金融机构。

第五条　下列贷款不适用本办法：

（一）借款人虽在线上进行贷款申请等操作，商业银行线下或主要通过线下进行贷前调查、风险评估和授信审批，贷款授信核心判断来源于线下的贷款；

（二）商业银行发放的抵质押贷款，且押品需进行线下或主要经过线下评估登记和交付保管；

（三）中国银行保险监督管理委员会规定的其他贷款。

上述贷款适用其他相关监管规定。

第六条　互联网贷款应当遵循小额、短期、高效和风险可控的原则。

单户用于消费的个人信用贷款授信额度应当不超过人民币 20 万元，到期一次性还本的，授信期限不超过一年。中国银行保险监督管理委员会可以根据商业银行的经营管理情况、风险水平和互联网贷款业务开展情况等对上述额度进行调整。商业银行应在上述规定额度内，根据本行客群特征、客群消费场景等，制定差异化授信额度。

商业银行应根据自身风险管理能力，按照互联网贷款的区域、行业、品种等，确定单户用于生产经营的个人贷款和流动资金贷款授信额度上限。对期限超过一年的上述贷款，至少每年对该笔贷款对应的授信进行重新评估和审批。

第七条　商业银行应当根据其市场定位和发展战略，制定符合自身特点的互联网贷款业务规划。涉及合作机构的，应当明确合作方式。

第八条　商业银行应当对互联网贷款业务实行统一管理，将互联网贷款业务纳入全面风险管理体系，建立健全适应互联网贷款业务特点的风险治理架构、风险管理政策和程序、内部控制和审计体系，有效识别、评估、监测和控制互联网贷款业务风险，确保互联网贷款业务发展与自身风险偏好、风险管理能力相适应。

互联网贷款业务涉及合作机构的，授信审批、合同签订等核心风控环节应当由商业银行独立有效开展。

第九条　地方法人银行开展互联网贷款业务，应主要服务于当地客户，审慎开展跨注册地辖区业务，有效识别和监测跨注册地辖区业务开展情况。无实体经营网点，业务主要在线上开展，且符合中国银行保险监督管理委员会其他规定条件的除外。

在外省（自治区、直辖市）设立分支机构的，对分支机构所在地行政区域内客户开展的业务，不属于前款所称跨注册地辖区业务。

第十条 商业银行应当建立健全借款人权益保护机制，完善消费者权益保护内部考核体系，切实承担借款人数据保护的主体责任，加强借款人隐私数据保护，构建安全有效的业务咨询和投诉处理渠道，确保借款人享有不低于线下贷款业务的相应服务，将消费者保护要求嵌入互联网贷款业务全流程管理体系。

第十一条 中国银行保险监督管理委员会及其派出机构（以下简称银行业监督管理机构）依照本办法对商业银行互联网贷款业务实施监督管理。

第二章　风险管理体系

第十二条 商业银行应当建立健全互联网贷款风险治理架构，明确董事会和高级管理层对互联网贷款风险管理的职责，建立考核和问责机制。

第十三条 商业银行董事会承担互联网贷款风险管理的最终责任，应当履行以下职责：

（一）审议批准互联网贷款业务规划、合作机构管理政策以及跨区域经营管理政策；

（二）审议批准互联网贷款风险管理制度；

（三）监督高级管理层对互联网贷款风险实施管理和控制；

（四）定期获取互联网贷款业务评估报告，及时了解互联网贷款业务经营管理、风险水平、消费者保护等情况；

（五）其他有关职责。

第十四条 商业银行高级管理层应当履行以下职责：

（一）确定互联网贷款经营管理架构，明确各部门职责分工；

（二）制定、评估和监督执行互联网贷款业务规划、风险管理政策和程序，合作机构管理政策和程序以及跨区域经营管理政策；

（三）制定互联网贷款业务的风险管控指标，包括但不限于互联网贷款限额、与合作机构共同出资发放贷款的限额及出资比例、合作机构集中度、不良贷款率等；

（四）建立互联网贷款业务的风险管理机制，持续有效监测、控制和报告各类风险，及时应对风险事件；

（五）充分了解并定期评估互联网贷款业务发展情况、风险水平及管理状况、消费者保护情况，及时了解其重大变化，并向董事会定期报告；

（六）其他有关职责。

第十五条　商业银行应当确保具有足够的资源，独立、有效开展互联网贷款风险管理，确保董事会和高级管理层能及时知悉风险状况，准确理解风险数据和风险模型的作用与局限。

第十六条　商业银行互联网贷款风险管理制度应当涵盖营销、调查、授信、签约、放款、支付、跟踪、收回等贷款业务全流程。

第十七条　商业银行应当通过合法渠道和方式获取目标客户数据，开展贷款营销，并充分评估目标客户的资金需求、还款意愿和还款能力。商业银行应当在贷款申请流程中，加入强制阅读贷款合同环节，并设置合理的阅读时间限制。

商业银行自身或通过合作机构向目标客户推介互联网贷款产品时，应当在醒目位置充分披露贷款主体、贷款条件、实际年利率、年化综合资金成本、还本付息安排、逾期清收、咨询投诉渠道和违约责任等基本信息，保障客户的知情权和自主选择权，不得采取默认勾选、强制捆绑销售等方式剥夺消费者意愿表达的权利。

第十八条　商业银行应当按照反洗钱和反恐怖融资等要求，通过构建身份认证模型，采取联网核查、生物识别等有效措施识别客户，线上对借款人的身份数据、借款意愿进行核验并留存，确保借款人的身份数据真实有效，借款人的意思表示真实。商业银行对借款人的身份核验不得全权委托合作机构办理。

第十九条　商业银行应当建立有效的反欺诈机制，实时监测欺诈行为，定期分析欺诈风险变化情况，不断完善反欺诈的模型审核规则和相关技术手段，防范冒充他人身份、恶意骗取银行贷款的行为，保障信贷资金安全。

第二十条　商业银行应当在获得授权后查询借款人的征信信息，通过合法渠道和手段线上收集、查询和验证借款人相关定性和定量信息，可以包括但不限于税务、社会保险基金、住房公积金等信息，全面了解借款人信用状况。

第二十一条　商业银行应当构建有效的风险评估、授信审批和风险定价模型，加强统一授信管理，运用风险数据，结合借款人已有债务情况，审慎评估借款人还款能力，确定借款人信用等级和授信方案。

第二十二条　商业银行应当建立人工复核验证机制，作为对风险模型自动审批的必要补充。商业银行应当明确人工复核验证的触发条件，合理设置人工复核验证的操作规程。

第二十三条　商业银行应当与借款人及其他当事人采用数据电文形式签订借款合同及其他文书。借款合同及其他文书应当符合《中华人民共和国民法典》《中华人民共和国电子签名法》等法律法规的规定。

第二十四条　商业银行应当与借款人约定明确、合法的贷款用途。贷款资金不得用于以下事项：

（一）购房及偿还住房抵押贷款；

（二）股票、债券、期货、金融衍生产品和资产管理产品等投资；

（三）固定资产、股本权益性投资；

（四）法律法规禁止的其他用途。

第二十五条　商业银行应当按照相关法律法规的要求，储存、传递、归档以数据电文形式签订的借款合同、信贷流程关键环节和节点的数据。已签订的借款合同及相关数据应可供借款人随时调取查用。

第二十六条　授信与首笔贷款发放时间间隔超过1个月的，商业银行应当在贷款发放前对借款人信用状况进行再评估，根据借款人特征、贷款金额，确定跟踪其信贷记录的频率，以保证及时获取其全面信用状况。

第二十七条　商业银行应当按照借款合同约定，对贷款资金的支付进行管理与控制，贷款支付应由具有合法支付业务资质的机构执行。商业银行应加强对支付账户的监测和对账管理，发现风险隐患的，应立即预警并采取相关措施。采用自主支付方式的，应当根据借款人过往行为数据、交易数据和信用数据等，确定单日贷款支付限额。

第二十八条　商业银行应遵守《个人贷款管理暂行办法》和《流动资金贷款管理暂行办法》的受托支付管理规定，同时根据自身风险管理水平、互联网贷款的规模和结构、应用场景、增信手段等确定差异化的受托支付限额。

第二十九条　商业银行应当通过建立风险监测预警模型，对借款人财务、信用、经营等情况进行监测，设置合理的预警指标与预警触发条件，及时发出预警信号，必要时应通过人工核查作为补充手段。

第三十条　商业银行应当采取适当方式对贷款用途进行监测，发现借款人违反法律法规或未按照约定用途使用贷款资金的，应当按照合同约定提前收回贷款，并追究借款人相应责任。

第三十一条　商业银行应当完善内部审计体系，独立客观开展内部审计，审查评价、督促改善互联网贷款业务经营、风险管理和内控合规效果。银行业监督管理机构可以要求商业银行提交互联网贷款专项内部审计报告。

第三十二条　互联网贷款形成不良的，商业银行应当按照其性质及时制定差异化的处置方案，提升处置效率。

第三章　风险数据和风险模型管理

第三十三条　商业银行进行借款人身份验证、贷前调查、风险评估和授信审查、贷后管理时，应当至少包含借款人姓名、身份证号、联系电话、银行账户以及其他开展风险评估所必需的基本信息。如果需要从合作机构获取借款人风险数据，应通过适当方式确认合作机构的数据来源合法合规、真实有效，对外提供数据不违反法律法规要求，并已获得信息主体本人的明确授权。商业银行不得与违规收集和使用个人信息的第三方开展数据合作。

第三十四条　商业银行收集、使用借款人风险数据应当遵循合法、必要、有效的原则，不得违反法律法规和借贷双方约定，不得将风险数据用于从事与贷款业务无关或有损借款人合法权益的活动，不得向第三方提供借款人风险数据，法律法规另有规定的除外。

第三十五条　商业银行应当建立风险数据安全管理的策略与标准，采取有效技术措施，保障借款人风险数据在采集、传输、存储、处理和销毁过程中的安全，防范数据泄漏、丢失或被篡改的风险。

第三十六条　商业银行应当对风险数据进行必要的处理，以满足风险模型对数据精确性、完整性、一致性、时效性、有效性等的要求。

第三十七条　商业银行应当合理分配风险模型开发测试、评审、监测、退出等环节的职责和权限，做到分工明确、责任清晰。商业银行不得将上述风险模型的管理职责外包，并应当加强风险模型的保密管理。

第三十八条　商业银行应当结合贷款产品特点、目标客户特征、风险数据和风险管理策略等因素，选择合适的技术标准和建模方法，科学设置模型参数，构建风险模型，并测试在正常和压力情境下模型的有效性和稳定性。

第三十九条　商业银行应当建立风险模型评审机制，成立模型评审委员会负责风险模型评审工作。风险模型评审应当独立于风险模型开发，评审工作应当重点关注风险模型有效性和稳定性，确保与银行授信审批条件和风险控制标准相一致。经评审通过后风险模型方可上线应用。

第四十条　商业银行应当建立有效的风险模型日常监测体系，监测至少包括已上线风险模型的有效性与稳定性，所有经模型审批通过贷款的实际违约情况等。监测发现模型缺陷或者已不符合模型设计目标的，应当保证能及时提示风险模型开发和测试部门或团队进行重新测试、优化，以保证风险模型持续适应风险管理要求。

第四十一条　商业银行应当建立风险模型退出处置机制。对于无法继续满足风险管理要求的风险模型，应当立即停止使用，并及时采取相应措施，消除模型退出给贷款风险管理带来的不利影响。

第四十二条　商业银行应当全面记录风险模型开发至退出的全过程，并进行文档化归档和管理，供本行和银行业监督管理机构随时查阅。

第四章　信息科技风险管理

第四十三条　商业银行应当建立安全、合规、高效和可靠的互联网贷款信息系统，以满足互联网贷款业务经营和风险管理需要。

第四十四条　商业银行应当注重提高互联网贷款信息系统的可用性和可靠性，加强对互联网贷款信息系统的安全运营管理和维护，定期开展安全测试和压力测试，确保系统安全、稳定、持续运行。

第四十五条　商业银行应当采取必要的网络安全防护措施，加强网络访问控制和行为监测，有效防范网络攻击等威胁。与合作机构涉及数据交互行为的，应当采取切实措施，实现敏感数据的有效隔离，保证数据交互在安全、合规的环境下进行。

第四十六条　商业银行应当加强对部署在借款人一方的互联网贷款信息系统客户端程序（包括但不限于浏览器插件程序、桌面客户端程序和移动客户端程序等）的安全加固，提高客户端程序的防攻击、防入侵、防篡改、抗反编译等安全能力。

第四十七条　商业银行应当采用有效技术手段，保障借款人数据安全，确保商业银行与借款人、合作机构之间传输数据、签订合同、记录交易等各个环节数据的保密性、完整性、真实性和抗抵赖性，并做好定期数据备份工作。

第四十八条　商业银行应当充分评估合作机构的信息系统服务能力、可靠性和安全性以及敏感数据的安全保护能力，开展联合演练和测试，加强合同约束。

商业银行每年应对与合作机构的数据交互进行信息科技风险评估，并形成风险评估报告，确保不因合作而降低商业银行信息系统的安全性，确保业务连续性。

第五章　贷款合作管理

第四十九条　商业银行应当建立覆盖各类合作机构的全行统一的准入机制，明确相应标准和程序，并实行名单制管理。

商业银行应根据合作内容、对客户的影响范围和程度、对银行财务稳健性的影响程度等，对合作机构实施分层分类管理，并按照其层级和类别确定相应审批权限。

第五十条　商业银行应当按照合作机构资质和其承担的职能相匹配的原则，对合作机构进行准入前评估，确保合作机构与合作事项符合法律法规和监管要求。

商业银行应当主要从经营情况、管理能力、风控水平、技术实力、服务质量、业务合规和机构声誉等方面对合作机构进行准入前评估。选择共同出资发放贷款的合作机构，还应重点关注合作方资本充足水平、杠杆率、流动性水平、不良贷款率、贷款集中度及其变化，审慎确定合作机构名单。

第五十一条　商业银行应当与合作机构签订书面合作协议。书面合作协议应当按照收益和风险相匹配的原则，明确约定合作范围、操作流程、各方权责、收益分配、风险分担、客户权益保护、数据保密、争议解决、合作事项变更或终止的过渡安排、违约责任以及合作机构承诺配合商业银行接受银行业监督管理机构的检查并提供有关信息和资料等内容。

商业银行应当自主确定目标客户群、授信额度和贷款定价标准；商业银行不得向合作机构自身及其关联方直接或变相进行融资用于放贷。除共同出资发放贷款的合作机构以外，商业银行不得将贷款发放、本息回收、止付等关键环节操作全权委托合作机构执行。商业银行应当在书面合作协议中明确要求合作机构不得以任何形式向借款人收取息费，保险公司和有担保资质的机构除外。

第五十二条　商业银行应当在相关页面醒目位置向借款人充分披露自身

与合作机构信息、合作类产品的信息、自身与合作各方权利责任，按照适当性原则充分揭示合作业务风险，避免客户产生品牌混同。

商业银行应在借款合同和产品要素说明界面等相关页面中，以醒目方式向借款人充分披露合作类产品的贷款主体、实际年利率、年化综合资金成本、还本付息安排、逾期清收、咨询投诉渠道、违约责任等信息。商业银行需要向借款人获取风险数据授权时，应在线上相关页面醒目位置提示借款人详细阅读授权书内容，并在授权书醒目位置披露授权风险数据内容和期限，确保借款人完成授权书阅读后签署同意。

第五十三条　商业银行与其他有贷款资质的机构共同出资发放互联网贷款的，应当建立相应的内部管理制度，明确本行与合作机构共同出资发放贷款的管理机制，并在合作协议中明确各方的权利义务关系。商业银行应当独立对所出资的贷款进行风险评估和授信审批，并对贷后管理承担主体责任。商业银行不得以任何形式为无放贷业务资质的合作机构提供资金用于发放贷款，不得与无放贷业务资质的合作机构共同出资发放贷款。

商业银行应当按照适度分散的原则审慎选择合作机构，制定因合作机构导致业务中断的应急与恢复预案，避免对单一合作机构过于依赖而产生的风险。

第五十四条　商业银行应当充分考虑自身发展战略、经营模式、资产负债结构和风险管理能力，将与合作机构共同出资发放贷款总额按照零售贷款总额或者贷款总额相应比例纳入限额管理，并加强共同出资发放贷款合作机构的集中度风险管理。商业银行应当对单笔贷款出资比例实行区间管理，与合作方合理分担风险。

第五十五条　商业银行不得接受无担保资质和不符合信用保险和保证保险经营资质监管要求的合作机构提供的直接或变相增信服务。商业银行与有担保资质和符合信用保险和保证保险经营资质监管要求的合作机构合作时应当充分考虑上述机构的增信能力和集中度风险。商业银行不得因引入担保增信放松对贷款质量管控。

第五十六条　商业银行不得委托有暴力催收等违法违规记录的第三方机构进行贷款清收。商业银行应明确与第三方机构的权责，要求其不得对与贷款无关的第三人进行清收。商业银行发现合作机构存在暴力催收等违法违规行为的，应当立即终止合作，并将违法违规线索及时移交相关部门。

第五十七条　商业银行应当持续对合作机构进行管理，及时识别、评估和缓释因合作机构违约或经营失败等导致的风险。对合作机构应当至少每年全面评估一次，发现合作机构无法继续满足准入条件的，应当及时终止合作关系，合作机构在合作期间有严重违法违规行为的，应当及时将其列入本行禁止合作机构名单。

第六章　监 督 管 理

第五十八条　商业银行首次开展互联网贷款业务的，应当于产品上线后 10 个工作日内，向其监管机构提交书面报告，内容包括：

（一）业务规划情况，包括年度及中长期互联网贷款业务模式、业务对象、业务领域、地域范围和合作机构管理等；

（二）风险管控措施，包括互联网贷款业务治理架构和管理体系，互联网贷款风险偏好、风险管理政策和程序，信息系统建设情况及信息科技风险评估，反洗钱、反恐怖融资制度，互联网贷款合作机构管理政策和程序，互联网贷款业务限额、与合作机构共同出资发放贷款的限额及出资比例、合作机构集中度等重要风险管控指标；

（三）上线的互联网贷款产品基本情况，包括产品合规性评估、产品风险评估，风险数据、风险模型管理情况以及是否符合本办法相关要求；

（四）消费者权益保护及其配套服务情况；

（五）银行业监督管理机构要求提供的其他材料。

第五十九条　银行业监督管理机构应当结合日常监管情况和商业银行风险状况等，对商业银行提交的报告和相关材料进行评估，重点评估：

（一）互联网贷款业务规划与自身业务定位、差异化发展战略是否匹配；

（二）是否独立掌握授信审批、合同签订等核心风控环节；

（三）信息科技风险基础防范措施是否健全；

（四）上线产品的授信额度、期限、放款控制、数据保护、合作机构管理等是否符合本办法要求；

（五）消费者权益保护是否全面有效。

如发现不符合本办法要求，应当要求商业银行限期整改、暂停业务等。

第六十条　商业银行应当按照本办法要求，对互联网贷款业务开展情况进行年度评估，并于每年 4 月 30 日前向银行业监督管理机构报送上一年年度评估报告。年度评估报告包括但不限于以下内容：

（一）业务基本情况；

（二）年度业务经营管理情况分析；

（三）业务风险分析和监管指标表现分析；

（四）识别、计量、监测、控制风险的主要方法及改进情况，信息科技风险防控措施的有效性；

（五）风险模型的监测与验证情况；

（六）合规管理和内控管理情况；

（七）投诉及处理情况；

（八）下一年度业务发展规划；

（九）银行业监督管理机构要求报告的其他事项。

第六十一条 互联网贷款的风险治理架构、风险管理策略和程序、数据质量控制机制、管理信息系统和合作机构管理等在经营期间发生重大调整的，商业银行应当在调整后的 10 个工作日内向银行业监督管理机构书面报告调整情况。

第六十二条 银行业监督管理机构可以根据商业银行的经营管理情况、风险水平和互联网贷款业务开展情况等对商业银行与合作机构共同出资发放贷款的出资比例及相关集中度风险、跨注册地辖区业务等提出相关审慎性监管要求。

第六十三条 银行业监督管理机构可以通过非现场监管、现场检查等方式，实施对商业银行互联网贷款业务的监督检查。

银行业监督管理机构开展对商业银行互联网贷款业务的数据统计与监测、重要风险因素评估等工作。

第六十四条 商业银行违反本办法规定办理互联网贷款的，银行业监督管理机构可根据《中华人民共和国银行业监督管理法》责令其限期改正；逾期未改正，或其行为严重危及商业银行稳健运行、损害客户合法权益的，应采取相应的监管措施。严重违反本办法的，可根据《中华人民共和国银行业监督管理法》第四十五条、第四十六条、第四十七条、第四十八条规定实施行政处罚。

第七章 附 则

第六十五条 商业银行经营互联网贷款业务，应当依照本办法制定互联网贷款管理细则及操作规程。

第六十六条　本办法未尽事项，按照《个人贷款管理暂行办法》《流动资金贷款管理暂行办法》等相关规定执行。

第六十七条　外国银行分行参照本办法执行。除第六条个人贷款期限要求外，消费金融公司、汽车金融公司开展互联网贷款业务参照本办法执行。

第六十八条　本办法由中国银行保险监督管理委员会负责解释。

第六十九条　本办法自公布之日起施行。

第七十条　过渡期为本办法实施之日起 2 年。过渡期内新增业务应当符合本办法规定。商业银行和消费金融公司、汽车金融公司应当制定过渡期内的互联网贷款整改计划，明确时间进度安排，并于办法实施之日起 1 个月内将符合本办法第五十八条规定的书面报告和整改计划报送银行业监督管理机构，由其监督实施。

案例 13

基于中国 HD 集团碳排放
信息管理系统的金融创新

2021 年可以称为中国发展的"碳中和"元年，各个产业也围绕着节能减排矫正发展路径。我国提出了在 2030 年前实现碳达峰，在 2060 年实现碳中和的美好愿景。本案例基于中国 HD 集团碳排放信息管理系统的创新与实践，探讨金融科技中绿色金融对碳市场发展的影响，为开展碳排放权履约交易和碳资产管理提供了有力抓手，也为电力企业绿色低碳发展和数字化转型树立了典范；同时，通过对碳市场面临的挑战进行分析，以节约资源、节能减排的发展目标为基础，从金融机构、监管机构和政府等方面提出了一些建议与措施。本案例运用市场化的方式，引导金融体系提供所需要的投融资支持，以绿色金融和碳交易作为实现碳中和的政策抓手，引导资源合理配置，使金融资源向低碳绿色项目倾斜。

一、引言

2020 年 9 月 22 日，习近平主席在联合国大会一般性辩论中向世界宣布了这一目标和愿景——中国力争到 2030 年实现碳排放最大化，到 2060 年实现碳中和。① 2021 年是中国发展的"碳中和"元年，各个产业围绕着节能减排的目标来矫正发展路径。"十四五"规划提出了最大限度减少碳排放的目标和碳中和愿景。全国碳排放权交易市场将很快运作。碳交易将由能源部门的 2225 个重点排放单位实施，其中 5 个大型电力集团为主导。在未来，绿色

① 习近平在第七十五届联合国大会一般性辩论上发表重要讲话［EB/OL］.（2020 – 09 – 22）https：//www. ccps. gov. cn/xtt/202009/t20200922_143555. shtml？from＝groupmessage.

金融将逐步转型升级；在这个过程中，机遇与风险并存。为更好地应对全国碳市场将面临的挑战和机遇，需要摸清碳家底，以合理的成本为前提，开展碳资产管理和碳交易，加强企业内部结构管理，强化资本转化，加强企业风险管理，下面提到的中国 HD 集团碳排放信息管理系统就是一个很好的例子。

二、中国 HD 集团碳排放信息管理系统

当前，全国碳交易市场正在建设中，为发电企业提供了良好的机遇。为有效管理碳排放，有效防范碳交易、碳排放金融风险，使国有资本保值增值。中国 HD 集团积极谋划部署，运用科技手段，建立了一套电力集团碳排放管理体系，落实了企业的碳排放数据管理、国家自愿减排（Chinese Certified Emission Reduction，CCER）项目管理、碳配额履约管理、碳交易管理、分析决策情报和监督考核管理等功能，如图 13 - 1 所示。

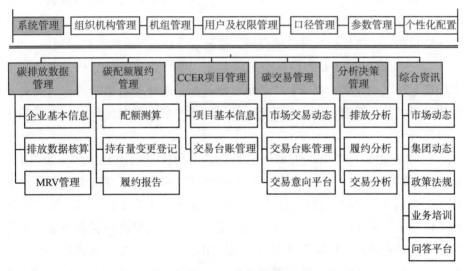

图 13 - 1　中国 HD 集团碳排放信息管理系统

根据碳排放现状和国内政策，中国 HD 集团考虑到企业碳排放的现状和存在的问题，深入分析了碳管理模式创新的关键要素，领导制订具体的碳排放计划，旨在控制减少全口径供电碳排放强度；另外，引入碳元素含量测量，创建了碳排放数据管理系统。中国 HD 集团的碳管理体系可以满足从集团总

公司管理到子公司各级的碳需求，为集团参与碳市场和利用数字化技术开发低碳技术提供技术支持。

三、绿色金融科技所带来的价值及面临的挑战

（一）绿色金融科技优势分析

绿色金融科技基于物联网、大数据、区块链、机器学习与人工智能以及移动科技等技术手段，服务于绿色金融发展，在推动投资决策绿色化、生产和生活方式绿色化、投融资方式多元化等方面发挥了积极作用。绿色金融科技是一个新兴领域，其目的是实现可持续发展目标（Sustainable Development Goals，SDGs），绿色金融科技连接了价值链中的所有相关参与者，包括消费者、（中央）银行、保险公司、非银行（初创公司、大型科技公司）、监管机构等。绿色金融有很多内容，主要归类为"五大支柱"——激励机制、界定标准、产品体系、环境信息披露要求、地方试点。绿色金融科技的发展促进了环境保护和经济社会的可持续发展，推动了金融业本身的可持续发展。

"绿色金融"的主要作用是引导资金流入发展资源节约型技术和公共生态环境保护产业，引导企业生产聚焦绿色环保，加强绿色消费理念对消费者群体的影响力，明确金融行业必须保持可持续发展，避免注重短期利益的过度投机行为。

自2020年9月提出碳中和战略目标后，国家陆续出台多项重要文件。2020年12月中央经济工作会议、2021年全国"两会"政府工作报告及"十四五"规划等，都将"做好碳达峰、碳中和工作"定为工作重点，提出了具体工作要求，体现出了国家层面的极度重视。中国人民银行等多个金融监管部门把金融支持碳中和列为2021年重点工作，把科技创新作为优先事项。由此可见，在绿色金融未来的发展过程中，区块链、大数据、人工智能等金融科技手段的运用前景广阔。碳达峰、碳中和目标的提出为金融科技创新的快速发展带来了历史性的机遇，蕴藏着巨大的潜力，有利于拉动经济增长、提高科技创新活力。

1. 以中国 HD 电集团碳排放管理信息系统为例

中国的"碳约束"给 HD 集团带来了机遇与挑战，短期内无疑会增加发

电成本，但是从长远来看，这对于发电企业而言，无论是技术进步，还是管理广度和深度，都有正面积极的作用，HD 集团正应好好利用这一低碳转型战略期。

中国五大电力集团之一、全球第三大发电集团的中国 HD 集团，建立了基于实时数据的碳管理体系，这是一套数字化、智能化、可视化的系统，实现了企业的碳排放系统管理、碳排放数据管理、碳配额履约管理、CCER 项目管理、碳交易管理、分析决策管理、综合资讯七大功能。该系统显著提高了企业碳排放数据收集的可靠性及速度，加强了企业碳交易管理和交易合规策略，它不仅遵从了现有的各种碳交易市场试点规则，而且满足了国内碳市场登记交易的要求。这为中国 HD 集团发挥更大主动性、更加积极主动参与全国碳市场，进行碳排放权交易和碳资产管理、助力企业绿色低碳转型和现代化发展，提供了强大可靠的技术支持。随着全国碳市场建设的启动，建材、钢铁、有色金属等行业将逐步被纳入，该系统将为地方电力企业集团及其他行业大型企业集团参与全国碳市场提供参考与借鉴。通过使用碳市场的价格信号和创新技术赋能企业碳资产管理，加快绿色投资和低碳转型升级在企业中的开展。

2. 三大优点

（1）提高数据采集的可靠性和效率：充分利用现有数据源进行数据整合和数据共享，简化输入和审查程序，并自动生成月度和年度排放报告。

（2）提升碳排放配额履约及碳资产管理效率：根据全国和试点的碳排放配额分配规则的设定来进行灵活配置；企业实现各类煤、燃气机组排放计算方案的建立，优化自身偏好选择；利用规则配置自动比对及算法优化，改善碳资产管理。

（3）实现自上而下的可视化管理：可从"团公司—区域公司—项目公司—机组设备"逐级对数据指标及工作进度进行管控；可以在集团内快速创建碳交易数据平台，实现交易信息公开、信息检索、数据共享、专家交流问答等互动与交流。

3. 七大功能

中国 HD 集团碳排放管理信息系统主要包括系统管理、碳排放数据管理、碳配额履约管理、CCER 项目管理、碳交易管理、分析决策管理、综合资讯七大功能。

（1）系统管理：实现组织机构管理、碳排放量及配额核算基础参数配置管理、全国和试点碳交易不同规则要求的配置管理、标准工作流程管理等功能。

（2）碳排放数据管理：具有企业基本信息登记、碳排放数据核算、企业碳排放 MRV〔监测（Monitoring）、报告（Reporting）与核查（Verfication）〕管理功能。

（3）碳配额履约管理：具有配额登记管理、配额盈缺分析、履约风险评估和履约登记管理等功能，并能够通过规则配置满足国家及地方主管部门不同配额分配方法的要求。

（4）CCER 项目管理：具有 CCER 备案项目信息管理、项目进展登记和减排量管理等功能。

（5）碳交易管理：具有市场交易动态展示、交易台账管理和交易意向平台等功能。其中市场交易动态展示能够实现不同交易所的基本交易情况展示，交易台账管理能够实现碳配额和 CCER 交易详细信息的登记，交易意向平台能够实现控排企业交易意向的发布和查看。

（6）分析决策管理：具有碳排放、碳配额履约和碳交易分析等功能，并可以把分析结果进行可视化展示，便于集团公司进行决策管理。

（7）综合资讯：发布市场动态和通知公告、上传管理能力建设材料、搭建集团内部问答平台，并可链接到全国碳市场问答平台。

4. 成效

自 2019 年 8 月上线以来，该系统已实现对中国 HD 集团国内全部直属单位以及火力发电企业碳排放数据、碳排放权履约交易和碳资产管理的全面实时监管，有效提升了企业碳排放数据的获取速度及可靠性，推进了企业碳交易管理和履约交易策略的建设进程。

该系统不仅符合现存不同试点碳市场规则，还可以满足全国碳市场的注册交易系统要求，为集团主动积极参与全国碳市场、开展碳排放权履约交易和碳资产管理提供了有力的抓手，也为电力企业绿色低碳发展和数字化转型树立了典范。

（二）碳排放交易市场面临的挑战

1. 政策角度

只有不到五成的国内企业披露其碳排放信息，这是由于缺乏企业披露其碳排放信息的制度造成的。在缺乏企业碳排放信息的条件下，试点城市和地区依靠企业提供的排放报告开展工作。此外，公众和整个社会都无法获得有关公司排放的信息。因此出现了许多亟待解决的问题。

碳排放市场出现的问题可能与整个绿色金融领域出现的问题有关。例如，缺乏针对金融科技的具体政策指导方针、主管当局尚未总结和推广现有的成功案例、绿色金融科技创新缺乏监管沙盒。政府已经在多个地方建立了监管沙盒，但其缺乏对绿色金融的支持，几乎没有设计的创新产品进了绿色金融产品和其他的沙盒，任何监管沙盒监管试点地区没有明确提出服务措施以支持绿色金融产品。支持或用于绿色金融科技的数据出现了不可溯源、数据质量不高的问题。尽管政府当局已经在公开交换公共数据方面做了大量工作，但公共数据缺乏及时更新、无法溯源、质量不高的问题仍然存在。这就产生了绿色金融科技使用的数据费用高、效率低、真实性差等问题。在未来，由于数据无法及时追踪，因此相关金融科技产品无法为央行的货币工具和监管问责提供良好的支持。

2. 法律角度

我国尚未出台具体的碳交易专项法规，贸易主要依据国家发展和改革委员会的规定，这些规则尚未明确界定排放权的性质等主要法律问题，在一定程度上给碳市场带来了风险，碳排放许可的合法性没有法律保障。此外，我国各个碳交易试验区对无法按时履约或不遵守合同条款的企业都给予了不同程度的处罚，但是每个试点的处罚不尽相同，从而导致部分试点的处罚太轻，使碳排放市场无法得到具体的规范，这样的处罚对减少排放工作有极大的弊端。

排放权交易市场的法律体系并不完善，虽然在各个试点和全国范围内制定了政策法规，但是大部分法规政策都无法落实，往往偏离了中国碳排放交易市场的具体任务，缺乏实用性和可行性。此外，统计、报告和控制体系不完善，管理者习惯使用行政手段，因而忽视市场的作用，一些政策缺乏实用性和连续性，制定的激励措施也没有激励作用。因此，很多政策只不过是装饰品，不能起到实际作用。同时，随着我国碳交易试点工作的不断推进，已经制定的政策法规已经不再符合当前排放市场发展的需求。因此，有必要根据我国的实际情况和不同的发展阶段来制定不同的碳交易机制，推动各类排污权交易试点工作顺利推进，不断完善国家排放权交易市场发展机制。

3. 市场角度

碳交易市场没有独立的碳排放核查机构和管理机构对其进行有效监管。中国的碳交易是由环保部监管的自愿性市场行为。在交易过程中，对受控排放公司的纳入标准、交易量和企业排放量进行准确核查至关重要。在缺少内部信用体系的情况下，设立独立的核查机构可以确保碳交易的公平合理。同时，目前阶段的碳交易机制和体制还存在不少问题，环境监测标准和监测工具的技术开发也存在诸多不足，政府缺乏有效监管，从而导致违规事件频发。

主要排放单位和符合规定的组织和个人也可以参与排放交易。交易各方的多样性，一方面促进了市场的活跃，另一方面也给监管带来了难度。企业面临的主要市场风险是市场规模的变化和排放交易价格的波动。

从基础的碳排放权交易中涉及的买卖、结算与交割、CCER 开发、配额托管，到碳排放权交易衍生的碳资产抵押质押、配额回购、碳远期、碳掉期、碳期权等专业化程度更高的业务，对准备深入参与相关市场并控制风险的交易者而言，除了对行业和市场的深刻理解外，也需要具有金融专业能力的法律顾问参与和协助，基于对法律政策的全面把握，以及对相关交易模式法律关系的准确理解和对风险的充分评估，最大限度地减少风险，实现商业目的。

4. 金融机构角度

金融机构很少就金融科技实现低碳绿色转型提出明确具体的战略发展目标。金融机构的政策制定者并不完全了解金融科技在推动向低碳和绿色技术转型方面发挥的巨大作用。

金融机构缺乏绿色金融科技资源，而推动金融科技与绿色金融深度融合，在战略规划、组织设计、人力财力调动等方面发挥着至关重要的作用。

缺乏绿色金融相关专业人才，以及缺乏绿色金融人才相关培训活动。在绿色金融科技的发展中，具有绿色金融和金融科技双重技能的专业人才短缺是当前的主要问题。由于专业人才的缺乏，绿色金融科技产品的开发、应用和创新可能面临诸多挑战，绿色金融发展战略和绿色金融科技发展规划的实施无法得到保障，绿色金融科技也缺乏职业教育和培训。

四、金融推动中国 HD 集团碳排放的建议措施

"绿色金融将成为实现碳中和的政策抓手。"人民银行研究局局长王信相

信，在 30 年内，要实现二氧化碳排放峰值和碳中和的目标，需要的投资额是巨大的。虽然目前的预测成果几乎都不一样，然而，每一个投资规模被估计都将超过 100 万亿元。① 政府资金在如此巨大的投资规模中只占一小部分，由此产生的巨大缺口，还需要靠社会资本来填补。为了引导金融体系发展所需要的投资，应采用面向市场的方法，以绿色金融和碳交易为政策起点，实现碳中和，引导资源合理配置，激发金融资源向低碳绿色生活项目倾斜。

（一）对金融机构的建议

（1）建立多元化的金融机构，服务绿色金融体系运行，包括营利性和公共性的金融机构以及第三方平台，在政策性和商业性的金融机构以及第三方平台的共同作用下，绿色金融得以发展，机构资源得以充沛，绿色金融的供给量得以扩大。作为绿色金融体系的主力军，为了在绿色金融发展中展现作用，商业性金融机构可通过市场化的渠道，设立绿色金融事业部，在相关政策的指导下，在绿色融资的商业模式中引入创新，将环境因素纳入企业运营中，以实现经济和环境效应的双赢。绿色投资银行可以在国家层面设立，同时可以设立单独的监管机构按照绿色金融标准对其进行监管。对信用等第三方平台进行鼓励，使其参与绿色金融发展，为金融机构提供实施绿色金融交易的详细信息和决策。

（2）广泛的绿色金融产品为投资者提供了更多参与金融交易的机会，提高了市场流动性，降低了环境风险。当前绿色金融产品的供给有很多，合适的绿色金融工具由不同类型的资金匹配，由此提高了绿色金融供给效率。因此，应尽快开发更全、更广的绿色金融产品，一是企业和银行推出创新绿色金融产品，二是推出绿色信贷产品，三是开发环保活动的保险产品。

（3）利用金融科技发展 ESG 数据库和评估能力，建立运行金融科技的金融机构，使内部信息得以统一标准，整合地方大数据等外部数据，用高科技在公司进行碳资产管理，并改善公司的数字化治理；提升认识并辨别环境和管理控制风险的能力，加强风险和信息管理，以实现碳中和；计算碳排放和碳足迹，生成环境公开报告。

---

① 绿色金融发展迅猛　助力碳减排还须转型创新［EB/OL］.（2021 – 08 – 13）https：//www. cet. com. cn/wzsy/ycxw/2935324. shtml.

（二）对监管机构的建议

（1）建立监管沙盒，支持绿色金融科技。

使用沙盒监管系统支持绿色资产的运输，鼓励使用区块链技术作为境外资金登记和记账凭证，并在此过程中将境外投资者的收入和变化进行监测和记录。中国 HD 碳排放信息管理系统可根据全国碳市场交易规则，实时更新内部规则设定，未来也可对境外下属企业碳交易提供技术支持，进一步加强碳资产体系建设及碳资产集团化管理。

（2）为绿色金融引入高效的监测和控制系统。

使用区块链技术记录资产的来源过程以及绿色低碳项目的进行情况。以大数据和人工智能为工具，将绿色低碳项目的环境效益和风险进行预估和评价。

（3）创建碳排放共享管理平台。

利用区块链和云技术打造相关领域碳排放信息共享平台，建立有效的碳排放信息记录和传播机制，探索和计算个人或企业碳足迹。

（三）对政府的建议

（1）发挥绿色金融体系市场管理机制的基础性作用，重视市场的主体地位，注重市场约束，促进资源的合理配置。

（2）政府在消除信息鸿沟、提供绿色金融公共项目等的作用不容忽视，合理利用经济优势和劣势，因此中国绿色金融体系发展要以"市场为基石，政府为导向"作为重要准则。同时，在构建绿色金融系统时，应多采取勉励机制，少颁布命令惩罚政策。例如，建立认证保护体系，引入绿色认证标准，引入环境信息公开系统；创新货币政策，广泛运用资金，建立激励体系。

（四）培育更多的绿色投资群体

（1）需要完善环境法律法规，建立中国环境保护的法律框架，在区域保障体系中营造绿色环境，并提高环境措施的重要性，研究地方政府行为。

（2）妥善管理绿色消费，引入社会责任投资理念，组建各类绿色投资集团。鼓励养老基金等非银行金融机构和个人通过金融激励积极参与绿色投资。鼓励消费者为绿色资源买单，吸引民间资本进入绿色金融领域。

思考题

1. 绿色金融的内涵是什么？

2. "绿色金融"在推动"双碳"目标实现方面有什么积极作用？

3. 碳排放交易市场发展面临哪些挑战？如何应对这些挑战？

4. 金融机构应如何服务绿色金融体系运行？

5. 政府和金融监管机构应从哪些方面推进绿色金融发展？

五、涉及知识点

本案例涉及的知识点主要包括本科生和硕士生课程中有关金融生态、绿色金融、金融风险管理等知识点。

六、要点分析

教师可以根据自己的教学目标（目的）来灵活使用本案例，这里提出的案例分析思路，仅供参考。

（一）绿色金融的主要特点

与传统金融相比，绿色金融最突出的特点就是，它更强调人类社会的生存环境利益，并将对环境保护和对资源的有效利用程度作为计量其活动成效的标准之一，通过自身活动引导各经济主体注重自然生态平衡。绿色金融讲求金融活动与环境保护、生态平衡的协调发展，最终实现经济社会的可持续发展。

绿色金融与传统金融中的政策性金融有共同点，即它的实施需要由政府政策做推动。传统金融业在现行政策和"经济人"思想引导下，或者以经济效益为目标，或者以完成政策任务为职责，后者就是政策推动型金融。环境资源是公共品，除非有政策规定，金融机构不可能主动考虑贷款方的生产或服务是否具有生态效率。

（二）绿色金融发展的经验

当前，我国进入了经济结构调整和发展方式转变的关键时期，绿色产业的发展和传统产业绿色改造对金融的需求日益强劲，这使得"绿色金融"成为金融机构，特别是银行业发展的新趋势和潮流。客观地讲，虽然目前我国金融机构普遍对发展"绿色金融"颇为热心，但在具体实践中却又面临着诸多的障碍，如"绿色金融"业务风险较高而收益偏低、信息沟通机制有待完善、金融机构缺乏专业领域的技术识别能力、相关政策不完善等。然而，笔者认为，要破解这些瓶颈，可以借鉴一下发达国家，特别是德国的成功经验。德国是国际"绿色金融"主要发源地之一，其相关政策已经较为成熟，体系也比较完善。具体分析来看，德国实施"绿色金融"的经验主要包括以下三个方面：

首先，国家参与。这是德国发展"绿色金融"过程中最重要的特征。举例来说，德国出台政策，对环保、节能项目予以一定额度的贷款贴息，对于环保节能绩效好的项目，可以给予持续 10 年、贷款利率不到 1% 的优惠信贷政策，利率差额由中央政府予以贴息补贴。实践证明，国家利用贴息的形式支持环保节能项目的做法取得了很好的效果，利用较少的资金调动起一大批环保节能项目的建设和改造，"杠杆效应"非常显著。

其次，发挥政策性银行的作用。德国复兴信贷银行在整个"绿色金融"体系中始终发挥了重要的作用，不断开发出"绿色金融"产品。值得一提的是，复兴银行的节能环保金融产品从最初的融资到后期金融产品的销售都没有政府的干预，各项活动都通过公开透明的招标形式开展，保证了过程中的公正、透明，政府的主要作用就是提供贴息及制定相关的管理办法，从而保障了资金高效、公平的使用。

最后，环保部门的认可。这是德国发展"绿色金融"取得成功的关键。在德国"绿色金融"政策的实施过程中，环保部门发挥着重要的审核作用，从而确保贴息政策能够准确地支持节能环保项目。每个节能环保项目要想得到贴息贷款，必须得到当地或上级环保部门的认可后才能申请。

（三）绿色金融发展中存在的主要问题

1. 缺乏良好的政策和市场环境

我国环保政策、法律体系还不完善，环境经济政策正处于酝酿和探索阶段，地方保护主义、政策执行不力等现象在环保领域比较普遍，环保信息也不透明。虽然我国已将节能减排指标纳入地方政府的政绩考核指标体系，但在具体领域、具体项目、具体企业，环保政策的实施还不是非常顺利。我国对环保违规信息还缺乏完善的发布机制。金融机构不仅缺乏环保专业知识，也面临信息获取的高成本问题。现中国人民银行征信系统《企业基本信用报告》所能提供的"环保信息"涉及的企业范围还很窄。金融机构对大多数不属于国家监控范围的企业、项目的环保违规情况，只能通过实地调查或媒体报道获得，有的甚至难以获得，信息极不对称。

2. 缺乏内外部激励和监督

我国金融机构股东、投资者、员工环境保护和社会责任意识还不强。金融机构内部在公司治理方面还没有建立起与绿色金融配套的制度，也缺乏符合绿色金融发展需要的约束激励机制。这样一来，金融机构内部的环境保护和社会责任意识便很容易被繁重的经营考核压力和诱人的经济效益冲淡。从外部来看，政府部门还没有建立起对金融机构发展绿色金融的激励机制，我国企业和个人的"绿色消费"意愿也不够强烈，对金融机构的监督不足。

3. 金融主管部门绿色金融发展战略安排和政策配套比较欠缺

金融主管部门的绿色金融政策目标仍主要停留在限制对"两高一资"企业的信贷投放和促进节能减排短期目标的实现上，对绿色金融缺乏完整的战略安排和政策配套。金融主管部门还没有全面承担起绿色金融理念的传播和引导职责。在国际合作领域，金融主管部门也未见有积极动作。金融机构缺乏针对国际绿色金融发展的最新趋势、环境风险评估技术和环境风险管理经验进行了解和学习的渠道。

4. 金融机构发展绿色金融的战略准备工作进展比较缓慢

绿色金融还没有完全提升到我国金融机构的战略层面，战略准备工作还没有全面展开。部分已经进入实践探索阶段的金融机构，其绿色金融发展实际上也大多仍停留于某些具体经营层面，还没有制定专门的绿色金融战略目标和发展规划。我国金融机构也还未有效展开组织保障、企业文化（包括信贷文化）、人才、政策的战略准备工作，其在如何将环境因素嵌入业务决策流程、如何开发绿色金融产品和服务、如何进行环境风险评估和管理等诸多方面还需要不断学习。

七、案例教学使用说明

（一）教学目的与用途

本案例主要适用于本科生和硕士生课程中"金融业务创新""金融市场"

等内容的学习，适用于金融学等经济管理类本科生和硕士研究生案例教学使用。如将本案例应用于其他相关课程，本案例说明可做相关调整。

本案例基于中国 HD 集团碳排放信息管理系统的创新与实践，探讨了金融科技中绿色金融对碳市场发展的影响，为开展碳排放权履约交易和碳资产管理提供了有力抓手，也为电力企业绿色低碳发展和数字化转型树立了典范。同时，在分析案例的过程中，培养学生利用相关理论知识分析我国金融市场实际问题的能力。

（二）课堂安排

本案例可以作为专门的案例讨论课来进行。课堂安排大致如下：

（1）整个案例的课堂时间控制在 80 分钟左右。

（2）课前计划：布置思考题，要求学生在课前完成相关材料的阅读。

（3）课堂导入方式：

①先与学生一起列出目前绿色金融的主要业务，并请学生举手作答，看学生的回答情况再讨论启发性问题。

②从启发性问题入手，再讨论绿色金融与"双碳"目标实现、区域经济发展的关系。

（4）课中计划：

①案例回顾（10 分钟）。

②分组讨论（20 分钟）。

③小组发言（每组 5 分钟左右，控制在 30 分钟）。

④集体讨论、归纳总结（20 分钟左右）。

（5）课后计划：请学生以小组为单位搜索该案例的相关资料，撰写案例分析报告。

参考文献

［1］陈向阳. 金融结构、技术创新与碳排放：兼论绿色金融体系发展［J］. 广东社会科学，2020（04）：41 – 50.

［2］王倩倩. 中国碳排放权交易市场存在的问题及对策研究［J］. 商，2016（19）：294.

［3］中和专业委员会. 绿色金融发展迅猛 助力碳减排还须转型创新［EB/OL］. http://www.acet-ceca.com/desc/10493.html.

［4］ Vyas M. Green Finance and Sustainable Development: An Indian Perspective ［J］. *International Journal of Multifaceted and Multilingual Studies*, 2015 (4): 2350 – 0476.

［5］ Carrasco J F. The Challenge of Changing to a Low-carbon Economy: A Brief Overview ［J］. *Low Carbon Economy*, 2014.

后　　记

本案例由嘉兴学院经济学院金融系部分教师一起合编完成，用于金融学有关课程的教学。

案例1：《宏观审慎政策：国际金融危机的反思》由李玉双副教授完成；

案例2：《政银合作赋能浙江中小企业融资新模式》由张学峰副教授完成；

案例3：《创始人控制下的科技创新企业：双层股权结构》由佘明龙教授完成；

案例4：《上市公司财务造假》由王喜教授完成；

案例5：《A公司2000亿元市值去哪儿了？——基于奈特不确定性视角》由涂序平讲师完成；

案例6：《史上最大MARGIN CALL》由梁青讲师完成；

案例7：《XY银行绿色债券发行研究》由戴夏晶讲师完成；

案例8：《JX银行排污权抵押贷款》由李林教授完成；

案例9：《企业基本面与证券表现》由罗宏锋讲师完成；

案例10：《南湖基金小镇之A私募股权投资公司》由陈燕讲师完成；

案例11：《数字经济税收与反垄断》由李欣讲师完成；

案例12：《JX市金融信用信息共享平台》由孙克教授完成；

案例13：《基于中国HD集团碳排放信息管理系统的金融创新》由张学峰副教授完成。